古代歷史文化 研究輯刊

三一編

王明蓀 主編

第 **10** 冊

清朝嘉道時期積案問題研究（上）

陳麗 著

國家圖書館出版品預行編目資料

清朝嘉道時期積案問題研究（上）／陳麗 著 -- 初版 -- 新北市：
花木蘭文化事業有限公司，2024〔民113〕
目 4+208 面；19×26 公分
（古代歷史文化研究輯刊 三一編；第 10 冊）
ISBN 978-626-344-662-5（精裝）
1.CST：司法行政 2.CST：司法制度 3.CST：清代
618   112022525

古代歷史文化研究輯刊
三一編 第 十 冊   ISBN：978-626-344-662-5

清朝嘉道時期積案問題研究（上）

作　　者　陳麗
主　　編　王明蓀
總 編 輯　杜潔祥
副總編輯　楊嘉樂
編輯主任　許郁翎
編　　輯　潘玟靜、蔡正宣　美術編輯　陳逸婷
出　　版　花木蘭文化事業有限公司
發 行 人　高小娟
聯絡地址　235 新北市中和區中安街七二號十三樓
　　　　　電話：02-2923-1455 ／傳真：02-2923-1452
網　　址　http://www.huamulan.tw 信箱 service@huamulans.com
印　　刷　普羅文化出版廣告事業
初　　版　2024 年 3 月
定　　價　三一編 37 冊（精裝）新台幣 110,000 元

清朝嘉道時期積案問題研究（上）

陳麗　著

作者簡介

陳麗（1991～），女，陝西白河人，中國政法大學法學博士，現為廈門大學博士後研究人員、特任助理研究員，研究領域：法律思想史、法律社會史，已在《西南大學學報（社會科學版）》《故宮博物院院刊》《中西法律傳統》《中國史研究》等國內外刊物上發表論文數篇。

提　　要

　　司法領域中的「積案」是指違反審限規定而積壓未結的案件。本書聚焦清代社會問題最突出又意涵社會轉型的嘉道時期的積案問題，運用一手檔案等史料，遵循「積案的溯源——清朝嘉道時期積案的表現、成因、防治策略——效果評價」的邏輯順序，次第展開研析。

　　首先，從話語構建來看，古漢語「冤滯」「滯案」「滯獄」「留獄」等詞彙先於「積案」一詞用以形容司法案件稽滯或逾限未結的情形。政平訟理是中國歷代帝王追求的統治目標之一，因而歷朝都採用「綜合為治」的策略以防治積案問題。

　　其次，清朝嘉道時期的積案呈現類型多樣、時空分布不均的典型特徵。積案問題存在政治、社會和法律等方面的成因，故而嘉道時期為防治積案問題，亦對應運用了政治、法律和其他手段。

　　最後，本書對嘉道時期防治積案問題的舉措進行了客觀評判。整體來看，嘉道時期的積案防治舉措是對固有制度的權宜變通，無法根除制度痼疾，但嘉道時期各地制定的清訟章程、設置發審局等舉措為晚清應對積案問題提供了經驗，亦不可忽略。

　　總之，本書以積案問題為切入點，通過以小見大的思考方式，展現了嘉道時期官民在訴訟領域的角力、央地之間的權力博弈，勾畫了法律與社會的互動圖景。

目次

緒　論

一、研究緣起與選題意義

（一）研究緣起

積案伴隨訴訟而存在，古今皆然，只是在不同的世態有不同的表現，是故，「政平訟理」是傳統中國歷代統治者追求的統治目標之一，也是標榜與誇耀的價碼。現代中國已全面進入訴訟時代，應對積案問題是法治建設的題中應有之義，從歷史傳統中汲取有益經驗與深刻教訓，是促進法治進步的必要途徑之一，也是提高國家治理能力的有效渠道之一。清代是距今最近的封建王朝，在國家治理與法制建設方面集歷朝經驗於一爐，擁有一些可圈可點的成就，也有很多值得批評與反思的地方。清代典制浩繁、修改殷勤，清律在乾隆朝基本定型，但條例、則例和事例仍不斷增修，並出臺通行和章程，這些法制建設反映了清朝應對社會問題的理性。清代乾隆以降，因人口增長帶來諸多嶄新的社會問題，為國家發展埋下了重大隱患。陳旭麓先生曾指出 19世紀的中國社會「人心在變，士風也在變……滲入中國的洋物和毒品，又給世變添加了新的內容。」〔註1〕這既是嘉道時期所呈現的社會樣態，也是國家治理所面對的客觀環境。19 世紀的中國具有人口劇增、軍事力量逐漸削弱以及吏治腐敗等特徵。當時的內憂外患給民眾帶來了深刻的苦難，也侵蝕了統治根基。關文發先生曾指出清史學界「對於鴉片戰爭前夕的嘉、道時期，

〔註 1〕陳旭麓：《近代中國社會的新陳代謝》（插圖本），中國人民大學出版社 2012 年版，第 35 頁。

卻注意得不夠，甚至是過分地被忽視了。」〔註2〕事實上，這個狀況至今未能得到較大的改觀。就法律史學界而言，這一時期的積案問題還未引起過多的關注。

嘉道時期法制逐漸廢弛，社會問題此起彼伏，已無法單純依靠傳統的條例、則例和通行章程等法規加以解決，其時針對特定犯罪而湧現了大量特例，統治者亦依靠整頓吏治等舉措以期維護傳統體制的運作。

法律社會史重點關注法律與社會的互動，既著意成文法出臺的社會背景，又側目作為上層建築的法律對社會的反作用，更聚焦法律的制定經過及其實施效果，還傾力挖掘法律制度設計和權力結構方面的優劣利弊、反思法律文本與司法實踐的成敗得失。嘉道時期的積案問題，既是一個突出的社會問題，也是典型的法律現象，學界前輩在冤假錯案和司法追責等問題的研究方面已經作出了卓著的貢獻，然而對於清中葉的積案問題則研究有限。筆者聚焦積案問題，且把時間限定在學界研究相對薄弱的嘉道時期，具有一定的旨趣。首先，積案問題可以反映社會治亂、民生好惡、官員勤惰、風俗淳浮等種種世相，嘉道時期由積案而引發的上控乃至京控接連不斷，朝廷為此大費周章地完善法律、整飭吏治以求維繫國家秩序的運轉，但整體效果一般，故對此加以研究有利於廓清傳統政治體制的弊端；其次，嘉道時期人口增長、世風日下，對資源的爭奪更為激烈，帶來了訴訟數量的增加，這是積案形成的客觀原因，也是本研究不可跨越的時代背景，對這一時期的社會問題進行研究，恰好可以為今日的改革與發展提供更充分的鏡鑒。

（二）選題意義

積案問題是清朝嘉道時期的一個重大的社會問題，對其表現、成因、應對及評價等方面進行研究，不僅具有重要的理論意義，還具有較大的現實價值：

1. 拓寬學術研究範圍

嘉道時期是清代的重要轉折期，司法領域呈現諸多亂象，如私牢、非刑、京控、誣告、唆訟等問題，本書研究的積案問題亦不容忽視。但學界對此問題尚且缺乏專門而系統的探討，在此意義上，筆者的這一選題將拓寬學術研究範圍。

〔註2〕關文發：《嘉慶帝》，吉林文史出版社1993年版，「前言」第1頁。

2. 有利於客觀評估嘉道時期的法制建設

嘉道時期對法律進行了較大改動，新增、修并、修改、移改和刪除之條例總數達 800 條左右，其中新纂條例至少有 314 條；對六部則例進行了統合與修改；第一次纂修會典事例，規模宏富；還將說帖和通行加以適用。這些都是不容忽視的立法表現和法制建設成就。但嘉道時期危機叢生，積案問題呈現前所未有的多種表徵，統治者絕非置之不理，而是採取完善法律等多種措施進行防治。然而，在既有體制下的改革並不能突破制度痼疾，其作用較為有限，但釐清這時期的法律修改情況有助於客觀評估當時的法制建設。

3. 為當今法治建設和國家治理提供鏡鑒

一是為應對我國當下的積案等問題提供鏡鑒，促進法治社會建設。我國當下存在積案、隱性超審限、超期羈押等問題。清朝嘉道時期形成一套完整的積案防治機制，發揮了一定的作用，全面、系統和深入地瞭解與總結這段歷史，可為應對我國當下積案等問題提供經驗和教訓，促進法治社會建設。

二是有助於協調轉型時期的多元價值衝突，提高國家治理能力。從歷史傳統中汲取有益經驗與深刻教訓，是促進法治進步的必要途徑和提高國家治理能力的有效渠道。清朝嘉道時期處於傳統和近代變革之關鍵時期，以積案為代表的司法難題和治理困境反映了民眾多元的價值訴求和利益衝突，清朝採用「綜合為治」策略應對積案問題，在一定程度上緩和了官民衝突、化解了民間糾紛和統治危機。這一經驗可為我國出現或可能出現的多元價值衝突之解決提供新思路，為完善國家治理體系、提高國家治理能力提供鏡鑒。

二、學術史回顧

受「衝擊——反應」模式的影響以及「傳統」與「近代」二分法理論的作用，〔註3〕1800～1840 年這段歷史尚未引起國人足夠的重視。撰寫《嘉慶帝》的關文發於 1993 年指出嘉慶朝「正是清王朝處於從盛到衰的重要轉折時期」，〔註4〕以呼籲學界投入更多精力研究清中期歷史。美國學者孔飛力（Philip A. Kuhn）在 2008 年撰文呼籲學界轉向十九世紀、更加關注這一時期的中國歷史；〔註5〕羅威廉（William T. Rowe）也曾系統論證乾嘉轉型的

〔註3〕參見〔美〕費正清、賴肖爾：《中國：傳統與變革》，陳仲丹等譯，江蘇人民出版社 1992 年版，第 238～243 頁。

〔註4〕關文發：《嘉慶帝》，吉林文史出版社 1993 年版，「前言」第 1 頁。

〔註5〕參見 Philip A. Kuhn, *Toward the Nineteenth Century*, Late Imperial China, Volume

重要性。〔註6〕李懷印更是從均衡理論出發論證了嘉慶朝以降的社會變化。〔註7〕近 30 多年，除清代通史類著作外，學界湧現很多敘述清朝嘉道兩朝歷史的專著，〔註8〕這些成果對解析當時的法律問題有重要的啟發作用。

在法律史學界，瞿同祖、張偉仁、張晉藩、鄭秦、那思陸、滋賀秀三、寺田浩明等前輩，他們的作品或陳述清代法制概況，或申述清代地方政府組織架構，或闡釋清代的審判制度，為後進奠定了基本的研究框架。隨著學科的精細化，學界對嘉道時期的會匪、械鬥、糧船水手、訟師、鴉片犯罪、京控等問題已形成了較為系統的研究成果，如鈴木秀光多方論證清朝嘉道時期的盜案裁判有「重刑化」趨勢。〔註9〕這些作品對理解嘉道時期的法制實踐有重要的參考作用。

近些年來，學界已持續投入力量從事清中期法律和社會問題研究，但積案問題尚屬相對弱勢的版塊。筆者在此擇取與積案問題密切相關的幾個方面進行闡述：

1. 對清以前積案問題的研究

法史學界對清以前的積案問題進行了部分探討。1933 年，徐朝陽指出古代「審問之後，經過一定期間，然後為之判決。」〔註10〕1935 年，陳顧遠指出「法官斷獄，失出入者皆負相當之責任，此實中國訴訟史上一大特色，其他應負之責亦極繁夥，俾執法者仍有法之須遵守也。失出入以外之責，最著者莫若訴訟之時期一事，歷代各有規定，俾無罪者免久繫不決之苦」。〔註11〕其後，陳顧遠歸納「審斷有責」為中國固有法系之特徵，提出「各律對於法

29, Number 1 Supplement, June 2008.

〔註6〕 參見 William T. Rowe, *Introduction: The Significance of the Qianlong-Jiaqing Transition in Qing History*, Late Imperial China, Volume32, Number 2 Supplement, December 2011；羅威廉：《乾嘉變革在清史上的重要性》，師江然譯，載《清史研究》2012 年第 3 期。

〔註7〕 參見李懷印：《現代中國的形成：1600～1949》，廣西師範大學出版社 2022 年版，第 102～106 頁。

〔註8〕 參見杜家驥、李然編著：《嘉慶事典》，紫禁城出版社 2010 年版；孫文範、馮士缽等著：《道光帝》，吉林文史出版社 1993 年版；余新忠編著：《道光事典》，紫禁城出版社 2010 年版；張明林編著：《內憂外患：清宣宗道光》，西苑出版社 2011 年版等。

〔註9〕 參見〔日〕鈴木秀光：《論清代嘉慶、道光時期的盜案裁判》，李冰逆譯，載《法律史評論》2018 年第 11 卷。

〔註10〕 徐朝陽：《中國訴訟法溯源》，商務印書館 1933 年版，第 66 頁。

〔註11〕 陳顧遠：《中國法制史》，商務印書館 1935 年版，第 245 頁。

官將犯人淹禁不決亦課以責任。自漢迄唐，固已注意法官迅速定讞，然其責任尚不明顯。自宋迄元，確定其決獄聽訟之時限，責任乃漸建立。自明迄清，律文對此設有專條，逾限不決，即可處法官以笞刑。」〔註12〕張金鑑也提出「法官聽訟斷獄須負一定之法律責任，此中國法治史上之一大特色也。歷代法官聽斷時，所負之法律責任，論其要者，蓋有二端：一曰斷獄不直或故為出入者，法官須受懲戒，以達重刑慎獄之義；二曰訴訟結斷，率有一定期限，不得淹延以省訟累並免無罪之久繫。」〔註13〕張晉藩提出「應審不審、應釋不釋、應結不結等淹禁稽遲現象」屬承審官司法瀆職，〔註14〕明清律文設有專條以確定法官決獄聽訟之時限，並設置「淹禁」律防範久繫不決。1992 年，鞏富文按朝代順序梳理了古代中國淹禁不決的表現和官吏司法責任，重點介紹了《大明律》中「淹禁」律，並指出清朝作了進一步補充。〔註15〕2002 年，尤韶華《淹禁考》則提出時限對案件審理十分重要，而明律卻沒有明確的審限規定，明朝案件久拖不決、案犯長期關押的現象嚴重，並對其原因和危害進行分析。〔註16〕2013 年，趙克生系統闡釋了明代「淹禁」現象產生的原因和政府的解決措施。〔註17〕2015 年，於增尊提出我國古代審限制度的當代價值有二，即作為制度建構的底本和制度完善的參照。〔註18〕2022 年，邱濱澤提出「司法淹滯是以時間拖延為實質的司法低效率現象」，〔註19〕並總結了宋代君臣判斷司法淹禁的三項標準。

2. 對清朝積案問題的研究

20 世紀晚期，學界即對清朝積案問題的表現、成因、弊端、清代的限期斷獄和司法追責等問題予以關注。1998 年，美國學者 Melissa Macauley（梅利

〔註12〕陳顧遠：《中國法制史概要》，商務印書館 2011 年版，第 59 頁。

〔註13〕張金鑑：《中國法制史概要》，臺灣中正書局 1974 年版，第 102 頁。

〔註14〕張晉藩：《中國傳統法律文化十二講》，高等教育出版社 2018 年版，第 276～277 頁。

〔註15〕鞏富文：《中國古代法官淹禁不決的責任制度》，載《西北大學學報（哲學社會科學版）》1992 年第 1 期。

〔註16〕尤韶華：《淹禁考》，載楊一凡主編《中國法制史考證》甲編第 6 冊《明代法制考》，中國社會科學出版社 2002 年版，第 284～291 頁。

〔註17〕趙克生：《明代「淹禁」述論》，載《中國史研究》2013 年第 2 期。

〔註18〕於增尊：《論我國古代刑事審限制度及其啟示》，載《中國政法大學學報》2015 年第 3 期；於增尊：《刑事訴訟期限制度研究》，中國政法大學出版社 2020 年版。

〔註19〕邱濱澤：《宋代司法淹滯的成因與治理》，吉林大學 2022 年博士學位論文。

莎‧麥柯麗）根據清代檔案列表說明嘉慶十二年 9 個省城的積案情形。[註20]
《道光帝》一書指出道光朝存在「案情錯判積案如山」問題，為學界提供了研究方向。吳士余曾指出道光朝按照「大法小廉，綱舉目張」的原則，採取一系列措施整頓司法亂象（如不准積壓案件）。[註21] 2000 年，趙曉華探討了晚清積案的成因、表現與危害；[註22] 她還指出清代因災恤刑制度的內容包括清理積案重案等。[註23] 李文海《清代積案之弊》將官員審而不結的原因歸納為玩忽職守、漠視民瘼和為了敲詐勒索有意為之。[註24] 2012 年，張世明提出清中葉以後積案如山，「不單純是清朝最高統治者所反覆斥責的各州縣官怠惰不勤所致，實與清中葉以後人口膨脹導致資源爭奪加劇有緊密關係。」[註25] 2013 年，周蓓主張一些聚眾案件的形成是因地方官辦理獄訟不善、將細故拖成重案。[註26] 2014 年，韓國學者한승현（韓承賢）提出因吏治腐敗、官僚道德墮落和行政能力下降等原因，積案已成為嘉慶朝重大問題，並在嘉慶十二年爆發，嘉慶帝採取雙重手段治理積案問題。[註27] 阿風也指出嘉慶十二年清廷集中整治積案，並引起了官場上的連鎖反應，督撫無力肅清積案造成京控增多。[註28] 俞江指出明代中期里老理訟制崩解後，州縣受理的細故案件激增，這成為清代積案形成的制度因素。[註29] 任瑩剖析案件積壓是嘉慶朝基層司

[註20] Melissa Macauley, Social power and legal culture: litigation masters in late imperial China, Stanford University Press, 1998, pp.66～67，需注意作者有些數據統計有誤；亦可參見〔美〕梅利莎‧麥柯麗：《社會權力與法律文化——中華帝國晚期的訟師》，明輝譯，北京大學出版社 2012 年版，第 65～66 頁，譯文有誤，如把「山西」譯作「陝西」。

[註21] 參見吳士余：《吳士余自選集》，復旦大學出版社 2012 年版，第 293 頁。

[註22] 參見趙曉華：《晚清的積案問題》，載《清史研究》2000 年第 1 期。

[註23] 參見趙曉華：《清代的因災恤刑制度》，載《學術研究》2006 年第 10 期。

[註24] 參見李文海：《清代積案之弊》，載《中國黨政幹部論壇》2009 年第 8 期。

[註25] 張世明：《法律、資源與時空建構：1644～1945 年的中國》第 4 卷《司法場域》，廣東人民出版社 2012 年版，第 262 頁。

[註26] 參見周蓓：《清代社會控制機制的立法考察——以基層社會聚眾案件為中心》，載《中州學刊》2013 年第 8 期。

[註27] 參見〔韓〕한승현.청대 건륭—가경연간 미결 소송 적체 현상과 그 대책.한국학（구 정신문화연구），37（1）.（〔韓〕韓承賢：《清代乾嘉年間未決訴訟積壓現象及其對策》，載《韓國學》（原《精神文化研究》）2014 年第 1 期。筆者注。）

[註28] 參見阿風：《清朝的京控——以嘉慶朝為中心》，載《中國社會歷史評論》2014 年總第 15 卷，第 258～260 頁。

[註29] 參見俞江：《明清州縣細故案件審理的法律史重構》，載《歷史研究》2014 年第 2 期。

法實踐中存在的突出問題，而部分官員的怠惰積習、刁民屢翻與屢控、胥吏索詐而有意拖延辦案以及證據規則的缺失是造成積案的重要原因。〔註 30〕2019 年，鄭小悠《清代的案與刑》提出嘉道時期京控數量增多與積案有直接的關聯。〔註 31〕鄧建鵬指出州縣官面臨重重監督時，並未從正面顯著地提高解決詞訟案件的效益，而更多的是基於利益合謀從背面採取措施以共同規避中央的監督。〔註 32〕2022 年，鄧建鵬又指出清代中後期健訟之風在中國東部、南部和中部愈發嚴重，他認為清代地方司法常態是滯獄重重、違法裁決，甚至強令民眾自行調解以結案，這種現象與清代地方官利益考量及不完全財政、官僚組織特徵以及其他因素有關。〔註 33〕2022 年，尤陳俊《聚訟紛紜》一書在探討清代民間訟風分布的「南北」問題時，以嘉慶十二年廣東、湖南和福建的積案數目為例，指出廣泛的「南北」之別，「並不具有精確界分的意涵，甚至還容易掩蓋某些問題。」〔註 34〕鄭小悠在其新著指出「嘉道年間，內地直省刑名領域最嚴重的兩大問題是積案與京控」，並列舉了嘉慶十二年江西和福建的積案問題。她還系統指出：「針對官員的怠惰廢弛，朝廷有一套固有的應對策略——考成議處制度。……在嘉慶和道光初年，面對積案問題，……如再次頒布大量關於刑名事務的考成議處條款。」〔註 35〕

　　亦有學者注意到清朝將審限作為考核司法官吏的一個標準，通過行政責任限制司法人員的司法權力以提高效率，若逾限產生積案將受行政處分。〔註 36〕但在吏科題本中很少發現單純因審案逾限而被參劾的官吏，因為官員們會找到各種展限理由，〔註 37〕因積壓獄訟而受到嚴格處分的官員屈指

〔註 30〕參見任瑩：《清代嘉慶時期基層司法實踐探析》，西南政法大學 2014 年碩士學位論文。

〔註 31〕參見鄭小悠：《清代的案與刑》，山西人民出版社 2019 年版，第 74 頁。

〔註 32〕參見鄧建鵬：《清代州縣詞訟積案與上級的監督》，載《法學研究》2019 年第 5 期。

〔註 33〕鄧建鵬：《清代循吏司法與地方司法實踐的常態》，載《文史》2022 年第 3 期。

〔註 34〕尤陳俊：《聚訟紛紜：清代的「健訟之風」話語及其表達性現實》，北京大學出版社 2022 年版，第 139 頁。

〔註 35〕鄭小悠：《人命關天：清代刑部的政務與官員（1644～1906）》，上海人民出版社 2022 年版，第 382～384 頁。

〔註 36〕參見那思陸：《清代州縣衙門審判制度》，范忠信、尤陳俊校，中國政法大學出版社 2006 年版；鄭秦：《清代法律制度研究》，中國政法大學出版社 2000 年版，第 338 頁；鄭秦：《清代司法審判制度研究》，湖南教育出版社 1988 年版。

〔註 37〕鄭秦：《清代司法審判制度研究》，湖南教育出版社 1988 年版。

可數。〔註38〕諸如「部院承審事件」「外省承審事件」等繁瑣的清代文官處分則例限制了文官才能的施展，只能惟上是從，使得原本奉上安下的政治體制出現變異。〔註39〕2017 年，王志強研究指出清朝浙江、江西、江蘇、福建和山西各版本省例中有基層官員審理詞訟功過的時限規定，體現出地域差異。〔註40〕2020 年，谷佳慧提出清律中的審限規定不是造成積案的原因，反而可以提高訴訟效率，並可以起到用行政責任來限制司法人員的司法權力的作用。〔註41〕

此外，馮永明和常冰霞也分析了嘉慶年間的清訟問題。〔註42〕肖麗紅則觀察到清代中後期福建官吏因州縣財政困境與調任頻繁而「怠訟」，但民間依舊「健訟」，官民角力致使「積案繁多」的狀況未能改變。〔註43〕2021 年，晏愛紅分析指出非刑拷訊、州縣初審錯誤和審轉覆核存在的問題是冤案產生的根源。但吏治的因循疲玩積習使得嘉道時期平反之案數量甚微，反映了皇權式微，清朝存在內部腐蝕的力量。〔註44〕

3. 對嘉道時期法律與基層司法的整體研究

對嘉道時期法律與基層司法進行整體研究是學界的重點轉向。2014 年楊春君分析了清朝前中期欽差在冤假錯案平反中的作用。〔註45〕黃丹的博士學位論文則重點介紹了嘉道時期的邪教和鴉片犯罪方面的法制變革，指出嘉道時期對這兩種犯罪行為的懲罰有從嚴加重的趨勢。〔註46〕2020 年，孫家紅

〔註38〕 參見阿風：《清朝的京控——以嘉慶朝為中心》，載《中國社會歷史評論》2014
年總第 15 卷。

〔註39〕 參見許穎：《清代文官行政處分程序研究》，南開大學 2011 年博士學位論文。

〔註40〕 王志強：《清代國家法：多元差異與集權統一》，社會科學文獻出版社 2017 年
版，第 196～197 頁。

〔註41〕 參見谷佳慧：《「限期斷獄」的中國命運：清代以來審限制度的變革與重述》，
載《河北法學》2020 年第 5 期。

〔註42〕 參見馮永明、常冰霞：《制度、資源與法律——嘉慶年間的控案繁多與應對之
道》，載《聊城大學學報（社會科學版）》2011 年第 6 期。

〔註43〕 參見肖麗紅：《清中後期福建訴訟處理的困境及其成因》，載《閩臺文化研究》
2020 年第 1 期。

〔註44〕 參見晏愛紅：《肅吏治而恤民生——清嘉慶道光年間平反冤案述論》，載《學習
與探索》2021 年第 4 期。

〔註45〕 參見楊春君：《欽差與清代政治變遷（1644～1850）》，南開大學 2014 年博士
學位論文。

〔註46〕 參見黃丹：《清嘉道時期刑事法律制度的主要變化（1796～1850）》，中國政法
大學 2018 年博士論文。

《散佚與重現》第四章根據《讀例存疑》進行統計，對清代各朝條例的總體演變情況進行了介紹，肯定了嘉道時期的修例成績。〔註47〕

因一部分清代地方司法檔案留存，對清代基層司法問題的關注一直是學界的研究熱點，仍有持續升溫之勢。碩果累累，茲不贅述。此外，瞿同祖《清代地方政府》專門敘述了州縣司法職能，指出州縣官錯判案件時將要受到處罰。〔註48〕吳吉遠闡釋幕友、長隨和吏役等群體在司法中的作用與危害。〔註49〕1984 年，曹培指出，清代民事訴訟在州縣自理訴訟中占比較大，基層社會存在官府與民間、地緣與血緣、鄉權與族權之間的互動，訴訟呈現多維面相。〔註50〕2011 年，趙曉耕和沈瑋瑋申述清代基層的訴訟參與者存在既「健訟」又「懼訟」的悖論式心態。這為理解清代訴訟風氣和司法文化提供了新的分析思路。〔註51〕2012 年，鄧建鵬指出訴訟事件大致分為詞訟（或細事）與案件（或重情）兩大類，州縣官對不同類型的案件採取不同的審判策略。他認為因官僚的自利傾向而對詞訟懷有貶低的態度，詞訟當事人只能採取一些無可奈何的方式以回應這種司法環境。〔註52〕2021 年，他再度撰文指出清代州縣層級所能終結的案件適用「依法裁決」的空間有限，而徒刑以上案件的裁決則基本呈現出另一種面貌。〔註53〕李棟也提出清代司法在事實層面體現「權宜裁判」，平衡了個案的特殊性和裁判決策的穩定性。〔註54〕

4. 對清代訴訟文化的研究

通過對訴訟文化加以把握，瞭解當時人的訴訟心理，官員對於訴訟的態度，以及影響官員審判的各種因素等，對尋求積案產生的根源有重要意義。訴訟文化是一個較為寬泛的主題，既包括訴訟態度，也包括在具體訴訟程序

〔註47〕 參見孫家紅：《散佚與重現：從薛允升遺稿看晚清律學》，社會科學文獻出版社
2020 年版。
〔註48〕 參見瞿同祖：《清代地方政府》（第 3 版），范忠信、晏鋒譯，新星出版社 2022
年版。
〔註49〕 參見吳吉遠：《清代地方政府司法職能研究》，故宮出版社 2014 年版。
〔註50〕 參見曹培：《清代州縣民事訴訟初探》，載《中國法學》1984 年第 2 期。
〔註51〕 參見趙曉耕、沈瑋瑋：《健訟與懼訟：清代州縣司法的一個悖論解釋》，載《江
蘇大學學報（社會科學版）》2011 年第 6 期。
〔註52〕 參見鄧建鵬：《詞訟與案件：清代的訴訟分類及其實踐》，載《法學家》2012 年
第 5 期。
〔註53〕 參見鄧建鵬：《清代「依法裁決」問題的再研究》，載《四川大學學報（哲學社
會科學版）》2021 年第 2 期。
〔註54〕 參見李棟：《超越「依法裁判」的清代司法》，載《中國法學》2021 年第 4 期。

中體現的一系列理念和觀念。對傳統訴訟文化的研究，以《獄與訟：中國傳統訴訟文化研究》〔註55〕一書最為代表，其重點研究了中國傳統訴訟的精神與原則、司法機構和訴訟參與人以及運行程序和特殊司法。此外，《中國古代司法文明史》〔註56〕通過時間順序闡述傳統中國司法文化的因循革新。《中國訴訟社會史研究》是收錄中日學者對傳統中國訴訟文化解讀的代表作，如夫馬進通過對清代巴縣年度「事案件數」進行統計而指出道光朝的能吏劉衡在任期間「成功地使訴訟驟減」。〔註57〕日本學者滋賀秀三、寺田浩明和岸本美緒都曾對傳統中國的訴訟文化進行過研究，如寺田浩明稱傳統中國的訴訟為「伸冤型訴訟」，清代法律為「非規則型法」，一度引起熱議。〔註58〕《日本學者中國法論著選譯》一書也具有重要的參考價值。〔註59〕

　　國內徐忠明、鄧建鵬、尤陳俊等人是關注清代訴訟文化的代表學者。2004年，徐忠明指出中國古代民眾有比較強烈的「權利」意識，「訴冤」即表現了對「權利」的訴求。〔註60〕鄧建鵬同樣認為清代邁入健訟時代，其在2006年發文指出清代東南地區民事爭訟日繁，「民眾健訟」是官員常用的話語表達。〔註61〕其後，他又指出因清代民眾參與訴訟的傾向強烈而出現州縣有意壓制訴訟、強制當事人自行處理糾紛的情形。〔註62〕2012年，尤陳俊分析指出明清以來的健訟之風存在區域性差異，不可籠統地強調「健訟」新說。尤陳俊還分析指出在清代簡約型司法體制下，當詞訟規模超過官府理訟能力時，民眾就會被納入「健訟」之類的主觀評價話語體系而遭受譴責。「健訟」之論是

〔註55〕參見胡旭晟主編：《獄與訟：中國傳統訴訟文化研究》，中國人民大學出版社2012年版。

〔註56〕參見張晉藩主編：《中國古代司法文明史》，人民出版社2019年版。

〔註57〕參見〔日〕夫馬進：《中國訴訟社會史概論》，范愉譯，載夫馬進編：《中國訴訟社會史研究》，范愉、趙晶等譯，浙江大學出版社2019年版，第22～25頁。

〔註58〕參見寺田浩明：《權利與冤抑：寺田浩明中國法史論集》，王亞新等譯，清華大學出版社2012年版。

〔註59〕參見中國政法大學法律史學研究院：《日本學者中國法論著選譯》，中國政法大學出版社2012年版。

〔註60〕參見徐忠明：《權利與伸冤：傳統中國訴訟意識的解釋》，載《中山大學學報（社會科學版）》2004年第6期。

〔註61〕參見鄧建鵬：《清代健訟社會與民事證據規則》，載《中外法學》2006年第5期。

〔註62〕參見鄧建鵬：《清代州縣訟案的裁判方式研究——以「黃岩訴訟檔案」為考查對象》，載《江蘇社會科學》2007年第3期；鄧建鵬：《清代州縣訟案和基層的司法運作——以黃岩訴訟檔案為研究中心》，載《法治研究》2007年第5期。

官方有意彌補其正當性的一種「話語資源」。〔註63〕2013 年，尤陳俊再次強調清代官方刻意打壓民眾的訴訟需求。〔註64〕

　　此外，日本學者鈴木秀光指出清代審級會因情勢變更發生變化，並非固定不變。〔註65〕2021 年，木下慎梧指出清代地方官會根據案件的具體情況以判斷是否開始審判手續，而在審斷中也會採取平衡的手段解決糾紛。〔註66〕

　　2002 年，郭成偉和孟慶超通過對權力監督、訴訟成本、司法效率、證據原則、當事人的訴訟代理權、司法信用、責任規避這七個方面的考察，提出清代司法在追求「和諧」或「秩序」這些最高目標的過程中遭遇了種種阻力。〔註67〕2007 年，胡謙指出清代民間調處與民事訴訟雖然存在差異，但並非對立，民眾往往會同時運用兩種解紛手段。〔註68〕里贊認為州縣官員審斷活動是政務而非司法、州縣審斷的依據多元一體、審斷方式充滿了靈活性。〔註69〕蘇成捷（Matthew H. Sommer）也主張地方官對於「細事」和「重大案件」這兩種類型的訟獄的審理模式存在巨大的差距。〔註70〕2011 年，陳寶良提出就社會史層面而言，明清從「鄉土社會」逐漸向「好訟」社會轉變，但官方所提倡的「息訟」「息供」「省詞訟」等話語也普遍流行。〔註71〕張可《清代審級制度研究》提出清代審級層次與審判機構過於多元化，造成了審判程序的

〔註63〕參見尤陳俊：《「厭訟」幻象之下的「健訟」實相？重思明清中國的訴訟與社會》，載《中外法學》2012 年第 4 期。

〔註64〕參見尤陳俊：《「案多人少」的應對之道：清代、民國與當代的比較研究》，載《法商研究》2013 年第 3 期。

〔註65〕參見〔日〕鈴木秀光：《「治人」之下的制度：再論清代覆審制》，魏敏譯，載《法律史譯評》2017 年第 2 期。

〔註66〕參見〔日〕木下慎梧：《清代中國における訴訟係屬手続——地方での事例と官僚の認識を中心として》，京都大學 2021 年博士學位論文。

〔註67〕參見郭成偉、孟慶超：《清代司法程序中的惰性因素分析》，載《政法論壇》2002 年第 5 期。

〔註68〕參見胡謙：《清代民事糾紛的民間調處研究》，中國政法大學 2007 年博士學位論文。

〔註69〕參見里贊：《晚清州縣訴訟中的審斷問題——側重四川南部縣的實踐》，法律出版社 2010 年版。

〔註70〕參見〔美〕蘇成捷：《清代縣衙的賣妻案件審判：以 272 件巴縣、南部與寶坻縣案子為例證》，載邱澎生、陳熙遠主編：《明清法律運作中的權力與文化》，廣西師範大學出版社 2017 年版。

〔註71〕參見陳寶良：《從「無訟」到「好訟」：明清時期的法律觀念及其司法實踐》，載《安徽史學》2011 年第 4 期。

混亂和審判效率的低下，引發了民眾厭訟與健訟並存的現象。〔註72〕2014 年，汪雄濤指出疑難與冤抑通常源於州縣衙門的無能或瀆職，而中層官員發揮了一定的兜底和洗冤功能。〔註73〕同年，徐忠明主張清代督撫是地方政府的樞紐位置，外結程序在一定程度上蛻變為地方官員規避中央政府司法控制的裝置。〔註74〕姚志偉認為，清代民眾的訴訟策略與官府的受理標準之間存在差異，從而加劇了誣告現象的發生。〔註75〕2015 年，陳利提出，清代刑錢幕友雖處於正式官僚體制之外，但因對法律知識的控制而在清代政治體系中享有一種巨大隱權力。〔註76〕2017 年，海丹撰文指出清代後期各省上級官僚在考核、評價下屬的承審行為時，更為關注審結數量。這種評價體系導致了承審官片面追求結案速度，對積案問題的解決無意義。〔註77〕

另外，有部分學者注意到清代的訴訟參與人、刑訊制度、證據規則對裁判的影響，如美國學者白德瑞（Bradly W. Reed）〔註78〕指出案費是州縣的重要收入之一。2008 年於曉青對清代刑訊容易導致冤假錯案的弊端加以分析。〔註79〕2009 年，鈴木秀光分析了清代證據規則的演變；〔註80〕2020 年，劉之楊指出清代為調和公正與效率之間的關係，多次更改眾證規則，「在適用範圍、案件類型、奏咨程序以及上控、京控等問題上連續調整」。〔註81〕

以上論著對於清代訴訟風氣的轉變、不同地域民眾的訴訟心理和訴訟

〔註72〕 參見張可：《清代審級制度研究》，中國政法大學 2011 年博士學位論文。

〔註73〕 參見汪雄濤：《清代司法的中層影像：一個官員的知府與臬司經歷》，載《政法論壇》2014 年第 6 期。

〔註74〕 參見徐忠明：《內結與外結：清代司法場域的權力遊戲》，載《政法論壇》2014 年第 1 期。

〔註75〕 參見姚志偉：《十告九誣：清代誣告盛行之原因剖析》，載《北方法學》2014 年第 1 期。

〔註76〕 參見陳利：《知識的力量：清代幕友秘本和公開出版的律學著作對清代司法場域的影響》，載《浙江大學學報（人文社會科學版）》2015 年第 1 期。

〔註77〕 參見海丹：《「纏訟」與「清訟」——清代後期地方官的上控審判與承審考核（上）》，載《法律史評論》2018 年第 11 卷。

〔註78〕 參見〔美〕白德瑞：《爪牙：清代縣衙的書吏與差役》，尤陳俊、賴駿楠譯，廣西師範大學出版社 2021 年版。

〔註79〕 參見於曉青：《清代刑訊制度考辨》，華東政法大學 2008 年博士學位論文。

〔註80〕 參見〔日〕鈴木秀光：《「獄成」之現場——清代後期刑事審判上的認罪口供和眾證》，載《法制史研究》2009 年第 16 期。

〔註81〕 劉之楊：《公正效率兩相衡：清代眾證規則的演變及其動因》，載《北京化工大學學報（社會科學版）》2020 年第 3 期。

實態、不同類型的案件在進入訴訟程序中的審判依據、督撫在司法中的作用以及官員在司法活動中所受到的各種因素等均有涉及，是目前學界研究清代訴訟較具代表性的作品，是解讀嘉道時期積案的產生和清理的重要參證。

5. 對清代訟師的研究

積案的產生與訟師的推動與促進有密切的關聯，及至嘉道時期，因案件激增、大案迭興，訟師在訴訟活動中扮演了重要的角色。對清代訟師的研究以林乾、邱澎生、夫馬進、鄧建鵬、尤陳俊、梅利莎·麥柯麗（Melissa Macauley）等人為代表。其中，日本學者夫馬進指出，訟師秘本裏也包含「教誨」「告誡」與「倫理」的內容，刷新了訟師乃「地痞流氓」的模式化形象。〔註82〕林乾教授自 2005 年起，相繼發表《訟師對法秩序的衝擊與清朝嚴治訟師立法》等 4 篇文章，指出清朝一系列嚴懲訟師的立法活動是為了遏制和緩解「健訟」風氣，嘉慶時期主要通過懲治訟師與代書的勾結以壓縮訟師的活動空間；葉塘包訟案反映了嘉道時期社會失範；壽州大案說明訟師對於澄清案情具有推動作用；道光十四年盧應翔唆訟案涉及多方力量的介入，從側面說明這一時期的積案背後蘊藏著複雜的成因。〔註83〕鄧建鵬比較關注清代地方訟案，早在 2005 年《清代訟師的官方規制》中指出詞訟數量增加的根本原因是好訟地區經濟生活複雜化與人口增加帶來的壓力，訟師群體有客觀的生存空間。官方的規制促使訟師向非法化轉變，但這些規制在司法實踐中並未完全收到實效。〔註84〕2005 年，龔汝富的博士學位論文揭示了明清訟師、訟學和官方、當事人與民間社會在訴訟過程中的互動關係。〔註85〕而梅利莎·麥柯麗則通過專著系統地介紹了清代的訟師群體和訴訟文化，其對訟師群體的人員組成、從業原因、訴訟中的作用、官方和民間的訟師形象等進行

〔註82〕參見〔日〕夫馬進：《訟師秘本的世界》，李力譯，載《北大法律評論》2010 年第 1 期。

〔註83〕參見林乾：《訟師對法秩序的衝擊與清朝嚴治訟師立法》，載《清史研究》2005 年第 3 期；林乾：《一個訟師家庭的兩代上訴史》，載中國政法大學法律古籍整理所編：《中國古代法律文獻研究》第八輯，社會科學文獻出版社 2014 年版；林乾：《刑部郎中成「訟棍」——嘉、道嚴懲「訟師」的擴張解釋》，載《南京大學法律評論》2015 年第 2 期；林乾：《從葉塘包訟案看訟師的活動方式及特點》，載《北大法律評論》2009 年第 10 期。

〔註84〕參見鄧建鵬：《清代訟師的官方規制》，載《法商研究》2005 年第 3 期。

〔註85〕參見龔汝富：《明清訟學研究》，華東政法大學 2005 年博士學位論文。

了充分論證。〔註 86〕2013 年，李棟也指出訟師在明清時期的官方形象和民間形象之間存在巨大的反差，不但反映了明清時期司法制度設計上所存在的問題，而且暗含了官府「息訟」與民間「健訟」之間的緊張關係，還揭示了中國古代追求和諧的困境。〔註 87〕王巧敏也指出清代訟師通過助訟活動及其他行為發揮了重要的法律作用。〔註 88〕2015 年，尤陳俊指出清代官方塑造和宣揚「貪利訟師」形象的根本目的是減少訴訟；2019 年，其再次強調清代官方從外部嵌入「訟師惡報」話語模式以對訟師加以限制。〔註 89〕通過對以上論著的梳理可以發現，目前學界對於清代訟師的研究比較全面，也從多方面立體化地展現了這一特殊群體的遭際。

6. 對京控的研究

京控多由案件積壓所致，嘉慶朝後期從清理積案逐漸轉向京控的制度化審結，反映了朝廷治理司法問題的重心的轉變。學界對於京控的研究起步較早，但以 1988 年美國學者歐中坦（Jonathan K. Ocko）的研究為代表，他率先從法律制度史角度系統解讀清代的京控制度。〔註 90〕1992 年，那思陸介紹了京控和叩閽的區別。〔註 91〕2004 年，趙曉華和周韜將京控與晚清統治危機放在一起解讀，突破了單線條的制度介紹框架。〔註 92〕另外，胡震、張翅、李典蓉、張筱梅、石怡等學者均有相關研究，其中李典蓉《清朝京控制度研究》主要利用我國臺灣地區保存的清代檔案對京控進行了系統研究，探討了京控的起源、演變趨勢和實踐操作。其在著作中強調嘉道時期京控案件數量較多，清廷為此採取了一系列應對舉措。〔註 93〕2016 年，石怡在學位論文中

〔註 86〕 參見〔美〕梅利莎・麥柯麗：《社會權力與法律文化：中華帝國晚期的訟師》，明輝譯，北京大學出版社 2012 年版。

〔註 87〕 參見李棟：《訟師在明清時期的評價及解析》，載《中國法學》2013 年第 2 期。

〔註 88〕 參見王巧敏：《清代訟師的法律作用研究》，安徽大學 2013 年碩士學位論文。

〔註 89〕 參見尤陳俊：《清代訟師貪利形象的多重建構》，載《法學研究》2015 年第 5 期；尤陳俊：《「訟師惡報」話語模式的力量及其複合功能》，載《學術月刊》2019 年第 3 期。

〔註 90〕 參見〔美〕歐中坦：《千方百計上京城：清朝的京控》，謝鵬程譯，載高道蘊等編：《美國學者論中國法律傳統》，中國政法大學出版社 1994 年版。

〔註 91〕 參見那思陸：《清代中央司法審判制度》，北京大學出版社 2004 年版，第 214～218 頁。

〔註 92〕 參見趙曉華、周韜：《京控與晚清政治危機》，載《北京電子科技學院學報》2004 年第 1 期。

〔註 93〕 參見李典蓉：《清朝京控制度研究》，上海古籍出版社 2011 年版。

通過量化方式展現了清代京控案件的時空分布以及呈控者的身份構成等問題。文中指出清朝因命盜重情引發的京控案件占比一半以上，平民階層是參與比例最高的呈控者。但京控存在成本高昂、運作覆雜、效率低下等問題。〔註94〕鄭小悠則認為京控增多意味著地方政府權威的減弱，體現了民眾對基層司法資源的不信賴。〔註95〕

　　總體而言，關於京控的系列研究側重於從京控個案中挖掘清代制度和法律實踐之間的對應和差異，如張世明、崔岷、阿風、石怡、羅冬陽等人將注意力轉向京控繁興的嘉慶朝，側重解讀法律與社會之間的互動。崔岷指出嘉慶朝應對山東京控的成效有限，民風也沒有改善。其在專著中也重點分析了嘉慶中期開始山東地區積案累累、京控不斷的現象。〔註96〕阿風則指出嘉慶皇帝試圖依靠督撫體制解決京控，而嘉慶二十五年山東發審專局的成立則表明這種策略以失敗告終。〔註97〕

　　就清中後期創制的發審局和委審制度來說，2006 年，李貴連和胡震主張發審局是清朝中後期在傳統司法體制下因時制宜設置的專門審案的職能部門。〔註98〕2009 年，張世明和馮永明也指出嘉慶帝放開京控導致了案件日增，司法資源更加緊缺，發審局應運而生，以消彌此種不足。〔註99〕2016 年，劉洋洋看到了清代中晚期委審普遍存在，具有契合當時的司法需要的積極意義。〔註100〕此外，柏樺和吳愛明等人也寫作專文介紹清代的叩閽、京控、上控和直訴等制度。茲不贅述。

7. 對嘉道時期政治、經濟、文化、社會等方面的研究

　　嘉道時期災害頻發、銀貴錢賤、吏治衰頹、社會結構變化、倫常松解等都是積案的誘因。學界也不乏對這類問題的關注。張豔麗指出嘉道時期災害

〔註94〕參見石怡：《清代京控中的國家與社會研究》，東北師範大學 2016 年博士學位論文。

〔註95〕參見鄭小悠：《清代的案與刑》，山西人民出版社 2019 年版。

〔註96〕參見崔岷：《山東京控「繁興」與嘉慶帝的應對策略》，載《史學月刊》2008 年第 1 期；崔岷：《洗冤與治吏：嘉慶皇帝與山東京控》，中央民族大學出版社 2012 年版。

〔註97〕參見阿風：《清朝的京控——以嘉慶朝為中心》，載《中國社會歷史評論》2014 年總第 15 卷。

〔註98〕參見李貴連、胡震：《清代發審局研究》，載《比較法研究》2006 年第 4 期。

〔註99〕參見張世明、馮永明：《「包世臣正義」的成本：晚清發審局的法律經濟學考察》，載《清史研究》2009 年第 4 期。

〔註100〕參見劉洋洋：《清代委審研究》，河南大學 2016 年碩士學位論文。

頻發成為清代中衰的誘因之一。〔註101〕朱滸等學者從災荒史角度解讀嘉道歷史，為解釋這一時段社會轉型提供了理論支撐。〔註102〕倪玉平〔註103〕、鄭振滿〔註104〕、劉鳳雲〔註105〕等對這一時段的財政狀況進行了考察。這些研究說明經濟問題是社會問題產生的重要根源，在人口日益增長、天災人禍頻繁的時代，政府缺乏有力的財政支撐體系；一口通商制度也說明清廷沒有採取更加積極的方式融入工業化時代，民眾的貧困導致紛爭和犯罪增多，增加了積案的數量。馮爾康指出在社會解構過程中，傳統宗法、血緣為紐帶的集體主義的家族逐漸向個人化、同姓團體轉變。〔註106〕2019 年，王晨光也主張清後期基於血緣關係而建立的糾紛解決機制逐漸式微，民眾尋求外部司法力量解決紛爭。〔註107〕2001 年，楊杭軍指出嘉道咸時期中央和地方逐漸呈現分離趨勢，統治機制和制度紊亂。〔註108〕張國驥也對嘉道時期吏治方面出現欺蒙、拖沓、推諉等官場病態進行研究，說明清廷的國家控制逐步減弱。他還提出嘉道時期出現的全面的政治危機與封建制度、當時的統治策略以及思想保守、落後世界浪潮有緊密關係。〔註109〕前文提及李懷印也從「低度均衡」理論對嘉道時期的社會狀況作出了解釋。

此外，學者們對清代胥吏、差役和私牢等問題的研究，對於瞭解這一時期的司法狀況都有很大的幫助。

綜上，前輩學者從不同層面探討了清以前和清朝積案的表現、成因、官員積壓獄訟的責任、應對舉措，對本研究具有重要的啟發作用。但目前學界

〔註101〕 參見張豔麗：《嘉道時期的災荒與社會》，人民出版社 2008 年版。

〔註102〕 朱滸、黃興濤：《清嘉道時期的環境惡化及其影響》，載《中國高校社會科學》2016 年第 5 期。

〔註103〕 倪玉平：《清朝嘉道財政與社會》，商務印書館 2013 年版。

〔註104〕 鄭振滿：《清代福建地方財政與政府職能的演變——〈福建省例〉研究》，載《清史研究》2002 年第 2 期。

〔註105〕 劉鳳雲：《養廉銀無以養廉——以乾嘉時期攤捐官員養廉銀為中心的考察》，載《史學月刊》2020 年第 11 期。

〔註106〕 馮爾康：《18 世紀以來中國家族的現代轉向》，上海人民出版社 2005 年版。

〔註107〕 參見王晨光：《治權視域下禮法的結構性危機》，載《華中科技大學學報（社會科學版）》2019 年第 4 期。

〔註108〕 參見楊杭軍：《走向近代化：清嘉道咸時期中國社會走向》，中州古籍出版社 2001 年版。

〔註109〕 參見張國驥：《清嘉道時期的吏治危機》，載《湖南師範大學社會科學學報》2004 年第 2 期；張國驥：《清嘉慶道光時期政治危機研究》，嶽麓書社 2012 年版。

關注清朝積案問題的時空範圍有限，未曾聚焦社會轉型之嘉道時期，故難從整體視角探索清朝國家治理能力的變化；挖掘的積案成因和治理舉措多側重某一方面，有待系統整理。同時，既有研究對一些問題尚且缺乏深入探討，如「積案」的內涵是什麼？清朝嘉道時期的積案問題與以往相比有何不同？清朝嘉道時期採取了那些獨特的積案防治舉措，其中的法律措施有哪些？各朝和各地的積案防治措施有何不同？是否有統一的原則和目標？清朝嘉道時期積案防治舉措取得了哪些成效，又有什麼不足？從中能夠吸取哪些經驗和教訓？

　　從訴訟視域和國家治理角度來看，積案問題是重要的社會問題和法律現象，不僅為清代的國家治理帶來了困難，也困擾著當代司法實踐，對嘉道時期積案問題進行系統而全面的論證相當重要。除今人論著外，筆者在本書寫作中將著力搜集整理關於嘉道時期積案的一手檔案，通過古今資料的結合，將此議題進行充分的研究和論證，以期對當代法治建設和國家治理提供經驗和教訓。

三、術語界定、基本思路與研究方法

（一）術語界定

　　「積案」：《康熙字典》所載「積」的含義——「《說文》：聚也；《增韻》：累也，堆疊也。」〔註110〕「案」有「案牘」「案例」「案件」「按語」等意。〔註111〕古漢語「積案」一詞統合二字本義，指積累或積聚的案牘、案件等，如「積案盈箱」〔註112〕指積累的文稿繁多。

　　需要說明的是，因傳統中國將訴訟稱為「獄」「訟」或「獄訟」，故用「滯獄」「滯案」「冤滯」「留滯」「稽留」「淹禁」等詞彙來描述司法案件的稽延遲滯現象。總之，是通過「稽」「滯」「淹」等字眼來強調進入公門的案件積壓、稽延、遲滯、擱置的情形。「積案」一詞用以形容司法案件的稽滯現象出現較晚。

　　「積案」的現代意義指「長期積壓而未了結的案件」。〔註113〕與古意相

〔註110〕〔清〕張玉書等編：《康熙字典·午集下·禾部·十一畫》，上海書店出版社1985年版，第953頁。

〔註111〕參見〔明〕張自烈撰；〔清〕廖文英續：《正字通·辰集·木部》，中國工人出版社1996年版，第502頁。

〔註112〕〔唐〕魏徵等撰：《隋書》卷66，中華書局1973年版，第1544頁。

〔註113〕中國社會科學院語言研究所詞典編輯室編：《現代漢語詞典》（第5版），商務印書館2005年，第630頁。

近。就法史研究而言，應採用狹義的「積案」概念，將其限定在司法領域。如康熙帝曾諭刑部：「明罰敕法，民命攸關。必讞決精詳，案無留滯，而後聽斷得情，民免株累」。為此他下達諭旨：「向因刑部等衙門事務審理遲延，屢加申飭。今積案已完，宿弊漸革。惟在外直隸各省督撫等衙門……此等情弊，皆由聽斷不公，完結不速，牽連淹滯，苦累小民。」〔註114〕康熙上諭對「積案」的內涵作了說明——因官員的「怠忽稽遲」而使刑名案件「經年不結」「數年不結」或「沉案積久不清」等。案件經年或數年不結是最直觀的表象，指案件拖延時日之久；而上官屢次批駁、案件積久不清、沉冤無由申訴為「積案」的深層含義。這是循序漸進的內涵解釋過程。上諭還將積案的成因歸為官員的怠忽稽遲、草率和徇庇，故要求定立規製辦法。

清代的「積案」有重要的衡量標準——「承審限期」（即現代所謂的「審限」）。〔註115〕「承審限期」於嘉慶六年改定，對中央和地方各級司法官員承審案件所要遵循的基本程限要求進行了規定，在允許奏請展限和例準扣限的前提下，若官員超過時限而未能審結獄訟會受到行政處分。

需要強調的是，「積案」除了籠統指代積累未結的案牘（包括軍需積案和戶部積案）外，也可用以形容案犯累積犯下了很多惡行，「積至五六十案之多」〔註116〕的洋面劫盜案犯、「釀成積案」〔註117〕「積案巨窩」〔註118〕等詞彙，都有具體的適用語境。但這種專門用法不在本書的探討範圍內。

綜上，本書研究的清代「積案」指違反審限規定而長期未覆奏、逾限未審結的司法案件。在清代檔案中，「獄訟未清」「案牘未清」等詞彙也與「積案」意義相重合。

〔註114〕 《清聖祖實錄》卷112，康熙二十二年十月癸亥，中華書局1985年版，第2冊第158～159頁。

〔註115〕 參見張榮錚、劉勇強、金懋初點校：《大清律例》，天津古籍出版社1993年版，第596頁；〔清〕文孚纂修：《欽定六部處分則例》卷47，載沈雲龍主編：《近代中國史料叢刊》第34輯332，文海出版社1969年版，第959～961頁。

〔註116〕 《清高宗實錄》卷742，乾隆三十年八月己酉，中華書局1986年版，第10冊第166～167頁。

〔註117〕 《清高宗實錄》卷752，乾隆三十一年正月戊寅，中華書局1986年版，第10冊第276～277頁。

〔註118〕 《清高宗實錄》卷926，乾隆三十八年二月丙寅，中華書局1986年版，第12冊第450頁。

（二）基本思路

本研究是一個典型的法律社會史議題，本書秉持史論結合的研究方式，從理論研究、描述研究、解釋研究和對策研究維度，對積案的歷史演變、清朝嘉道時期積案問題的表現、成因、應對舉措和評價方面次第展開研究。

1. 理論研究之維

中國歷史上的積案問題錯綜複雜，既直接凸顯了訴訟領域的效率與公平難題，也間接反映了國家治理能力和治理水平。中國自古以來廣土眾民的基本國情決定了任何社會問題的解決並非只是法制方面的單線型沿襲，而是秉持「綜合為治」理論並採取多種措施。積案為古今存續之司法難題，故必須借鑒歷史經驗以完善當下法治。因而必須從歷史與現實相結合、理論與實踐相結合、宏觀與微觀相結合、突破與建設相結合的角度，提升問題研究的時代感和前瞻性。

2. 描述研究之維

第一，通過對歷代法典、歷代刑法志、歷代帝王詔令、《古今圖書集成·經濟彙編·祥刑典》等材料，對清朝嘉道時期以前的積案問題追根溯源，從而對比凸顯清朝嘉道時期積案問題的嚴峻性和獨特性。第二，集中論述清朝嘉道時期積案問題的表現。將清代中央司法檔案、地方檔案、其他史料結合利用，將檔案整理的積案數據及實證調研的案例，進行初級、中級、高級分析，既對清朝嘉道時期積案的時空分布進行宏觀統計分析，又對個案展開精細解讀，形成對清朝嘉道時期積案問題的表現更形象、立體的掌握。

3. 解釋研究之維

從整體視角、聯繫視角、動態視角集中探討清朝嘉道時期積案問題的社會成因、政治成因、法律成因和其他成因。

4. 對策研究之維

集中探討清朝嘉道以前的積案防治舉措、清朝嘉道時期積案問題的防治對策以及清朝積案防治舉措的當代價值。尤其是在立足一手史料並充分吸收學界相關標誌性的研究成果基礎上，探討清朝嘉道時期應對積案問題所採取的法律、社會、政治等手段，為當下法治建設提供鏡鑒。

（三）研究方法

本書寫作除沿用傳統的文獻研究法外，還使用以下 3 種研究方法：

1. 比較研究法

比較研究法既可以橫向地對同一時段不同地域的法律文化和法律制度等進行比較，也可以縱向地對不同時段同一地區的法律進行比較。積案問題並非嘉道這一時段獨有的問題，但在整個清代史中，卻具有突出的表現，因而本書在分析嘉道時期積案問題的同時，還分析嘉道以前的積案表現和解決策略，對不同時段的積案問題進行比較，分析兩者之間的異同。

2. 案例分析法

清朝嘉道時期的積案問題呈現多樣化的姿態，既有時間分布上的區別，也有地域分布上的差異。從微觀角度來看，有些個案牽連甚廣、延擱十數年，是其中的典型；有些個案一再上控和翻案，無所底止；有些區域，如嘉慶後期的山東積案問題最具代表。因此，通過搜羅與分析一手檔案、官方史書、地方志、清代案例集、清人文集等資料，重點挖掘經典案例，考察嘉道時期積案的具體表現和應對，對於推動整個研究十分必要。本書重點分析了詹絨京控案、葉泳喜案、汪從信案等，有利於加深對各項議題的理解。

3. 田野調查法

我國現存一些清代衙署、鄉約所等建築遺址或遺跡，通過走訪典型的遺址和遺跡可深化對於清代行政建構的認識。同時，一些傳統村落在時代變遷中依然存在，一些個案的發生地仍有跡可循，通過實地走訪，可以進一步挖掘民間族譜、墓誌、口述資料等。除利用網絡資源進行信息搜集外，筆者曾參觀清代泰安縣衙、走訪汪從信案發生地白河縣西營鎮蔓營村、熟悉白河縣的風俗人情，這些經歷對考察案發背景和民風都有促進作用，對於本書寫作十分有益。

第一章　嘉道以前的積案問題

　　積案問題是自古至今存在的社會問題和法律現象，在傳統人治環境下，牧令操守的勤惰及直曲直接影響了司法裁判的質量。在尚未脫離蒙昧的先秦時期，裁判中天意和神斷佔據了相當的比例，像《詩經·召南·甘棠》中召伯[註1]這樣的歌詠對象屈指可數，也印證了明敏折獄是人類追求的理想狀態。從存世文獻來看，秦漢以降，司法領域中的冤案和滯獄問題逐漸凸顯，歷朝統治者多採取一定的措施加以解決，起到了一定的效果。清朝在順康雍乾時代已有清理積案的實踐，但清廷通過完善承審限期等方面的法律規定，對積案問題尚且處置得宜。但隨著社會矛盾積聚，嘉慶以降，積案問題集中爆發。

第一節　訴訟視域下積案的歷史演變

　　訴訟是考察法律實際運作的有效途徑，積案是伴隨訴訟而產生的司法難題，意味著既定的法律規範面臨現實困境。《詩經·召南·行露》載：「誰謂

〔註1〕《詩經·召南·甘棠》中的「召伯」，有學者指出是召伯虎（如程俊英注釋「召伯：名虎，姬姓，周宣王時封在『召』的地方，伯爵。」見程俊英撰：《詩經譯注》，上海古籍出版社 2004 年版，第 23 頁），也有人指出是召公奭（多據《史記·燕召公世家》所載：「召公巡行鄉邑，有棠樹，決獄政事其下，自侯伯至庶人各得其所，無失職者。召公卒，而民人思召公之政……作《甘棠》之詩。」見〔漢〕司馬遷撰：《史記》卷 34，中華書局 1959 年版，第 1550 頁）。對此問題進行辯論的文章，可參考徐忠明：《從〈詩經·甘棠〉事志考釋到送法下鄉》，載《政法論壇》2011 年第 3 期。

雀無角,何以穿我屋?……誰謂鼠無牙,何以穿我墉?」〔註2〕後世遂以「鼠牙雀角」指代人際糾紛。丘濬注解時指出「民有血氣之爭,有利欲之嗜,所以不能無訟。」〔註3〕他辯證指出人事紛爭的必然。丘濬還在對《周禮・地官司徒》中「凡民訟,以地比正之;地訟,以圖正之」〔註4〕的解說中強調「民生有欲不能無爭,有爭不能無訟」,用以闡釋田土之訟是農業社會基本的訴訟類型,並指出明代爭地之訟繁多,「蓋有一訟累數十年,歷十數世,而不能決絕者。」〔註5〕

　　不同於現代社會有基本的訴訟類型區分,傳統中國將訴訟稱為「獄」「訟」或「獄訟」。這是「超越西方,回歸本土」〔註6〕的敘事語境。如《周禮・地官司徒》載:「凡萬民之不服教而有獄訟」,〔註7〕據鄭玄解說「獄」通常與刑事犯罪有關,「訟」則與財產、契約等糾紛有關,接近於當代的民刑訴訟之分。但訟和獄並非簡單的爭財和犯罪的二分,前輩學者對此聚訟紛紜。〔註8〕然而,傳統訴訟分類也存在動態演化過程,會根據侵犯的法益、社會危害性等因素,在受理和科則等方面區別對待,如唐宋時期根據案件規模和涉案數額等因素將案件分為大、中、小事,命盜重案與戶婚等案的審理機構和訴訟程序有所區別。〔註9〕及至元代,大量條格和斷例的在編集過程中,基本將元代以前的法律形式整合為「刑事」和「非刑事」兩大基本類型,〔註10〕不僅使得法典形式產生了變化,還在司法實踐中進行了區分。元代婚田錢債與刑名有「輕罪過」與「重罪過」之別,但是,「不同案件的訴訟程序亦沒有嚴格區分,而是在某些環節有所差異,以及在審級制度下形成的『自理』與

〔註2〕　程俊英撰:《詩經譯注》,上海古籍出版社 2004 年版,第 24 頁。

〔註3〕　〔明〕丘濬撰:《大學衍義補》(下),上海書店出版社 2012 年版,第 183 頁。

〔註4〕　楊天宇撰:《周禮譯注》,上海古籍出版社 2004 年版,第 164 頁。

〔註5〕　〔明〕丘濬撰:《大學衍義補》(下),上海書店出版社 2012 年版,第 183 頁。

〔註6〕　徐忠明:《中國法律史研究的可能前景:超越西方,回歸本土?》,載《政法論壇》2006 年第 1 期。

〔註7〕　楊天宇撰:《周禮譯注》,上海古籍出版社 2004 年版,第 157 頁。

〔註8〕　參見徐世虹:《漢代民事訴訟程序考述》,載《政法論壇》2001 年第 6 期;王捷:《舊題新證:先秦「獄」「訟」的法律語用演變——以出土法律文獻為視角》,載《北方法學》2013 年第 4 期。

〔註9〕　鄧建鵬:《詞訟與案件:清代的訴訟分類及其實踐》,載《法學家》2012 年第 5 期。

〔註10〕謝紅星:《「典例法律體系」形成之前夜:元代「棄律用格例」及其法律史地位》,載《江西社會科學》2020 第 3 期。

『奏報』的潛在分離。」〔註11〕這種分類為明清所沿襲和發展，分類趨勢更加明顯。明清時期的「訟」即所謂的詞訟，包括戶婚、田土、錢債、鬥毆等細事；而「獄」一般對應為命盜等「案件」。不同類型的案件具有不同的審限規定，斷獄不及時將被追責。隨著制度的完善，「積案」的內涵更為明晰，在規定期限內未能審結，使得案件延宕積壓；抑或在限期內審斷錯誤，造成當事人翻案纏訟。

清代進入比較穩定的發展期後，針對司法問題大規模設規立範。如自理詞訟循環月報冊制度於雍正時期被定立，嘉慶朝以前對各類案件的審限一再調整。但既有制度似有廢弛，乾隆後期開始政務運轉失靈影響了嘉道時期的司法環境。

一、從滯獄到積案：話語嬗變與限期斷獄

在明清以前，多用「滯獄」等詞彙描述司法案件的稽延，經歷代統治者的努力，生發出一套關於斷獄的程限規定。

（一）清代以前的獄訟積滯問題

《左傳・昭公十年》載：「凡有血氣，皆有爭心」〔註12〕。崔述曾言：「自生民以來莫不有訟也。訟也者，事勢所必趨也，人情之所斷不能免也。」〔註13〕訴訟是任何社會都不可避免的客觀存在，最晚在堯舜時期已經通過訴訟形式解決糾紛，積案的存在說明制度規範和程序運行之間產生了偏差。

1. 清代以前獄訟積滯的話語表達

在清代以前，人們往往用「滯獄」「滯訟」「滯案」「留獄」「冤滯」「淹禁」等詞彙來形容進入官府的案件之稽留遲滯現象，這是古代中國對「積案」或「準積案」的稱呼。

「滯獄」指積壓或拖延未予審決的案件，如《梁書》載：「民辭訟者，皆立前待符教，決於俄頃。曹無留事，下無滯獄。」〔註14〕唐代司空圖記述王凝任監察御史時，「會鄂州鹽鐵使贓狀上聞，有力者持為滯獄，公馳傳即訊，涉

〔註11〕鄭鵬：《「輕罪過」與「重罪過」：元代的訴訟分類與司法秩序》，載《江西社會科學》2019年第1期。
〔註12〕李夢生撰：《左傳譯注》，上海古籍出版社2004年版，第1014頁。
〔註13〕〔清〕崔述：《無聞集・論辯解說・訟論》，載《清代詩文集彙編》編纂委員會編：《清代詩文集彙編》第399冊，上海古籍出版社2010年版，第16頁。
〔註14〕〔唐〕姚思廉撰：《梁書》卷22，中華書局1973年版，第354頁。

旬辨決。」〔註15〕狄仁傑擔任大理寺丞，「周歲，斷滯獄一萬七千人，無冤訴者。」〔註16〕

「滯訟」一詞也出現較早，如晉朝周處任廣漢太守時，「郡多滯訟，有經三十年不決者，處以評其枉直，一朝決遣。」〔註17〕唐宋時期這類用法更多，如「古者決獄斷滯訟，以平水旱，不用赦也。」〔註18〕《容齋隨筆》載：「范正辭，太平興國中，以饒州多滯訟，選知州事。至則宿係皆決遣之。胥史坐淹獄停職者六十三人。」〔註19〕

「滯案」雖是中醫學慣用詞彙，也可指代積壓的獄訟。宋朝葉適記載王聞禮事蹟指出：「公在常，如詹事治鄞，以明義厚俗省爭訟為本，滯案如山，予奪皆盡。」〔註20〕

此外，「留獄」「冤滯」和「淹禁」等詞彙也可以在一定程度上表現獄訟的積壓遲滯狀況。

2. 清代以前對於限期斷獄的規定

（1）隋唐以前

中國古代已有限期斷獄的規定，《康誥》載「要囚，服念五六日，至於旬時，丕蔽要囚。」〔註21〕徐朝陽解釋說：「審問之後，經過一定期間，然後為之判決。蓋以期間短促，既恐失之冤濫，延滯更慮弊端百出。故定其期間少則五六日，多則三月。至於此期間內得自由伸縮，所不待論。」〔註22〕《周禮》載「以五刑聽萬民之獄訟，附於刑，用情詢之，至於旬乃弊之，讀書則用法」，〔註23〕即表明斷獄在審訊十日以後，以求情詞確鑿，不至於冤濫；又載：「凡士之治有期日，國中一旬，郊二旬，野三旬，都三月，邦國期。期內

〔註15〕〔唐〕司空圖：《故宣州觀察使檢校禮部王公行狀》，載周紹良主編：《全唐文新編》第4部第3冊（總第15冊），吉林文史出版社2000年版，第9965頁。
〔註16〕〔後晉〕劉昫等撰：《舊唐書》卷89，中華書局1975年版，第2886頁。
〔註17〕（西晉）陸機、陸雲：《陸機文集》，上海社會科學院出版社2000年版，第100頁。
〔註18〕〔宋〕蘇舜欽：《蘇舜欽集》，沈文倬校點，上海古籍出版社1981年版，第132頁。
〔註19〕〔宋〕洪邁：《容齋隨筆》，穆公校點，上海古籍出版社2015年版，第437頁。
〔註20〕〔宋〕葉適：《運使直閣郎中王公墓誌銘》，載曾棗莊、劉琳主編：《全宋文》卷6503，上海辭書出版社、安徽教育出版社2006年版，第286冊第236頁。
〔註21〕李民、王健撰：《尚書譯注》，上海古籍出版社2004年版，第262頁。
〔註22〕徐朝陽：《中國訴訟法溯源》，商務印書館1933年版，第66頁。
〔註23〕楊天宇撰：《周禮譯注》，上海古籍出版社2004年版，第514頁。

之治聽，期外不聽。」〔註 24〕「士」即司法官吏，按照國中、四郊、野、都家、四方和建邦外朝的管轄範圍分別由鄉士、遂士、縣士、方士、訝士和朝士來執掌治域內的案件和法律，且有各自的審辦期限和不同的聽訟規定，即「治獄之日皆有限期」，士只受理固定時期內的詞訟，對於遠年詞訟則不受理。丘濬解釋道：「凡士之治獄者皆有其期，以地之遠近為之差」，在期限以內的受理，超出期限的「不聽」。〔註 25〕其站在民眾和官吏兩方角度對及時審案的好處進行了闡釋——通過及時受理案件既能在保全證據的情形下查明案件真相、避免拖累無辜以安民，又能使官吏避免因「自喜以為能」受到捃拾舊事、興訟誣扳的不逞之徒的利用而入人之罪所帶來的司法責任。

傳統中國，文書行政，諸事皆有程限。《秦律十八種》中的《徭律》有關於「失期」的規定；《行書》規定對於緊急的命書和公文書不得留滯；〔註 26〕《二年律令・行書律》亦有相關的文書傳遞不許失期的規定；《奏讞書》記載了一起郵人官大夫為「辟留」而私自更改送檄日期被處罰的事。〔註 27〕雖說這些規定跟獄訟沒有直接的關係，但充分說明了傳統中國對行政事務設置了諸多約束。劉太祥指出秦漢行政講究效率，文書中常有「毋留」「毋留止」「毋失期」等有關「期會」的時效要求，「對於『不中程』或『留遲』『不會會日』『失期』『後期』等延期、誤期、稽緩公文和辦事的行政行為，依法追究責任，嚴懲不貸。」〔註 28〕

《周禮・秋官司寇》體現的不可過速也不可過慢審斷的思想，在後世政令中多有體現。據學者研究，「秦漢時期的行政過程已經文書化了」〔註 29〕，一般來說，稽緩屬於行政瀆職或失職行文，有關獄訟的爰書也不例外，據嶽麓書院所藏秦簡載：

> 制詔御史：聞獄多留或至數歲不決，令無罪者久（繫）而有罪者久留，甚不善，其舉留獄上之。御史請：至計，令執法上（最）

〔註 24〕楊天宇撰：《周禮譯注》，上海古籍出版社 2004 年版，第 531 頁。

〔註 25〕〔明〕丘濬撰：《大學衍義補》（下），上海書店出版社 2012 年版，第 187 頁。

〔註 26〕參見張政烺、日知編：《雲夢竹簡》第 2 冊《秦律十八種》，吉林文史出版社 1990 年版，第 53、82 頁。

〔註 27〕參見彭浩、陳偉、〔日〕工藤元男主編：《〈二年律令〉與〈奏讞書〉》，上海古籍出版社 2007 年版，第 202、349～350 頁。

〔註 28〕劉太祥：《簡牘所見秦漢行政法的基本特點》，載《南都論壇》2016 年第 4 期。

〔註 29〕閆曉君：《秦漢行書律與帝國行政運作》，載《四川大學學報（哲學社會科學版）》2022 年第 2 期。

者，各牒書上其餘獄不決者，一牒署不決歲月日及（繫）者人數，

為（最），偕上御史，御史奏之，其執法不將計而郡守丞將計者，亦

上之。制曰：可。〔註30〕

這是一則典型的完整記錄積案奏報決議的簡牘，一方面說明了「君主因案件久拖不決而要求官員設計上報『留獄』情況的具體辦法」，另一方面說明秦代已經具體區分「執法和郡守、丞兩套系統上報『留獄』情況」。〔註31〕

漢代錄囚制度的興起即與冤滯的存在有關，並且受天人感應理論和德主刑輔學說的影響，還發展出一套因災恤囚的制度。魏晉南北朝時期也有清釐冤滯的記載，魏宣武帝於正始元年（504年）下罪己詔，以「政刑多舛，陽旱歷旬」命令有司「囹圄冤滯，平處決之」。〔註32〕孝明帝熙平二年（517年），鑒於「獄犴繁廣，嗟訴驟聞，雖曰司存，每多誣壅」，皇帝下詔「察訟理冤」，乃至「親納枉滯」。〔註33〕

（2）隋唐時代

隋唐以降，除帝王下達詔令清訟理獄外，法律中對斷獄程限有明確規定。唐朝按照「官文書稽程」來處置獄訟稽遲的問題，《唐律疏議》載「其官文書稽程者，一日笞十，三日加一等，罪止杖八十。」《疏》議曰：「『官文書』，謂在曹常行，非制、敕、奏抄者。依令：『小事五日程，中事十日程，大事二十日程，徒以上獄案辨定須斷者三十日程。』」〔註34〕劉俊文在箋釋中指出此條引《公式令》〔註35〕，即《唐六典》載：「凡內外百司所受之事皆印其發日，為之程限：一日受，二日報。小事五日，中事十日，大事二十日。獄案三十日。」〔註36〕仁井田陞亦曾輯錄此令，認為是開元年間的規定。〔註37〕錢大群認為「官文書稽程」即包括稽留小事、中事、大事和徒以上獄案等情

〔註30〕陳松長主編：《嶽麓書院藏秦簡》（伍），上海辭書出版社2017年版，第58～59頁。

〔註31〕朱騰：《「律令法」說之再思：以秦漢律令為視點》，載《法律科學（西北政法大學學報）》2022年第3期。

〔註32〕〔北齊〕魏收撰：《魏書》卷8，中華書局1974年版，第197頁。

〔註33〕〔北齊〕魏收撰：《魏書》卷9，中華書局1974年版，第226頁。

〔註34〕錢大群撰：《唐律疏義新注》，南京師範大學出版社2007年版，第326頁。

〔註35〕劉俊文箋解：《唐律疏議箋解》（上冊），中華書局1996年版，第771～772頁。

〔註36〕〔唐〕李林甫等撰：《唐六典》卷1，陳仲夫點校，中華書局2014年版，第11頁。

〔註37〕〔日〕仁井田陞：《唐令拾遺》，栗勁等編譯，長春出版社1989年版，第526～530頁。

形。唐令中有所規定，後世人在修纂《律疏》時將其採納。

唐穆宗長慶元年（821 年）五月，因刑獄淹滯而立程：

> 凡大事，大理寺三十五日詳斷訖，申刑部，三十日聞奏；中事，
> 大理寺三十日，刑部二十五日；小事，大理寺二十五日，刑部二十
> 日。所斷罪二十件已上為大，十件已上為中，十件已下為小。刑部
> 四覆官、大理六丞每月常須二十日入省寺。〔註38〕

但此制施行不久，又下令壓縮大理寺和刑部的審斷期限。唐文宗太和四年
（830 年）十月二十五日，又定大理寺斷獄「大事限二十日，中事限十五日，
小事限十日奏畢。」刑部詳覆「大事限十五日，中書限十日，小事八日奏畢。」
此限期施行一段時間後即廢弛，太和七年五月御史臺奏請恢復舊制，當年七
月，大理寺《請斷獄依舊程限奏》指出這一制度的弊端在於大理寺和刑部「俱
照詳具獄，未經刑部覆」，既不符合慎恤刑獄的目標，又「以生事上瀆聖聰」，
因此奏請「請依舊程限，大理寺斷了，申刑部覆同訖方奏。」〔註39〕儘管恢
復了太和四年斷獄程限，但當時「省寺詳斷，有逾敕限七十餘日者」，並有條
奏未盡事理而遷延的情形，犯人瘐死獄中，積弊眾多。九月，御史臺又上奏
著名的《請定決獄日限奏》，奏請將大理寺和刑部斷獄期限進行變更：

> 自今以後，刑獄本曹，詳覽奏狀。有節目未具者，大事七日內，
> 小事五日內，條流事由，只行一牒再勘本推官，三日內具事由牒報
> 省寺。如情狀要節，已具省寺，不得以小小節目，移牒往來。四遠
> 州府牒勘本推後，事有不具，結罪不得者，請具事由奏聞，不得更
> 逾敕限。〔註40〕

該奏另指出請照貞觀三年（629 年）敕，「允推狀內錢物大段事狀已具，
小小節目未盡不妨詳斷者，省寺更不要移牒盤勘。」〔註41〕總之，通過各種手
段促成案件及時審結，不致刑獄淹延、無辜被繫。同時，他們奏請由御史臺嚴
加察訪，「如或蹈前廢格，知彈御史臺不舉；又省寺可斷不斷，不具可結斷事

〔註38〕〔後晉〕劉昫等撰：《舊唐書》卷 16，中華書局 1975 年版，第 489 頁。

〔註39〕周紹良主編：《全唐文新編》卷 966，吉林文史出版社 2000 年版，第 5 部第 2
冊第 13174 頁。

〔註40〕周紹良主編：《全唐文新編》卷 966，吉林文史出版社 2000 年版，第 5 部第 2
冊第 13174 頁。

〔註41〕周紹良主編：《全唐文新編》卷 966，吉林文史出版社 2000 年版，第 5 部第 2
冊第 13174 頁。

情聞奏，使結斷不得，須便牒本處，致其稽遲。並請臨時量事大小，論罪按罰。」〔註42〕是故，徐朝陽總結：「限期斷獄，唐代亦有規定」。〔註43〕

這是唐文宗時代中央機構奏請重申中央法司限期斷獄的經過，大理寺和刑部分別對應不同的審限，大理寺斷獄，刑部覆核。其後，刑部又加強覆核功能，御史臺嚴加察訪。唐朝經歷了政治清明、獄訟較少的貞觀盛世，其他時期面對嚴峻的司法問題時，不得不恢復舊制並加以改進。

（3）宋、西夏、金時期

宋代因襲唐代處理積案的做法，「準官書稽程律論」〔註44〕即是此意，所謂「準」指與實犯有間。具體來說，宋代在唐朝限期斷獄的規定的基礎上有所損益，對不同審級、不同類型的案件的審理程限加以規制。宋太宗《限日決獄詔》對地方的審斷期限進行了明確的規定。太平興國六年（981年）因大獄滋蔓，逾年未結，遂定「自今長吏每五日一慮囚，情得者即決之。複製聽獄之限：大事四十日，中事二十日，小事十日，不他逮捕而易決者，毋過三日。」〔註45〕其後定令，「決獄違限，準官書稽程律論」，〔註46〕超過40天則奏裁。「事須證逮致稽緩者，所在以其事聞。」〔註47〕之後，江西轉運副使張齊賢建言，各縣要將拘禁和釋放的罪人數目每五日稟告給州，州獄另外設置簿冊，長吏每三五日檢察一次，稽察監獄疏理情況，每月具奏給中央。當刑部看到州縣監獄羈押囚犯較多時，「命官即往決遣，冤滯則降黜州之官吏。」〔註48〕雍熙元年（984年）規定各州每十天寫具囚帳供刑部糾舉。淳化年間（990～994年）為清理獄訟積壓問題進行了諸多努力，「始置諸路提點刑獄司，凡管內州府十日一報囚帳。有疑獄未決，即馳傳往視之。州縣稽留不決、按讞不實，長吏則劾奏，佐史、小吏許便宜按劾從事。」〔註49〕為防止大理寺和刑部「舞文巧詆」，在禁中設置審刑院，還對大理寺和審刑院的審限又進行了規定，「凡大理寺決天下案牘，大事限二十五日，中事二十日，

〔註42〕周紹良主編：《全唐文新編》卷966，吉林文史出版社2000年版，第5部第2冊第13174頁。

〔註43〕徐朝陽：《中國訴訟法溯源》，商務印書館1933年版，第66頁。

〔註44〕〔元〕脫脫等撰：《宋史》卷199，中華書局1977年版，第4968頁。

〔註45〕〔元〕脫脫等撰：《宋史》卷199，中華書局1977年版，第4968頁。

〔註46〕〔元〕脫脫等撰：《宋史》卷199，中華書局1977年版，第4968頁。

〔註47〕〔元〕脫脫等撰：《宋史》卷199，中華書局1977年版，第4968～4969頁。

〔註48〕〔元〕脫脫等撰：《宋史》卷199，中華書局1977年版，第4969頁。

〔註49〕〔元〕脫脫等撰：《宋史》卷199，中華書局1977年版，第4971～4972頁。

小事十日。審刑院詳覆，大事十五日，中事十日，小事五日。」〔註50〕

宋真宗時，因京師刑獄多滯冤，設置糾察司，且將御史臺獄也一併移報。「八年，御史論以為非體，遂詔勿報。」〔註51〕但糾察司依舊糾察刑部獄。

宋仁宗明道二年（1033年），重定大理寺詳斷和審刑院詳議期限：「凡上具獄，大理寺詳斷，大事期三十日，小事第減十日。審刑院詳議又各減半。其不待期滿而斷者，謂之急按。凡集斷急按，法官與議者並書姓名，議刑有失，則皆坐之。」〔註52〕

宋哲宗元祐二年（1087年），區分大中小事，並定立斷獄、臺察及刑部舉劾日限。

> 刑部、大理寺定制：凡斷讞奏獄，每二十縑以上為大事，十縑以上為中事，不滿十縑為小事。大事以十二日，中事九日，小事四日為限。若在京、八路大事十日，中事五日，小事三日。臺察及刑部舉劾約法狀並十日，三省、樞密院再送各減半。有故量展，不得過五日。凡公案日限，大事以三十五日，中事二十五日，小事十日為限。在京、八路大事以三十日，中事半之，小事三之一。臺察及刑部並三十日。每十日，斷用七日，議用三日。〔註53〕

至宋理宗時，無論罪行輕重，全部送官，「獄無大小，悉皆稽留」。監察御史程元鳳奏明積案累累，「獄官視以為常，而不顧其遲，獄吏留以為利，而惟恐其速。奏案申牘既下刑部，遲延日月方送理寺。理寺看詳，亦復如之。寺回申部，部回申省，動涉歲月。省房又未遽為呈擬，亦有呈擬而疏駁者，疏駁歲月，又復如前。展轉遲回，有一二年未報下者」，從而規定「諸路奏讞，即以所發月日申御史臺，從臺臣究省、部、法寺之慢。」〔註54〕然而不久之後有司辦案依舊延滯。景定元年（1260年）仍舊有十餘年不決之獄，皇帝下詔由提刑司守臣審勘。〔註55〕

借鑒漢人法律的西夏王朝，在《天盛律令》中也將應審不審〔註56〕列為

〔註50〕〔元〕脫脫等撰：《宋史》卷199，中華書局1977年版，第4972頁。
〔註51〕〔元〕脫脫等撰：《宋史》卷199，中華書局1977年版，第4976頁。
〔註52〕〔元〕脫脫等撰：《宋史》卷199，中華書局1977年版，第4976頁。
〔註53〕〔元〕脫脫等撰：《宋史》卷199，中華書局1977年版，第4980頁。
〔註54〕〔元〕脫脫等撰：《宋史》卷201，中華書局1977年版，第5015頁。
〔註55〕參見〔元〕脫脫等撰：《宋史》卷201，中華書局1977年版，第5015頁。
〔註56〕只存條目，具體內容已亡佚。

官吏的違法行為。不可忽視的是，金代也有斷獄期限。大定十七年（1177 年）八月，金世宗詢問「大理寺斷獄，雖無疑者亦經旬月」的原因，參知政事移剌道對曰：「在法，決死囚不過七日，徒刑五日，杖罪三日。」金世宗說：「法有程限，而輒違之，弛慢也！」之後申斥尚書省「凡法寺斷重輕罪各有期限。法官但犯皆的決，豈敢有違？但以卿等所見不一，至於再三批送，其議定奏者，書奏牘亦不下旬日，以致事多滯留，自今當勿復爾！」〔註57〕

可見，最晚從唐代開始已有針對案件積壓的專門法律，政令也通過文本化的法律得以固定和反覆適用。

（4）元朝

《至元新格》是元統一後的第一部法典，柯劭忞所撰《新元史·刑法志》載其大致有斷罪待報、季報罪囚、檢視禁繫等 13 項內容。其中一條載明：「諸季報罪囚，當該上司，皆須詳視，但有淹滯，隨即舉行。其各路推官，既使專理刑名，察獄有不平者，即聽推問明白，咨申本路改正。若推問已成，他司審理或有不實、不盡，聽招狀問實待報。若犯人翻案，家屬稱冤，聽牒本路移推，其證驗已明者，不在移推之例。」〔註58〕顯然，元朝已據所犯罪責輕重確定了不同的審級管轄，且要求上司稽查下屬有無淹滯的情形。

（5）明代

明代法律中對審案限期亦不乏規定，《大明律》中「淹禁」律規定獄囚情犯已完，經審錄無冤，也沒有其他追勘的事情時，限三日內決斷或十日內起發。若限外不決斷或不起發，官吏將承擔相應責任。〔註59〕明代中後期開始，「積案」一詞逐漸用於形容積滯的獄訟，但範圍較為有限。如金集齋到四川任官，「至日，臺中積案充棟。公命吏日持牛腰〔註60〕大數十束，睨立而批駁之。……數月而庭無留牘。」〔註61〕從語境來看，此處的「積案」指代的是

〔註57〕〔元〕脫脫等撰：《金史》卷 45，中華書局 1975 年版，第 1017～1018 頁。

〔註58〕柯劭忞：《新元史》卷 102，吉林人民出版社 1995 年版，第 2035 頁。

〔註59〕參見懷效鋒點校：《大明律》，法律出版社 1998 年版，第 212 頁。

〔註60〕「牛腰」即「牛腰卷」，李白曾言「書禿千兔筆，詩裁兩牛腰。」王琦注：「言其卷大如牛腰」，後以「牛腰」比喻詩文數量之多，在此指文牘之多。參見趙應鐸主編：《漢語典故大辭典》，上海辭書出版社 2007 年版，第 661 頁。

〔註61〕〔明〕趙貞吉：《中順大夫都察院右僉都御史丘公神道碑》，載〔清〕紀昀等編：《景印文淵閣四庫全書》第 1458 冊《明文海》，臺灣商務印書館 1983 年版，第 464 頁。

廣義的文牘，並不限於積壓的司法案件。筆者認為，「積案」一詞側重表達司法積案是清代以來的習慣，相較而言，明代依舊沿用「滯獄」等表達。《明實錄》中「積案」一詞共出現 6 次，但並非專指司法積案。崇禎四年四月，「刑科給事中李覺斯上言：『茲當五年大審之期，皇上於積案已成、諸囚垂死之際，求其生道』。」〔註62〕這說明「積案」一詞更多的指向司法領域的案件積滯已是比較晚近發生的事了。

（二）清代嘉道以前的積案問題

到了清代，隨著漢語詞彙語義的發展，「積案」一詞開始被大規模使用，在很多語境下專指司法層面的獄訟積滯問題。據《清實錄》載，順康雍時期的司法積案問題相對較少，乾隆朝逐漸增多。清前期為解決積案問題逐漸設規立範，並為後世所遵循或參照。

1. 順治時期

順治元年，刑科給事中孫襄鑒於晚明「刑繁獄重」，奏請有司「清獄省刑」，並請求各撫按親詣州縣躬行查核，為清廷所採納。〔註63〕順治十二年，因各督撫按等官對於朝廷要求行查的事件很少報到，是故順治帝諭六部和都察院將所有奉旨行查事件都開寫略節，「酌量事情緩急、道里遠近，嚴立限期，奏明行催。務使向來積案，徹底清結。」〔註64〕對於不能及時奏覆的督撫和巡按等官指名參劾。清初沿襲明代巡按制度，代天子巡行各地伸冤理訟。順治十五規定「巡按事宜」包括「受軍民詞訟，審係戶婚、田產、鬥毆等事，發與各有司，追問明白，就便發落。……若告按察司官吏，及申訴各司官吏枉問刑名等項，不許轉委，必須巡按親問。」〔註65〕「道府州縣，應有詞訟，速為從公，依律歸結。毋得淹延，妨民生理，及聽信奸吏，增減情詞，出脫罪人，入坐無辜之弊。」〔註66〕清初朝廷將巡按御史下派各地進行審判，以緩解地方的司法壓力，但流弊愈來愈深，後被廢除。

〔註62〕中研院史語所藏鈔本《崇禎長編》卷 45，崇禎四年四月丙寅，中央研究院歷史語言研究所 1967 年校印本，第 2713～2714 頁。

〔註63〕《清世祖實錄》卷 7，順治元年八月丙辰，中華書局 1985 年版，第 74～75 頁。

〔註64〕《清世祖實錄》卷 94，順治十二年十月戊辰，中華書局 1985 年版，第 740 頁。

〔註65〕〔清〕伊桑阿等纂修：《大清會典》（康熙朝）卷 147，文海出版社 1993 年版，第 7194～7195 頁。

〔註66〕〔清〕伊桑阿等纂修：《大清會典》（康熙朝）卷 147，文海出版社 1993 年版，第 7194～7195 頁。

2. 康熙時期

康熙帝也多次指示辦理積案或清理庶獄。康熙十一年上諭表明「積案」乃指「陳積事件」，[註67]並未特指司法積案。康熙十四年，皇帝要求「民間詞訟，除重情速審速結外，其餘戶婚細事，不得濫準，牽累無辜。」[註68]這是對地方詞訟的審辦作出的指示。十八年七月，京師大地震，康熙把「大小問刑官員，將刑獄供招不行速結，使良民久羈圄圄，改造口供，草率定案，證據無憑，枉坐人罪，其間又有衙門蠹役，恐嚇索詐，致一事而破數家之產」[註69]作為上干天和的六大罪狀之一。八月制定了比較嚴厲的治官之法——「凡刑獄不速結者、無故將平人久禁者，承審官皆革職。因而致死及故勘致死者，俱照例處分。若改造口供故行出入者，革職。誤擬死罪，已決者抵死。枉坐人罪者，承審官革職。」[註70]二十一年，天氣亢旱，康熙又諭刑部「今後問刑各官，凡應速結事情，即為歸結。勿得藉端稽緩，苦累平民」。[註71]之後，刑部積案逐漸完結，但各地案件積壓情形依舊存在，康熙對於各直省稽延案件的情形申明制定規範以約束，下旨讓九卿、詹事、科道商同立法奏聞，以使「在外各衙門，痛改積習，永絕弊源，訟簡刑清，克稱平允。」[註72]

二十三年，陝西按察使布喀陛辭。上諭指出「按察使職司一省刑名，必事到隨結，不使遲誤，方有益於事。凡弊之生及百姓苦於牽累，皆由遲延不速結之故。」要求布喀「潔己勤政，將遲延牽累積弊，詳行糾察」。[註73]但隨著督撫逐漸轉變為地方最高長官，既有的司法秩序發生了巨變，案件審判權多集中在地方官吏層面，中央法司更為重視覆核功能，地方對案件的延擱和消弭情

〔註67〕《清聖祖實錄》卷38，康熙十一年四月辛巳，中華書局1985年版，第1冊第514頁。

〔註68〕《清聖祖實錄》卷53，康熙十四年三月乙丑，中華書局1985年版，第1冊第691頁。

〔註69〕《清聖祖實錄》卷82，康熙十八年七月壬戌，中華書局1985年版，第1冊第1052～1053頁。

〔註70〕《清聖祖實錄》卷83，康熙十八年八月癸酉，中華書局1985年版，第1冊第1057～1058頁。

〔註71〕《清聖祖實錄》卷103，康熙二十一年六月庚寅，中華書局1985年版，第2冊第38頁。

〔註72〕《清聖祖實錄》卷112，康熙二十二年十月癸亥，中華書局1985年版，第2冊第158頁。

〔註73〕《清聖祖實錄》卷114，康熙二十三年正月丙戌，中華書局1985年版，第2冊第175頁。

形漸增。康熙五十八年，康熙勸諭督撫，「不時訓飭有司，簡清詞訟，速結案件。」〔註74〕

3. 雍正時期

雍正三年十二月，廣東巡撫楊文乾奏報廣東省自雍正元年到雍正三年十月，共有命案 707 件，尚有未結 101 件；共有盜案 289 件，尚有未結 177 件。「粵東山賊、洋盜，處處皆有，是以劫掠頻聞。」當他提出分類速提以免監斃或染患瘟疫，每月摺奏的建議後，皇帝無奈批示：「此事朕難批諭，況亦非摺奏完結之事，倘慮積案拖累，在汝秉公嚴催、詳情度理而為之耳！」〔註75〕可見，當時廣東的社會治安較差、文武官弁承擔的緝捕壓力及州縣官的承審責任不可謂不大。

廣西上林的思吉、周安和古篷三鎮，自明代開始便撥官田養贍土兵，到雍正時期已歷經 300 多年，「忘其舊制，奪田爭立，積案累累」。〔註76〕雍正五年四月，清廷準備先將思吉鎮作為試點，查出兵田分給土兵。這些因歷史遺留而引發的爭田訴訟，必要時還必須由朝廷統籌安排、妥善解決。雍正五年十二月，河南總督田文鏡清釐盜案積案，條奏治盜專條，雍正諭旨「盜案逾限不完，即行參處，原為官役弛縱而設。若因限期迫促，致有誣拏平民、栽贓買贓、教唆口供、扳累無辜諸弊，甚非清理盜案之道。」〔註77〕他要求詳議逾限不能完結盜案的承審官詳報上司報部展限及濫請展限之處分。田文鏡清釐盜案雖奏請製定預防性條款，但並未貫徹治盜措施。在傳統偵查手段、證據規則、經費及人力條件制約下，盜案難以破獲，官員為規避處分，漸成諱盜風氣，致使盜賊更加猖獗。乾隆五年正月，河北鎮總兵官丁士傑奏報河南比歲竊劫之案獨多，「緣前督臣田文鏡遇有劫截，勒令諱匿不報，以致盜賊猖肆。雖竊取糧食升斗，莫不明火執仗，形同劫盜，以冀漏網。年來各撫臣嚴禁諱匿，無論竊劫，俱令通報。故積案累累。」〔註78〕這說明官員為規避處分

〔註74〕《清聖祖實錄》卷 247，康熙五十年八月辛酉，中華書局 1985 年版，第 3 冊第 448 頁。

〔註75〕〔清〕鄂爾泰等編：《雍正朱批諭旨》第 1 冊，北京圖書館出版社 2008 年影印版，第 355～356 頁。

〔註76〕《清世宗實錄》卷 56，雍正五年四月乙未，中華書局 1985 年版，第 1 冊第 855～856 頁。

〔註77〕《清世宗實錄》卷 64，雍正五年十二月壬辰，中華書局 1985 年版，第 1 冊第 982～983 頁。

〔註78〕《清高宗實錄》卷 109，乾隆五年正月，中華書局 1985 年版，第 2 冊第 628～629 頁。

而諱飾，命盜案件更容易叢積，尤其在各地交界的「三不管」地帶，盜賊流竄，增添了抓捕難度，致使案件延擱。康雍乾時期華北地域流行的「老瓜賊」，即有組織的專門劫殺行旅遊客的犯罪群體，給民眾的人身和財產帶來極大的危險。乾隆五年，山西人安文標在去往直隸經商的路上失蹤，乾隆七年，他的兒子安榮請求河南陝州對一名監禁的「老瓜賊」進行審訊以尋求其父親的下落。而這只是冰山一角，充分暴露出了 18 世紀商業興盛與日益嚴重的社會衝突和犯罪之間的關聯以及中央和地方在法律貫徹方面的矛盾。〔註79〕

雍正九年，地方積壓案件的情形逐漸顯露，雍正曾訓斥湖北巡撫魏廷珍「偏執多疑，駁查案件，以致遲延不結」。魏廷珍覆奏指出：

> 至楚省歷年案件遲延，臣到任後，即用三催之法，遲則參其官。如遲至二限不結者，即照例嚴參，將遲延之官，革職留任在案。如果因臣駁查，至於遲延，臣何能再參以革職？蓋湖北案件，以前幾年拖延不結者，皆因案內牽連督、撫、司、道大員，府、縣不能取上司之供，所以甘受參罰，久而不結。〔註80〕

魏還表明對於其中重要案件，皆親自審結。可見當時的一些積久未結之案已顯露出較為複雜的情況，因牽連官員而無法快速審結。

4. 乾隆時期

乾隆時期，經濟發展，人口增長較快，階層分化嚴重，資源爭奪愈加激烈，社會矛盾逐漸擴大和增多，但整體尚在可控範圍內。乾隆二年，皇帝發布了依限審結「一切刑名案件」的諭旨，可見對此事的重視。通觀乾隆一朝的積案，以能進入中央視野的命盜等重情積案為主流，但中央也督促各地及時清理完結自理詞訟。值得嘉許的是，乾隆時期為典章制度的重要發展和整合時期，為各類事務設規立範，影響深遠。

積案不能及時清理受多重因素的影響，如邊陲和少數民族聚居的地方治理難度相對較大，是故朝廷也及時採取變通措施。乾隆五年，歸化城一帶土默特蒙古所犯盜案頗多，上諭指出「歸化城都統等派出會審之員，又未免袒護蒙古，不據實辦理，以致積案未結。嗣後歸化城土默特等處盜案，著綏遠城建威

〔註79〕 參見 Huiying Chen, *Dangers on the Road: Travelers, Laoguazei, and the State in Eighteenth-Century North China, Late Imperial China*, Volume 40, Number 1, June 2019.

〔註80〕 〔清〕魏廷珍：《覆奏駁案等事疏》，載〔清〕賀長齡、魏源等編：《清經世文編》，中華書局 1992 年版，第 483 頁。

將軍一併管理。」〔註81〕即通過變通管轄權的方式促使這類案件及時審結。

　　乾隆朝早期，先有乾隆四年鍾保的奏議和乾隆六年李清芳的條奏，後有乾隆十一年御史范宏賓的建議及相關的清理積案的實踐，這些都為後世的積案清釐提供了成案。

　　乾隆四年，尚屬整修《大清律例》階段，刑部右侍郎鍾保奏陳清理詞訟，力行保甲，杜絕命盜案件。〔註82〕皇帝諭令各督撫表達意見，現存 23 份督撫奏摺能較好還原這項議事經過。直隸總督孫嘉淦認為「州縣為親民之官，平時既不能悉心化導以清訟源，而當民人控告之時，又不能速為清理釀成命案，自宜分別議處，以肅官常。應如侍郎鍾保所奏，通飭各省州縣於民間詞訟，凡應準者，俱當即為受理，虛衷研訊，照律依限完結，不許遲延拖累。如有聽斷不明，出入失當，以及徇私曲法，故為枉斷，致起釁端者，即行特參重處。其或推諉玩愒，不為准理，及審理遲延以致釀成命案者，俱於命案題結之時，聲明附參，交部議處。」〔註83〕他主張通過行政手段牽制官員以減少積案。也有個別奏摺援引成例，為鍾保條奏提供了有力支撐，如四川巡撫碩色指明「查例載：州縣自理事件俱限二十日審結；又雍正十二年六月內，吏部議覆御史楊嗣璟條奏：州縣一切戶婚、田土等項，照在京衙門注銷之例，設立循環簿，按月申送該管知府、直隸州，查核注銷。其遲延朦混者，詳報督撫咨參議處。各定例遵行在案。朝廷定制已極周詳，惟在地方官實力奉行，該管上司不時稽察，既可免兩造守候之累，又可杜命案起釁之源。」〔註84〕王士任同樣表明「自理詞訟立限速結定例，現在遵行。臣復不時稽查，嚴飭務令各屬恪遵辦理。倘有玩視民事，遲延不結，或徇私枉斷，顛倒是非，以致民心不服，釀成人命者，照例參處，以儆玩愒。」〔註85〕即臣工多認為已有法律較完備，不用重新制定條款，因而在乾隆五年八月，朝廷宣布「其清

〔註81〕《清高宗實錄》卷 115，乾隆五年四月丁酉，中華書局 1985 年版，第 2 冊第 693 頁。

〔註82〕刑部右侍郎鍾保：《奏陳杜絕命盜案件管見事》，乾隆四年三月初八日，錄副奏摺，檔號：03-0280-007（本文徵引檔案凡帶有「檔號」字樣的館藏地均為中國第一歷史檔案館，以下從略）。

〔註83〕直隸總督孫嘉淦：《奏為遵議刑部侍郎鍾保條奏清詞訟杜命案嚴保甲彌盜源一摺事》，乾隆四年四月二十四日，朱批奏摺，檔號：04-01-01-0035-009。

〔註84〕四川巡撫碩色：《奏為遵議刑部侍郎鍾保所奏清理詞訟力行保甲以靖命盜之源一摺事》，乾隆四年六月十三日，朱批奏摺，檔號：04-01-01-0037-023。

〔註85〕署理福建巡撫王士任：《奏為遵議刑部侍郎鍾保奏請詞訟杜命案行保甲靖盜源一摺事》，乾隆四年六月初六日，朱批奏摺，檔號：04-01-01-0047-020。

理詞訟一款，俱未另議條例，毋庸再議。」〔註 86〕

　　乾隆六年七月，御史李清芳針對福建省存在「訟之瀆而不准，或遷延寢擱而不審」〔註 87〕從而釀成忿鬥的情形，提出「訟宜審，審宜斷，斷宜速」，奏請「嗣後如有懸案不審，經年累月不結者，督撫不時查參，該管官照才力不及例議處。」朱批：「九卿議奏」。〔註 88〕經議奏，清廷表明「違例處分，吏部定有條例」〔註 89〕，駁回了李清芳的奏請。這說明既有的吏部則例尚可規制地方的積案問題。乾隆十一年，御史范宏賓指出「各省未完之案甚多」，奏請敕令六部造冊作為清釐積案的憑證——「行令各督撫，嚴行催辦。各部將一切移咨之案，令各該司每月造冊詳記事由及行文日期，隨完隨銷，仍於每月注銷，照例分送科道查核。其未完積案，遵照各省州縣奉到部文查審事件定限辦理，如不能依限完結，督撫聲明題請展限。逾限不完，又不聲明緣由，該部即行參處。若該部不行查出，或被科道參奏，將該部一併察議。」〔註 90〕得旨允行。不同以往的是，這份奏疏強調從中央層面加強對地方的鉗制，由六部定期將各省未完事件造冊詳記，從而使地方經辦案件與在京六部冊記形成呼應，發揮較好的監督作用。與此同時，個別省份也對朝廷的政策進行了回應。同年，安徽巡撫潘思榘奏報安徽省自乾隆元年以來，共有 116 起未獲盜案，「已獲各案，亦拖延未結」。皇帝斥責「可見從前封疆大吏，全未留心整飭、董率屬員，以致積案繁多。似此懈怠廢弛，盜風何由寧息。」諭令「將乾隆元年以來歷任巡撫交部查明，察議具奏」，並將前署按察使都隆額調任回京供職，由赫慶補授按察使，令潘思榘「董率各屬，設法購緝，嚴催完結。於一二年後，具摺奏聞。以收緝盜安民實效。」〔註 91〕安徽有些盜案積案已越 11 年未結，這是乾隆年間集中整頓盜案積案的典型。據檔案，川

〔註 86〕《清高宗實錄》卷 124，乾隆五年八月壬寅，中華書局 1985 年版，第 2 冊第 821～822 頁。

〔註 87〕協理山東道事廣東道監察御史李清芳：《奏為敬陳化導治理閩省漳泉地方民風之法事》，乾隆六年七月十七日，朱批奏摺，檔號：04-01-01-0072-014。

〔註 88〕協理山東道事廣東道監察御史李清芳：《奏為敬陳化導治理閩省漳泉地方民風之法事》，乾隆六年七月十七日，朱批奏摺，檔號：04-01-01-0072-014。

〔註 89〕《清高宗實錄》卷 151，乾隆六年九月庚辰，中華書局 1985 年版，第 2 冊第 1162～1163 頁。

〔註 90〕《清高宗實錄》卷 260，乾隆十一年三月辛巳，中華書局 1985 年版，第 4 冊第 372～373 頁。

〔註 91〕《清高宗實錄》卷 277，乾隆十一年十月壬午，中華書局 1985 年版，第 4 冊第 616 頁。

陝總督慶復和湖北巡撫陳宏謀等也奏報過積案情形。

　　總體來說，乾隆朝地方官中以陳宏謀為清釐積案的表率。陳宏謀擁有豐富的辦案經歷，乾隆六年，在江蘇按察使任上即清理積案，之後在清理湖北、湖南、福建等地積案時不遺餘力，形成了一套有效的辦事規則，建樹頗豐。清人評述陳宏謀「久任封疆，凡遇上控之案，皆不批查。先以朱單委員弔卷，以路之遠近，限定時刻銷差。閱卷或有未愜，則戒官而兼訓幕，再為申理。如原讞公允，即嚴治誣告之罪。一時吏治肅然，而刁民亦未敢輕試。為大吏者，以公為法，可以雪冤誣、儆矯詐矣。」〔註92〕陳宏謀曾於江蘇按察使任內清理積案數千件，其感慨風俗日侈，訟案累累皆由人心漸趨浮薄，「或因一念之差，或因纖毫之利，或係一時之忿戾，遂至激而成訟」。〔註93〕他的《培遠堂偶存稿·文檄》也記載了多則飭令清理積案、監獄、軍流人犯的記錄，展現了一個封疆大吏關心吏治民生的精神風貌。

　　乾隆十二年正月，湖北巡撫陳宏謀奏報湖北省本應速結的民間詞訟有382件經年未復；命案有50餘件經久未審；自盡命案亦有40餘件經年累月未結。另外，尚有70餘件掘冢、拐逃、詐騙等雜案積壓未結。皇帝批示「行之以實，而要之以久」。〔註94〕二月，陳宏謀又上奏其在湖北清理積案等事，被訓諭——「若徒為新到任設施套語，而一切如汝在陝撫任內所為。則大不可耳！」〔註95〕當年十二月，陳宏謀調任陝西巡撫，離任前上奏他在湖北清理積案已一年，「各屬稍知上緊辦案，咨題事件漸能限內完結。」得旨：「今命汝復為陝撫，督臣遠在川省，一切官方民瘼，汝其加意勉為之。」〔註96〕

　　乾隆十七年，陳宏謀調任福建巡撫，「閩省多訟，地方官拖延既久，積案日多，致起事端。宏謀立限催辦，月核一次，以結案多寡驗屬官之勤惰。」〔註97〕後來他受到了嘉獎。

〔註92〕〔清〕陳康祺：《郎潛紀聞四筆》，中華書局1990年版，第157頁。

〔註93〕〔清〕陳宏謀撰：《五種遺規·訓俗遺規》，載《續修四庫全書》第951冊，上海古籍出版社2002年影印版，第112頁。

〔註94〕《清高宗實錄》卷283，乾隆十二年正月庚申，中華書局1985年版，第4冊第695頁。

〔註95〕《清高宗實錄》卷285，乾隆十二年二月，中華書局1985年版，第4冊第722頁。

〔註96〕《清高宗實錄》卷305，乾隆十二年十二月，中華書局1985年版，第4冊第1000頁。

〔註97〕馬子木：《清代大學士傳稿（1636～1795）》，山東教育出版社2013年版，第335頁。

其在陝西任上注重加強道員對於詞訟和案件的稽核作用,「嗣後道員分巡,每到州縣地方,即將訟案號簿提到查核。除不准及已結外,其未完者勒限催審。有關積賊、刁棍、衙蠹者,即提到親審;胥役弊匿者,當下提究。仍將未完幾件,一面開單移司報院,一面定限完結。地方官完得幾件,即將某件某日已完,報導注銷。」〔註98〕

其後,陳宏謀在湖南巡撫任上,將其清理江蘇、湖北和陝西等地積案的經驗,也一併運用。《湖南省例》記載陳宏謀於乾隆二十一年二月「札飭州縣清理自理詞訟」,命屬下將歷來未結案件開單行催,限日詳覆。並要求各屬「將自理呈詞之批語,半月一次開報」,以睹各地詞訟多寡以及官員批語是否恰當。通過三個月清理,舊案已完「十之三四」,州縣承辦自理詞訟的水平也有所提高,民眾上控案件減少。〔註99〕當月,陳宏謀還將報告已未完訟案之兩種揭式飭發。〔註100〕茲整理如下:

【揭式1】各道報院揭式(移司同)

某道為清查自理詞訟等事。今將巡查某州縣詞訟開後:

某州縣自(從前某月)起,至今某月止(此應截至巡查已緩者下次之前一月止,方列入也),共批准幾十件(中證處覆即結者,不列入;已准而息結者仍列入),已結幾件,未結幾件。

某州縣某人赴控某人一件(道已就近提審完結,道提犯到署另審歸結)。無者填無。

乾隆　年　月　日〔註101〕

【揭式2】州縣報導揭式

某府某州縣為清理詞訟等事。奉道查明,自某月止未結詞訟幾

〔註98〕〔清〕陳宏謀:《清查未結訟案檄》(乾隆二十年十二月),載《清代詩文集彙編》編纂委員會編:《清代詩文集彙編》第281冊《培遠堂偶存稿》,上海古籍出版社2010年版,第175頁。

〔註99〕〔清〕不著撰者:《湖南省例成案‧刑律‧訴訟‧告狀不受理》,清刊本,載楊一凡、劉篤才編:《中國古代地方法律文獻》丙編第4冊,社會科學文獻出版社2012年版,第448～449頁。

〔註100〕〔清〕不著撰者:《湖南省例成案‧刑律‧訴訟‧告狀不受理》,清刊本,載楊一凡、劉篤才編:《中國古代地方法律文獻》丙編第4冊,社會科學文獻出版社2012年版,第451～456頁。

〔註101〕〔清〕不著撰者:《湖南省例成案‧刑律‧訴訟‧告狀不受理》,清刊本,載楊一凡、劉篤才編:《中國古代地方法律文獻》丙編第4冊,社會科學文獻出版社2012年版,第454～455頁。

件。

　　　　某人告某人為某等事一件。

　　　　某人告某人為某等事一件。

　　　　今俱完結。

　　　　今完結某某等事幾件，未完幾件，幾件俟查審另報。

　　　　乾隆　年　月　日，知州某人〔註102〕

　　揭式中對已結、未結的案件名稱和數量都進行統計以作為查催的依據。另外，陳宏謀還有《條奏州縣自理詞訟分別輕重緩急》等奏疏。

　　陳宏謀在湖南清理積案的實踐給繼任者樹立了典範，乾隆二十四年，湖南零陵縣新舊詞訟積至 300 多件，耒陽縣積至百十餘件，兩縣知縣均被巡撫馮鈐參革。馮鈐還要求各廳州縣「自八年二月開訟為始，務將按期所收民詞與逐日所審訟案，半月一次分別收呈、審案兩冊造報。」對於申送日期也進行了規定，「上半月報冊限二十日申送，下半月報冊限次月初五日申送」，須申報至府、道、州。府、道、州在一月內確查有無隱漏或妄斷，每半月簡明稟報給巡撫一次，作為查催的依據。〔註103〕乾隆三十五年二月，衡州府知府宋銑稟明他在回任後檢查其屬下各州縣積案「奉各憲批發者，總共二十餘件」；由他發審各州縣的案件「自二三十件至五六十件不等」，是故飭令各屬將積案逐一查明，並規定自此以後，新案仍照律按月摺報，依限清理，「所有舊案勒定五日一件，次第趕辦，分別詳結」，加強對州縣的考核。〔註104〕儘管宋銑設立了這種清訟辦法，但所屬州縣執行效果一般，當年八月，德福參奏宋銑「凡遇所屬州縣訟案，必先飾詞捏稟，一經獲批，即聽其延擱，再不查催」，皇帝將其交部嚴加議處。〔註105〕

〔註102〕〔清〕不著撰者：《湖南省例成案‧刑律‧訴訟‧告狀不受理》，清刊本，載楊一凡、劉篤才編：《中國古代地方法律文獻》丙編第 4 冊，社會科學文獻出版社 2012 年版，第 455～456 頁。

〔註103〕〔清〕不著撰者：《湖南省例成案‧刑律‧訴訟‧告狀不受理》，清刊本，載楊一凡、劉篤才編：《中國古代地方法律文獻》丙編第 4 冊，社會科學文獻出版社 2012 年版，第 473～477 頁。

〔註104〕〔清〕不著撰者：《湖南省例成案‧刑律‧訴訟‧告狀不受理》，清刊本，收入楊一凡、劉篤才編：《中國古代地方法律文獻》丙編第 4 冊，社會科學文獻出版社 2012 年版，第 489～493 頁。

〔註105〕《清高宗實錄》卷 867，乾隆三十五年八月丙申，中華書局 1986 年版，第 11 冊第 633 頁。

　　就地域而言，乾隆十四年至十八年，各地積案「未結者幾及百餘案，直隸、閩、浙、四川等省為多」，十八年六月，上諭指出「督撫參劾屬員，發審之後，往往遲久不行題結。」雖屢次降旨明切曉諭，並交部嚴立限期，但審案遲久不結之弊未能革除，輾轉遷延皆因地方官不能秉公實心查辦。皇帝命方觀承、喀爾吉善和策楞，「各自將逐案不能審結緣由，速即明白回奏。」〔註106〕如乾隆十四年至十八年，四川省積案情形較為嚴重，有積至十多年的案子。乾隆十四年五月，四川總督策楞奏明命盜重案有已解司而未解院的共 40 餘起；另有 100 多件漢番交涉未結事件。〔註107〕十八年，四川總督黃廷桂奏報「塵案累累，殫力清釐。半載以來，先將舊日參案、全數辦竣外。其命盜搶奪等事，一併飭催，已經咨題者，計二百二十餘件，尚有乾隆十三年至十七年未結之案八十餘起，現在勒限嚴催題審。」十一月，乾隆接到奏摺後責問：「川省數年以來，案牘塵積，何至如此之多？」要求策楞據實覆奏。據策楞奏聞，四川自對金川用兵後吏治積疲，「遇刑名錢穀案件，每以軍需緊要，咨部展限」，他在乾隆十四年從軍營回任，「檢查卷案，應咨題及應覆部者，統計數千餘件，其餘積件更多」。此外，湖廣、江西、廣東等省移民因戰爭而失業流寓，「致命盜竊案，歲至數百餘起。應入本年秋審者，多至二百餘件。州縣官復意存開脫，案多駁詰稽延。」他在任上已竭力清釐了乾隆八年至十二年的積案，「十三年以後，雖辦有十之七八，實不能全無留滯。」〔註108〕可見，四川的積案與軍興及流民有極大的關聯，加之州縣官員的怠惰，使得局勢紛雜。

　　乾隆朝，其他地方和年度同樣存在積案。乾隆十二年，阿思哈揭露前任甘肅布政使徐杞任內「未完積案多至數百餘件」。經查明，徐杞接辦未經完結 19 案，本任內承辦未結 94 案，與其面奏的情況不符，後被皇帝訓誡「不實」。〔註109〕乾隆十四年，協理筆帖式成泰因辦理七協事件遲延，「十餘年積案至二百餘件」，經都統噶爾璽具奏後，仍有 90 多件未完結，皇帝命將成

〔註106〕《清高宗實錄》卷440，乾隆十八年六月壬辰，中華書局1986年版，第6冊第728～729頁。

〔註107〕《清高宗實錄》卷341，乾隆十四年五月，中華書局1986年版，第5冊第729頁。

〔註108〕《清高宗實錄》卷451，乾隆十八年十一月丁卯，中華書局1986年版，第6冊第870～871頁。

〔註109〕《清高宗實錄》卷289，乾隆十二年四月壬午，中華書局1985年版，第4冊第782～783頁。

泰等人革職，並令將未經完結之案作速審結。〔註110〕十七年，刑部亦有命盜等積案 57 起未辦，包括康熙年間舊案 1 起，雍正年間 11 案和乾隆朝 45 案，皆因贓證不全而遷延。乾隆帝令刑部將積案速行清理，並諭令問刑衙門「若本非難結之案，承審各官不能審出實情，惟以監候待質，為遷延時日之計，且藉得邀免處分，希冀錄敘，該堂官、督撫察出，即嚴行參處。」〔註111〕

乾隆時期地方積壓的自理詞訟也當有一定的規模。乾隆二十一年，成縣一縣積案即 800 餘件，知縣陶萬達「日理十件，三月而政清，百姓稱為神。」〔註112〕

二、政平訟理：歷代帝王追求的清明政治

傳統中國的統治者將政平訟理作為統治目標之一，因而三令五申要求官員及時清理案件。「百姓所以安其田里而無歎息愁恨之心者，政平訟理也！」〔註113〕據稱這是漢宣帝的名言，其將「訟理」提高到影響百姓安生的高度，此後統治者也一直嘗試達到這一治理狀態，並在官員考核中，將地方治安以及案件清理情況納入考評範圍，在監察設計環節，也將司法作為重要的監察內容。後世多採擇前朝有益的經驗，不斷豐富國家治理形式。傳統帝王頻繁發布詔令要求清理獄訟，在發生水旱疾疫時還下達罪己詔，反思囹圄淹滯等問題。

西漢時期，統治者為追求清明政治，多次發布詔令要求及時清理庶獄，不得淹禁，產生了錄囚制度。西漢有奏報疑獄的傳統，漢高祖曾發布《疑獄詔》：「制詔御史，獄之疑者，吏或不敢決，有罪者久而不論，無罪者久繫不決。自今以來，縣道官獄疑者，各讞所屬二千石官，二千石官以其罪名當報，所不能決者，皆移廷尉，廷尉亦當報之；廷尉所不能決，謹具為奏，傳所當比律令以聞。」〔註114〕即通過這種層層上報決斷疑獄的方式避免案件久拖不決的問題。漢景帝也曾作《讞獄詔》，指出「有令讞而後不當讞者不為失，欲

〔註110〕《清高宗實錄》卷 352，乾隆十四年十一月癸丑，中華書局 1986 年版，第 5 冊第 865～866 頁。

〔註111〕《清高宗實錄》卷 429，乾隆十七年十二月壬子，中華書局 1986 年版，第 6 冊第 611～612 頁。

〔註112〕王廣林編著：《秦安歷代縣令》，三秦出版社 2014 年版，第 59 頁。

〔註113〕〔唐〕房玄齡等撰：《晉書》卷 90，中華書局 1974 年版，第 2327 頁。

〔註114〕〔宋〕林虙、〔宋〕樓昉：《兩漢詔令》卷 1，載〔清〕紀昀等編：《景印文淵閣四庫全書》第 426 冊，臺灣商務印書館 1983 年版，第 979 頁。

令治獄者務先寬」。〔註115〕通過這些詔令來約束官吏慎重刑獄。

後世亦頻繁發布清理讞獄之詔。《魏書・高宗本紀》載：太安元年（455年）六月癸酉，詔：「今遣尚書穆伏真等三十人，巡行州郡，觀察風俗。……其有阿枉不能自申，聽詣使告狀，使者檢治。若信清能，眾所稱美，誣告以求直，反其罪。使者受財，斷察不平，聽詣公車上訴。」〔註116〕魏宣武帝景明二年（500年）三月，針對「淹獄久訟，動延時序，百姓怨嗟，方成困敝」等問題，下詔：「尚書可明條制，申下四方，令日親庶事，嚴勒守宰，不得因循，寬怠虧政」，〔註117〕詔令諸州親決庶獄，勿或淹滯。隋開皇元年（581年）詔：「申敕四方，敦理辭訟。有枉屈縣不理者，令以次經郡及州，至省仍不理，乃詣闕申訴。有所未愜，聽撾登聞鼓，有司錄狀奏之。」〔註118〕隋唐時代，「滯獄」「滯訟」「滯案」「冤滯」「淹禁」等話語是同時存在的，都可以反映獄訟的積壓滯留的狀態。唐代君主也多次發布清理滯獄詔。〔註119〕如《重申御史每季巡囚詔》《令御史疏決繫囚詔》《令御史臺訪察積滯刑獄詔》《糾舉滯獄詔》《令御史梳理冤結詔》等所在多有。〔註120〕

秉持唐宋變革論的學者多將宋代作為前近代化的開端，而法律史學界也主張傳統訴訟實態自宋代開始產生了比較明顯的變化，一是訴訟量增多，其次是民眾更為重視「權利」。無論這種說法是否能夠讓人信服，但最少反映了宋代的訴訟社會別開生面。宋代帝王通過發布詔令清理冤滯。紹興三年（1133年）頒布《諸路州縣已受理詞訴限十日結絕詔》規定：「諸路州縣自紹興二年正月一日以前，應因群寇殘破佔據去處、乘時作過之人，限今降指揮到日，將已受理詞訴限十日結絕，不得枝蔓。日後更有詞訴，並不得受理。曾經金人佔據去處，依紹興府已降指揮施行。」〔註121〕即通過限期結絕的方式來處理因戰爭而帶來的詞訴，以恢復生活秩序。乾到元年（1165年）又規定，三

〔註115〕〔宋〕林慮、〔宋〕樓昉：《兩漢詔令》卷5，載〔清〕紀昀等編：《景印文淵閣四庫全書》第426冊，臺灣商務印書館1983年版，第992頁。

〔註116〕〔北齊〕魏收撰：《魏書》卷5，中華書局1974年版，第114～115頁。

〔註117〕〔北齊〕魏收撰：《魏書》卷8，中華書局1974年版，第193頁。

〔註118〕〔唐〕魏徵等撰：《隋書》卷25，中華書局1973年版，第712頁。

〔註119〕參見李希泌主編：《唐大詔令集補編》（下），上海古籍出版社2003年版，第894、895、897頁。

〔註120〕李希泌主編：《唐大詔令集補編》（下），上海古籍出版社2003年版，第887、895、896頁。

〔註121〕徐紅整理：《南宋詔令輯校》（下），湘潭大學出版社2015年版，第1023頁。

省和樞密院開具應干人結絕事件,「分委刑部、大理寺,限一月與決。如合追逮及案牘未具,委逐鹿監司限兩月理斷,並各具已斷事目聞奏。」〔註122〕慶元六年（1200年）又頒《斷累年未了詞訴公事詔》〔註123〕。另外如紹興五年、八年、十四年均下達相關詔令,讓諸司百官將積久未決的案件和關押已久的人犯進行審斷。嘉泰二年、四年、開禧元年、二年、嘉定六年、九年、十一年、十六年等均有相關的獎諭臨安府或刑部獄空詔。〔註124〕紹興二年、四年均下達疏決臨安府、大理寺等現禁罪人詔令。〔註125〕在其他時期亦有相關的疏決罪囚的實踐。這些頻頒的帝王詔令均說明統治者對於民眾冤屈的關注,對秩序穩定的追求。另外,皇帝針對地方官因懼怕「朝廷詰其淹滯」而妄言獄空,於是下詔「妄奏獄空及隱落囚數,必加深譴,募告者賞之。」〔註126〕

後世帝王仍沿襲這類做法,一些臨時詔令也通過成文法形式固定過來以反覆適用,對於提高行政效律有莫大的幫助。

第二節　國家治理視角下嘉道以前對積案問題的應對

一、法律手段為防線

積案的產生是固有的訴訟設定出現了問題,除訴訟參與人的主觀心理難以把控外,客觀的訴訟環境可以通過立法手段加以改善。法律是國家機器運轉所依靠的暴力手段,是社會的穩定器,通過法律手段解決社會問題具有高效強制兜底的特徵。嘉道以前,統治者對積案問題的治理也著力使用多重法律手段,不僅體現在立法中,針對官員和民眾制定了大量的法律法規,還體現在法律實踐中,將法令落實以解決司法問題。

秦漢律中已對誣告等行為進行規制,可以減少部分訴訟。漢代實行「錄囚」制度,在一定程度上有利於清理冤獄、疑難案件等。

最典型的是唐代關於限期斷獄的法規,唐朝除了前文所述按照「官文書稽程」律來解決斷獄逾時問題外,還按照案件的輕重緩急予以不同的程限規

〔註122〕徐紅整理:《南宋詔令輯校》（下）,湘潭大學出版社2015年版,第1025頁。
〔註123〕徐紅整理:《南宋詔令輯校》（下）,湘潭大學出版社2015年版,第1027頁。
〔註124〕參見徐紅整理:《南宋詔令輯校》（下）,湘潭大學出版社2015年版,第1040～1041頁。
〔註125〕參見徐紅整理:《南宋詔令輯校》（下）,湘潭大學出版社2015年版,第1042頁。
〔註126〕〔元〕脫脫等撰:《宋史》卷199,中華書局1977年版,第4969頁。

定，同時通過御史巡視各地的辦法以清訟獄。唐代對於民眾的越訴行為也予以規制，《唐律·鬥訟》：「諸越訴及受者，各笞四十。若應合為受，推抑而不受者，笞五十。」〔註127〕民眾若有冤抑，可通過登聞鼓、邀車駕、上表（包括武則天時期施行的「伸冤匭」）等形式向朝廷直訴。除此之外，最晚在唐代已經開始通過定期奏報羈押的囚徒數量來考量地方是否有案件積壓的情況。唐令載：

> 凡在京諸司見禁囚，每月二十五日已前，本司錄其所犯及禁時日月以報刑部。（來月一日以聞）。凡有冤滯不申欲訴理者，先由本司、本貫；或路遠而躓礙者，隨近官司斷決之。即不伏，當請給不理狀，至尚書省，左、右丞為申詳之。又不伏，復給不理狀，經三司陳訴。又不伏者，上表。受表者又不達，聽撾登聞鼓。〔註128〕

從這一敘述來看，錄囚對於稽查基層案件情形能起到重要的推動作用，且唐代對於「冤滯」案件有一套完整的受理程序，以實現對於民眾的救濟。

長慶元年（821年）五月，御史中丞牛僧孺奏：

> 天下刑獄，苦於淹滯，請立程限。大事，大理寺限三十五日詳斷畢，申刑部，限三十日聞奏。中事，大理寺三十日，刑部二十五日。小事，大理寺二十五日，刑部二十日。一狀所犯十人以上，所斷罪二十件以上，為大。所犯六人以上，所斷罪十件以上，為中。所犯五人以下，所斷罪十件以下，為小。其或所抵罪狀並所結刑名並同者，則雖人數甚多，亦同一人之例。違者，罪有差。〔註129〕

這一奏議推動了程限的制定，對於約束中央法司的斷獄行為起到了良好的作用。

宋代因襲唐制並不斷發展，使之更加完善。就錄囚制度而言，據戴建國先生考證，宋代《獄官令》第3條載：「諸在京及諸州見禁囚，每月逐旬錄囚姓名，略注犯狀及禁時月日、處斷刑名，所主官署奏，下刑部審覆。如有不當及稽滯，隨即舉駁，本部來月一日奏。」〔註130〕即將唐代每月錄囚一次改為每

〔註127〕錢大群撰：《唐律疏義新注》，南京師範大學出版社2007年版，第778頁。

〔註128〕〔唐〕李林甫等撰：《唐六典》卷6，陳仲夫點校，中華書局2014年版，第192頁。

〔註129〕〔後晉〕劉昫等撰：《舊唐書》卷50，中華書局1975年版，第2155頁。

〔註130〕轉引自戴建國：《宋〈天聖令〉「因其舊文，參以新制定之」再探》，載包偉民、曹家齊主編：《宋史研究論文集2016》，中山大學出版社2018年版，第190頁。

十天錄囚一次奏報，據稱此令和宋太宗雍熙元年（984年）三月的詔令——「令諸州十日一具囚帳及所犯罪名、繫禁日數以聞，俾刑部專意糾舉」〔註131〕有關。總之，宋代比唐代稽查囚徒更加頻繁。

宋代在審案程限規定以外，還通過監察、巡視等手段以保證政令的有效貫徹。雍熙元年具報囚帳時，皇帝看到各州所奏獄狀「有繫三百人者」，令「鞫獄違限及可斷不斷、事小而禁繫者，有司駁奏之」〔註132〕。是年六月己丑，遣使按察兩浙、淮南等四地獄訟。「庚子，令諸州長吏十日一慮囚。」〔註133〕雍熙二年八月，皇帝「慮有冤滯」，復分遣使臣按巡諸道。十月，親錄京城繫囚。〔註134〕宋太宗淳化初，設置諸路提點刑獄司防止地方冤滯，設置審刑院稽查中央審判，制定大理寺決獄和審詳院詳覆程限。景德四年（1007年），復置諸路提點刑獄官。〔註135〕宋真宗時代「以京師刑獄多滯冤，置糾察司，而御史臺獄亦移報」。宋仁宗用刑尤慎，「即位之初，詔內外官司，聽獄決罪，須躬自閱實，毋枉濫淹滯。」〔註136〕天聖八年（1030年）九月，復置諸路提點刑獄官。明道二年，更定大理寺詳斷、審刑院詳議期限。〔註137〕

宋哲宗元祐二年（1087年），定斷讞奏獄日限。〔註138〕宋光宗紹熙四年（1193年），命諸路提刑審斷滯獄。宋理宗景定元年（1260年），應監察御史程元鳳所奏，詔諸提刑司斷決疑獄，無致淹延。〔註139〕度宗咸淳三年（1267年）八月，「命在京三獄、赤縣、直司、簽廳擇官審決獄訟，毋滯。」〔註140〕

總體來說，宋代除了限期斷絕獄訟外，還通過委派官員前往各地決獄，也通過錄囚、因災恤囚等方式清理和疏決人犯。

元代也有清理滯獄的實踐。元世祖在中統三年（1262年）命令諸路詳讞冤獄；至元八年（1271年）三月敕：「有司毋留獄滯訟，以致越訴，違者官民皆罪之。」〔註141〕元成宗在大德七年（1303年）十二月，審冤獄5176件。

〔註131〕〔元〕脫脫等撰：《宋史》卷199，中華書局1977年版，第4969頁。
〔註132〕〔元〕脫脫等撰：《宋史》卷199，中華書局1977年版，第4969頁。
〔註133〕〔元〕脫脫等撰：《宋史》卷4，中華書局1977年版，第72頁。
〔註134〕〔元〕脫脫等撰：《宋史》卷199，中華書局1977年版，第4970頁。
〔註135〕〔元〕脫脫等撰：《宋史》卷199，中華書局1977年版，第4973頁。
〔註136〕〔元〕脫脫等撰：《宋史》卷199，中華書局1977年版，第4974頁。
〔註137〕〔元〕脫脫等撰：《宋史》卷199，中華書局1977年版，第4976頁。
〔註138〕〔元〕脫脫等撰：《宋史》卷199，中華書局1977年版，第4980頁。
〔註139〕〔元〕脫脫等撰：《宋史》卷201，中華書局1977年版，第5015頁。
〔註140〕〔元〕脫脫等撰：《宋史》卷46，中華書局1977年版，第898頁。
〔註141〕〔明〕宋濂等撰：《元史》卷7，中華書局1976年版，第135頁。

明代建制中值得注意的是巡按御史制度對於緩解地方的獄訟壓力起到了較為積極的作用——「百職萃而難齊，庶政紛而莫判，恐其積弊隱奸，無由下陳上達，傷害軍民，乖遠風教，又遣直指之使，付以監察之權。博採乎群情，廣求乎民瘼。期振綱而頓紀，激濁以揚清。」〔註142〕即通過委派巡按御史以確保下情上達。《巡按陝西告示條約》第二條載：「或淹禁無罪犯人……其有良善含冤，貧弱受屈……除行司府衙門隨事參究呈來外，今後守令等官務要以公廉勤慎為心，貪私怠緩為戒。」〔註143〕巡按御史對各地佐貳官、差役、學霸、生員、豪富、衙門積年書手、老人皂吏等均有稽察之責，以確保地方公務的正常運轉。

另外，明代為生員定有學規，通過約束生員以促進社會風氣向善好方向發展。明英宗正統四年（1439年）定生員犯罪條例，「若犯奸盜、詐偽、挾制官府、毆罵師長、教唆詞訟、說事過錢、包占人財物、田土等項，廩膳追糧解京，增廣附近軍民衙門，俱贖罪充吏。」〔註144〕《大明律》中設置「講讀律令」條款，要求官員定期講解律例，清代因襲之。

清代則不斷完善法律，督促地方官員及時並公正審斷案件，嚴格司法程序，禁止佐貳擅受詞訟，嚴禁蠹役貪利從中挑撥。

清初沿襲明制，順治律中即列有「告狀不受理」「官文書稽程」等律。清朝還秉持因時制宜的立法原則，逐步增設條例和則例將聽訟斷獄之律細化和補充。雍正元年，清廷制定自理事件逐件登記按月冊報制度，是為「告狀不受理」第二條例文。雍正五年定「官員承審事件，命案限六月，盜案限一年。」「按察使自理事件，限一月完結。府州縣自理事件，限二十日審結。上司批審事務，限一月審報。如有遲延，該督撫查參。」〔註145〕法律對各法司之間案件文移往來的時間亦進行規定，亦有展限、扣限等相關定制。雍正十二年正式確定：

〔註142〕〔明〕王廷相撰：《巡按陝西告示條約》，載楊一凡、劉篤才主編：《中國古代地方法律文獻》甲編第3冊，世界圖書出版公司北京公司2006年版，第3頁。
〔註143〕〔明〕王廷相撰：《巡按陝西告示條約》，載楊一凡、劉篤才主編：《中國古代地方法律文獻》甲編第3冊，世界圖書出版公司北京公司2006年版，第3頁。
〔註144〕〔明〕申時行等修；趙用賢等纂：《大明會典》卷78，載《續修四庫全書》第790冊，上海古籍出版社1996年版，第415頁。
〔註145〕〔清〕昆岡等修：《欽定大清會典事例》卷122，載《續修四庫全書》第800冊，上海古籍出版社1996年版，第142頁。

州縣自理戶婚、田土等項案件，限二十日完結者，各設立循環簿，於每月底將準告、審結事件填注簿內，開明已未完結緣由，其有應行展限及覆審者，亦即於冊內注明，送該管知府、直隸州、知州查核，循環輪流注銷。俟歲終，該道府、直隸州將所屬並無違限通詳督撫、藩臬衙門存案。倘有違限不行審結者，詳請咨參，照遲延不結例議處。或道、府、直隸州申報不實，照不行詳查例罰俸六月。其州縣官委佐貳、雜職審勘者，亦照不行詳查例罰俸六月。若州縣冊內有蒙混造報者，照蒙混造冊例議處。遺漏少報者，照造冊遺漏例議處。〔註146〕

這是自理詞訟循環簿制度，對於監督州縣案件的審辦發揮了一定的作用。至乾隆四十七年又奏准「仍設立號簿」〔註147〕。

乾隆朝《大清會典則例》有「外省承審事件」一目，對地方各層級審限等均進行規定。並且不斷完善特別法，如乾隆二十五年覆准：「臺灣承審事件，初參、覆參盜案，廳縣限四月解府，府連海洋程途共限四月解司，司限一月解督撫，督撫限一月咨題；統限十月完結。」〔註148〕命案統限八月完結，搶竊等項雜案統限七月完結。〔註149〕

《福建省例》載，乾隆四十七年七月，福建巡撫雅德即在憲牌聲明「欽部事件，例有定限。若端行一府州者，限四個月。通行各府州查議事件，限六個月。如難結者，於六個月之外，准其展限兩個月。……如有逾遲之咎，在上司或在所屬，均照事件遲延例分別議處。又例載：命盜案件限六個月、雜案限四個月完結」等。但他上任以來，出現了比較嚴重的詳報案件逾限問題，因此要求各管上司開具遲延職名揭報請參。〔註150〕他還特別強調「應造

〔註146〕〔清〕昆岡等修：《欽定大清會典事例》卷122，載《續修四庫全書》第800冊，上海古籍出版社1996年版，第144頁。

〔註147〕〔清〕昆岡等修：《欽定大清會典事例》卷122，載《續修四庫全書》第800冊，上海古籍出版社1996年版，第149～150頁。

〔註148〕〔清〕昆岡等修：《欽定大清會典事例》卷122，載《續修四庫全書》第800冊，上海古籍出版社1996年版，第146頁。

〔註149〕參見〔清〕昆岡等修：《欽定大清會典事例》卷122，載《續修四庫全書》第800冊，上海古籍出版社1996年版，第146頁。

〔註150〕〔清〕《福建省例·公式例·題咨事件按限完結》，載臺灣銀行經濟研究室編：《臺灣文獻叢刊》第7輯第199種，臺灣銀行經濟研究室出版1964年版，第7～9頁。

月報、季報依限造送，不得延緩，致干例議。」〔註151〕在實際應用過程中，詞訟月報仿奏銷所用的四柱清冊格式，將案件分舊管、新收、開除、實在四項填注。乾隆五年由戶部議准「棄毀制書印信」條例：「凡直省州縣交代時，將任內自行審理戶婚、田土、錢債等項案件，黏連卷宗，鈐蓋印信，造入交盤冊內，仍匯錄印簿，摘取事由，照依年月編號登記，注明經承姓名，隨同卷宗交代」。〔註152〕經筆者考察，福建省早在乾隆三十年即制定「州縣自理詞訟，按月造報管收除在四柱，依限審結，分別功過，責成府州一體稽查」省例。〔註153〕

就清代的制定法而言，無論《大清律例》抑或《處分則例》，都對案件速斷和公正審理都作出了嚴格的要求，《吏部處分則例》中「外省承審事件」「斷獄不當」等規定和《大清律例》中「斷獄」「訴訟」等門進行了有效的銜接。

前文指出，康熙十八年八月定例：

> 凡刑獄不速結者、無故將平人久禁者，承審官皆革職。因而致死及故勘致死者，俱照例處分。若改造口供、故行出入者，革職。誤擬死罪，已決者抵死。枉坐人罪者，承審官革職。〔註154〕

至乾隆二十五年議准：

> 大小衙門問刑官員將刑獄供招不行速結、無故遲延者，將承審官革職；無故將平人久禁圄圇者，亦革職；因而致死及故勘致死者，革職，交部治罪。其改造口供故行出入者，將承審官革職，擬以死罪，已決者，革職，交刑部治罪。其草率定案證據無憑枉坐人罪者，將承審官革職。〔註155〕

〔註151〕 〔清〕《福建省例·公式例·應造月報季報依限造送不得延緩致干例議》，載《臺灣文獻叢刊》第 7 輯第 199 種，臺灣銀行經濟研究室出版 1964 年版，第 9～10 頁。

〔註152〕 《大清律例》，田濤、鄭秦點校，法律出版社 1999 年版，第 159 頁。

〔註153〕 〔清〕《福建省例·刑政例·州縣自理詞訟，按月造報管收除在四柱，依限審結，分別功過，責成府州一體稽查》，載《臺灣文獻叢刊》第 199 種，臺灣銀行經濟研究室編印 1964 年版，第 875～878 頁。

〔註154〕 《清聖祖實錄》第 1 冊卷 83，康熙十八年八月癸酉，中華書局 1985 年版，第 1057～1058 頁。

〔註155〕 〔清〕允祹等纂修：《欽定大清會典則例》卷 25，載《景印文淵閣四庫全書》第 620 冊，臺灣商務印書館 1986 年版，第 482 頁。

另外，清朝還在康熙三十七年、乾隆五年、乾隆三十年就督撫所應承擔的監督職責以及州縣官審理遲延責任制定了處分則例。〔註156〕乾隆元年還制定循環監簿制度，州縣將每日出入監犯登記按月申送給府衙查閱。〔註157〕

就訴訟程序而言，除了禁止越訴和誣告外，還對告狀所要遵循的制度也進行了規定。以《大清律例》「告狀不受理」為例，其條例經康雍乾三朝修改已基本定型，對於踏勘、爭奪田畝之事等都有細緻的規定。

> 334 告狀不受理—04〔註158〕：「州縣自行審理一切戶婚田土等項，照在京衙門按月注銷之例，設立循環簿，將一月內事件填注簿內，開明已、未結緣由，其有應行展限及覆審者，亦即於冊內注明，於每月底送該管知府、直隸州知州查核循環輪流注銷。其有遲延不結，朦混遺漏者，詳報督撫咨參，各照例分別議處。」〔註159〕

薛允升稱：「此條繫雍正七年，刑部議覆貴州按察使趙宏本條奏定例。」〔註160〕考證此條前身乃雍正三年制定：

> 各省州、縣及有刑名之廳、衛等官，將每月自理事件作何審斷，與准理、拘提、完結之月日，逐件登記，按月造冊，申送該府、道、司、撫、督查考。其有隱漏、裝飾，按其干犯，別其輕重，輕則記過，重則題參。如該地方官自理詞訟有任意拖延，使民朝夕聽候，以致費時失業，牽連無辜小事，累及婦女拋頭露面，甚至賣妻、鬻子者，該管上司各官徇庇，概不參處，或被人首告，或被科道糾參，將該管上司各官一併交與該部，從重議處。〔註161〕

之後，將該條例後半截略作改動。〔註162〕

〔註156〕〔清〕昆岡等修：《欽定大清會典事例》卷123，載《續修四庫全書》第800冊，上海古籍出版社1996年版，第158頁。

〔註157〕《清朝文獻通考》卷198，浙江古籍出版社1988年版，第6626頁。

〔註158〕這種清代條例編號形式是由黃靜嘉先生依據《讀例存疑》的律例順序首創，本文亦採用這類編號形式，特此說明。

〔註159〕〔清〕薛允升著；胡星橋、鄧又天主編：《讀例存疑點注》，中國人民公安大學出版社1994年版，第685頁。

〔註160〕〔清〕薛允升著；胡星橋、鄧又天主編：《讀例存疑點注》，中國人民公安大學出版社1994年版，第685頁。

〔註161〕〔清〕吳坤修等編撰；郭成偉主編：《大清律例根原》，上海辭書出版社2012年版，第1464頁。

〔註162〕參見〔清〕吳坤修等編撰；郭成偉主編：《大清律例根原》，上海辭書出版社2012年版，第1465頁。

334 告狀不受理—05：「州縣自行審理，及一切戶婚田土事件，責成該管巡道巡歷所至，即提該州縣詞訟號簿，逐一稽核。如有未完，勒限催審，一面開單移司報院，仍令該州縣將某人告某人某事，於某日審結，造冊報銷。如有遲延，即行揭參。」〔註163〕

此條是乾隆十九年，吏部議覆陝西巡撫陳宏謀條奏定例，即突出巡道在各地稽核詞訟的作用。

這兩個條例相互配合，一條強調州縣設立循環簿，另一條則從長官責任出發，力行稽查，力圖較好地解決地方自理詞訟問題。

另外，乾隆二十二年欽定：

334 告狀不受理—06：「州縣詞訟，凡遇隆冬歲暮，俱隨時審理，不得照農忙之例停訟展限。該管巡道嚴加察核，違者，照例揭參。」〔註164〕

乾隆二十九年又定：

巡道查核州、縣詞訟號簿，如有告到未完之案號簿未經造入，即係州縣匿不造入，任意遷延不結。先提書吏責處，並將州、縣揭報督、撫，分別嚴參。其事雖審結，所告斷理不公，該道覈其情節可疑者，立提案卷查核改正。如審斷已屬公平，刁民誣捏反告者，亦即量予究懲。〔註165〕

可以說，在嘉慶朝以前已經形成律例法為主，則例為輔，刑事責任和行政處分並重的有關審斷的法律體系。整體而言，側重於對官員進行約束和限制，以期政平訟理，民無冤抑。

地方的月報、季報內容也十分豐富，涉及法律的如州縣自理詞訟按月造冊、朔望點驗軍流按月造冊等，針對各屬怠玩造報不及時之情，乾隆四十九年，福建定例，各州縣應自乾隆四十九年正月起，凡例應月報事件，上月之冊務於次月初十日以前出文申報；季報事件，上季之冊務於下季初十日以前具文送省。倘有仍前延擱，或月報遲至下月二十日以內出文，季報遲至下季

〔註163〕〔清〕吳坤修等編撰；郭成偉主編：《大清律例根原》，上海辭書出版社2012年版，第1465～1466頁。

〔註164〕〔清〕吳坤修等編撰；郭成偉主編：《大清律例根原》，上海辭書出版社2012年版，第1466頁。

〔註165〕〔清〕吳坤修等編撰；郭成偉主編：《大清律例根原》，上海辭書出版社2012年版，第1466頁。

二十日以內出文，定即飭發鎖封，提拿經胥，解轅枷號示眾。若該管上司徇延不究，一併查參。〔註166〕

　　另外，歷朝歷代對於民眾的訴訟行為也有嚴格的規定，經過長時段的發展，訴訟程序不斷完善，並逐步提高訴訟門檻。訴訟行為須遵循一定的程序，除具備訴狀、稟狀這類形式要求外，還要在規定的日期和時限中進行，所控告的內容也須達到讓地方官員得以准理的相對的重要程度。秦漢律中即有誣告律，唐律列有「誣告」「為人作辭牒加狀」「教令人告事虛」等條文，以確保訴訟正常進行。《大明律》中「教唆詞訟」律是打擊訟師等群體唆訟的專門條款，「誣告」罪也同樣存在。清代法律對訴訟有嚴格的程序規定，並重點打擊越訴和誣告的行為。順治九年題准：官民告狀，仍審其情詞虛實治罪。康熙二十二年議准「凡詞訟，止許一告一訴。告狀之人，止許告真犯、真證，不許波及無辜，牽連婦女，亦不許再具投詞，各添原狀無名之人。違者，從重治罪。承審官於聽斷之時，供證已確，即據現在人犯成招，不得藉端稽延，以致牽累。違者，議處。」〔註167〕除切實的重大案件外，亦有一些訴訟參與人將細故構釁牽連，運用譸張為幻、以小作大等案件包裝手段以便越過訴訟門檻，其中便少不了訟師唆使播弄的身影，清朝因此規定「惡棍包攬詞訟，串通官役，捏詞誣告者，審實，從重治罪。承問官不將誣告惡棍依律例定罪者，嚴加議處。」〔註168〕清廷通過立法來懲治誣告和唆訟行為，且有逐步從嚴加重的趨勢，比較典型的如乾隆時期開始的嚴懲訟師定例。

　　筆者考察地方官員奉公守法的情況亦覺精彩紛呈，各地多根據實際制定具體的清理案件方法。以陳宏謀為例，自乾隆五年出任江蘇按察使開始清釐江蘇積案，後又清釐湖北積案，歷任封圻，積累起大量的清釐積案的實踐。他通過設規立範，敦促屬員嚴格執行，取得了可觀的效果。陳宏謀經常告誡屬員悉心為民理事，積極清理訟事。其要求州縣將自理事件逐日登填，每季冊報。對於本衙門的公務也注意區分緩急輕重，按時完結，「凡有本司批審查追之件，

〔註166〕　參見《福建省例·公式例·應造月報季報依限造送不得延緩致干例議》，載《臺灣文獻叢刊》第 7 輯第 199 種，臺灣銀行經濟研究室出版 1964 年版，第 9～10 頁。

〔註167〕　〔清〕陳夢雷等著：《古今圖書集成·經濟彙編·祥刑典》第 133 卷「訟訐部」，中華書局 1934 年影印版，第 776 分冊，第 62 頁。

〔註168〕　〔清〕陳夢雷等著：《古今圖書集成·經濟彙編·祥刑典》第 133 卷「訟訐部」，中華書局 1934 年影印版，第 776 分冊，第 62 頁。

單內無圈者，文到四十日之內審詳；有加印圈者，限一月內詳覆；有加印二圈者，限二十日內詳覆；其批令查案飭議之事，不須拘審，遠可速覆。」〔註169〕前者意在落實朝廷的自理詞訟冊報制度，而後者則就其主管衙門的事件根據情節輕重分別辦理，要求屬員切實遵行，不得任意延擱或推脫，對執行不力的屬員循例參劾。乾隆十年三月，湖北蘄州平民江宗祿狀告山界爭端一案，知州共批查處六次、批候勘十次，延擱兩年仍未審結。陳宏謀將該知州記大過二次，要求其限時斷結。〔註170〕這也說明了州縣官員並不能實力落實督撫的訓示和政令，案件依舊遷延擱置。

湖南也是獄訟繁多之區，乾隆年間，因地方官員冗闒怠惰，衡陽縣訟案繁多〔註171〕。二十一年四月，巡撫陳宏謀奏報「衡永郴桂道李璔，性情拘泥，事多畏縮，所屬之郴、桂兩直隸州，數年不結之訟案甚多，諸事廢弛，民益刁玩。」該道員「平日全不稽查督率，即有赴道控告之案，亦置若罔聞。臣巡歷所至，將未清積案交該道查辦，仍多遲滯」。但念及李璔「年力壯盛，操守尚稱謹飭」，故奏請送部引見，酌量錄用。皇上批准。〔註172〕

《治浙成規》載有乾隆五十九年浙江清理積案的辦法——「院司衙門批行提省審辦之案攸關緊要，勒限十日，內批解批飭各府縣查報者，勒限二十日，內查詳批發府縣審辦及應行履勘者，勒限一月，內詳覆其歷年批審批查一切未結案件，統勒限三個月，概行詳結。如其中原告兩月不到，即核案照例詳請注銷，或原被證佐實有事故驟難依期傳集，亦應將難以集訊緣由據實報明展限」。〔註173〕此外該省例規定要速拏嚴究訟棍。這個章程相當完善，嘉慶以後的地方清理積案章程基本沿襲了這些做法。

〔註169〕〔清〕陳宏謀：《匯催本衙門批詞檄》，載《清代詩文集彙編》第280冊《培遠堂偶存稿》，上海古籍出版社2010年版，第263頁。

〔註170〕參見陳乃宣編著：《乾隆名相　盛世重臣——陳宏謀紀實》，武漢大學出版社2013年版，第171頁。

〔註171〕《清高宗實錄》卷510，乾隆二十一年四月丁未，中華書局1986年版，第7冊第446頁。

〔註172〕湖南巡撫陳弘謀：《奏明衡永郴桂道李璔不能勝任事》，乾隆二十一年四月十二日，朱批奏摺，檔號：03-0093-073；參見陳乃宣編著：《乾隆名相　盛世重臣——陳宏謀紀實》，武漢大學出版社2013年版，第274頁。

〔註173〕〔清〕不著撰者：《治浙成規》卷2《藩政二·各屬積習應行整飭》，載楊一凡、劉篤才編：《中國古代地方法律文獻》丙編第8冊，社會科學文獻出版社2012年版，第455～459頁。

　　幾乎與浙江整飭地方獄訟的同時，福建也將 20 類訴訟狀式逐次條列，「凡愚夫愚婦略知文義，即能照式書寫，代書無從多索銀錢，訟棍難以巧施伎倆，於民甚便。」〔註174〕除狀式外，亦將「不准理」各條刊布以使民眾知曉。這一時期的福建民風已發生較大的轉變，訟師對推動訴訟起到了重要的作用，《福建省例》通過制定這類固定狀式，以壓縮訟師的活動空間。

　　就反面的實踐案例而言，也有一些地方官員出於政績考量，將很多大事消弭，並對民眾的誣告行為從輕處罰，助長了刁健之風。嘉道時期對相關律例的完善說明既有的規定存在較大的伸縮空間。

　　乾隆後期，赴京呈控問題已很嚴重，不安本分之徒挾嫌逞忿，冀圖拖累。皇帝每每派出欽差馳往各地審案，但由此引發了「靡費供支，擾累驛站」等問題，朝廷要求督撫剴切勸諭民眾息訟。乾隆五十六年二月，監察御史徐烺表明「惟有一種刁民，或挾嫌而藉端泄忿，或詐財而任意株連……若不於嚴加懲創之中復籌所以不得逞其虛誣之道，則刁風猶未盡息也！」儘管「越訴例」具載不得濫行准理民眾京控，但一般的鄉曲細民並不知悉律例，而訟師、刁棍等通曉律例的人，反倒藉此愚弄小民，唆使興訟，從中取利。是故，徐烺建議應令各督撫飭屬刊刷、出示曉諭京控定例，「並請在京衙門，凡遇有控案訊係未經在本省督撫衙門控理者，一面將該犯解還原籍，令督撫等秉公速審定擬，一面將原呈統歸刑部存案，仍俟該督撫審結後，分別題咨報部核覆。」此外，他也倡議了特殊情況的補救方法，如果民眾是因多次上控至督撫衙門而不准理或批斷失當才來京控告，有司應據呈奏明，請旨查辦。〔註175〕同時，副都御史劉權之奏稱，若民眾沒有新的依據而濫行赴京翻控的，按照誣告律治罪。這兩個建議都得到了朝廷的允准。

　　除了公布成文法外，碑刻也是重要的禁令載體，清代的學堂多有臥碑，告示士人學子遵規守紀，不得濫入公門，如《訓飭士子文》。此外，地方官員往往將接手處理的重要權益爭訟案件發布告示或勒諸貞珉作為宣教素材，這類刻石佔據相當大的比重。「刻載於碑石上的地方法規或條令，多以示諭、禁令等為表現形式，其內容或針對專門社會問題因時制宜而制定若干規則，或為某些事

〔註174〕〔清〕《福建省例・刑政例・條款狀式刊入省例》，載《臺灣文獻叢刊》第 7 輯第 199 種，臺灣銀行經濟研究室出版 1964 年版，第 963～971 頁。

〔註175〕江南道監察御史徐烺：《奏為外省民人赴京控訴之案請旨申明越訴定例事》，乾隆五十六年二月二十日，朱批奏摺，檔號：04-01-01-0443-019。

項設定相應的權利義務，一般具有針對性明顯、約束性強、內容與社會生活密切相關等特色。」〔註176〕很多地方禁令與清代國家法之間保持了高度一致，官員條奏經過中央認可成為廣泛施行的法律，這種因言生例的成文法為數不少。就「碑以載政」而論，一些較具特色的水利碑刻可實現確權目的，避免糾紛。乾隆二十五年臺灣南部刻立的《嚴禁霸佔海坪示告碑記》，緣於一起對公共資源進行爭奪上控的案例：臺灣府諸羅縣安定里鄉的東、西二保，附近灣港等處海坪，「原係天地自然之利，歷年東西二保鄉民公眾捕採」，〔註177〕後被流寓棍徒方鳳等霸佔，保民控爭十餘年，最後在乾隆二十四年四月經臺灣縣夏知縣斷令海坪依舊由二保鄉民公同採捕，方鳳等人不得霸佔。從而正式確定權屬。鄉民們唯恐方鳳等人又滋生禍端，相率前赴道臺衙門懇示勒石，道員批令由府辦理。隨後，臺灣府知府余文儀批准刻石。石碑除敘述該海坪性質外，還將爭端起因、歷次訴訟經過、判決結果以及違法責任均詳細載明。這是一起典型的爭奪公共資源的爭訟行為，官方將之進行公斷並通過刻立碑石以昭後世以杜爭端。李雪梅教授指出，明清時期擁有豐富的「示禁碑」體系，而這不過冰山一角。

二、提倡綜合為治

法律是調整社會關係的最後一道防線，其成本較高，故歷朝也採用法律以外的手段解決積案問題。古代中國人遵循天道，對和諧和秩序有著執著的追求，講究綜合為治，「禮以導其志，樂以合其聲，政以一其行，刑以防其奸。禮、樂、政、刑，其極一也，所以同民心而出治道也。」〔註178〕孔子也提倡要區分德禮政刑手段以治理天下。而天下之事，莫起於州縣，廣土眾民及城鄉二分的歷史情境下，占絕大面積和人口絕對優勢的鄉村是治理重點。綜合為治的重要目的就是清訟源，達到政平訟理的狀態，這是上自帝王，下至州縣官員的治理要務之一。蕭公權先生曾指出 19 世紀的中國鄉村形成了嚴密的社會控制體系，包括以保甲為代表的治安監控體系、以里甲為主的稅賦徵收體系、以鄉約及其他制度為主的思想控制體系以及以社倉為代表的

〔註176〕 李雪梅：《中國古代石刻法律文獻敘錄》，上海古籍出版社 2020 年版，第 8 頁。

〔註177〕 臺灣銀行經濟研究室編印：《臺灣南部碑文集成》，載林榮華校編：《石刻史料新編》第三輯第 18 冊，新文豐出版公司印行 1986 年版，第 387～389 頁。

〔註178〕 楊天宇撰：《禮記譯注》（下），上海古籍出版社 2004 年版，第 468 頁。

災荒防治體系。統治者依靠紳士將帝國權力的觸角下伸至鄉村。〔註179〕在此意義而言，所謂的綜合為治，並非簡單的尋求「禮樂政刑」等多方面達成一致的宏觀敘述，而是落實在治安、宣教、思想控制、稅收乃至災荒賑濟等方方面面。中國古代王朝在吸收和借鑒往朝經驗的基礎上，也不斷通過改造和革新，從而使得社會治理呈現更加完善的局面。

德禮政刑是中國傳統的治國手段，統治者並非只執持其中一端，而是綜合併用，達到「太平之道」的理想狀態。有學者稱其為「禮法結合」，「傳統中國的禮法結合構成了教化→控制→和諧的價值鏈，這是通向王道政治的途徑，體現了它追求高遠的道德政治的理想。」〔註180〕歷代統治者除前文所述採取法律手段、監察措施等解決積案問題外，還注重加強教化，採用輕繇薄賦等措施緩和社會矛盾。而且在糾紛解決方面，也注重採用多元機制。茲以明代和清前期為例，加以論述。

明代崇尚「明刑弼教」，除任用刑罰外，重視多措並舉以實現善治。明太祖洪武元年，即置登聞鼓受理冤滯。洪武年間頒布《教民榜文》40條，昭示天下：「民間戶婚、田土、鬥毆相爭，須要經由本里老人、里甲斷決。若係奸盜、詐偽、人命重事，方許赴官陳告。是令出後，官吏敢有紊亂者，處以極刑；民人敢有紊亂者，家遷戶外。」〔註181〕第一條載：「民間戶婚、田土、鬥毆，相爭一切小事，不許輒便告官，務要經由本管里甲、老人理斷。若不經由者，不問虛實，先將告人杖斷六十，仍發回里甲、老人理斷。」〔註182〕這相當於賦予里老準司法官員的地位，「若里甲、老人徇情作弊，顛倒是非者，依出入人罪論。」其受理的詞訟範圍包括：戶婚、田土、罵詈、鬥毆、賭博、私宰耕牛、卑幼私擅用財、子孫違犯教令等共19大類行為。〔註183〕基層社會中的小型糾紛由鄉里老人理訟，顧炎武也說「若戶婚、田宅、鬥毆者，則會里胥決之。事涉重者，始白於官，若不由里老處分而徑訴縣官，此

〔註179〕參見蕭公權：《中國鄉村：19世紀的帝國控制》，張皓、張昇譯，九州出版社2017年版，第6頁。
〔註180〕張中秋：《傳統中國法理觀》，法律出版社2019年版，第284頁。
〔註181〕〔明〕朱元璋：《教民榜文》，載一凡藏書館文獻編委會編：《古代鄉約及鄉治法律文獻十種》第1冊，黑龍江人民出版社2005年版，第89～90頁。
〔註182〕〔明〕朱元璋：《教民榜文》，載一凡藏書館文獻編委會編：《古代鄉約及鄉治法律文獻十種》第1冊，黑龍江人民出版社2005年版，第89～90頁。
〔註183〕〔明〕朱元璋：《教民榜文》，載一凡藏書館文獻編委會編：《古代鄉約及鄉治法律文獻十種》第1冊，黑龍江人民出版社2005年版，第91～92頁。

之謂越訴也。」〔註 184〕明仁宗時期，同樣選擇德高望重之人「勸民為善，鄉閭爭訟，亦使理斷」，以求「下有益於民事，上有助於官司」〔註 185〕。里老理訟的制度設計「為當時的鄉民提供公正和利益的保證，集中體現了傳統法律中的人文色彩。」〔註 186〕只有像奸盜、人命等重罪，方允許訴訟到官府。而由老人、里甲剖斷小事能讓民眾避免受到刑罰以恤民。明朝為配合里老制度的推行，在各州縣和里社設置申明亭和旌善亭以賞善罰惡。「洪武中，天下邑里皆置申明、旌善二亭，民有善惡則書之，以示勸懲。凡戶婚、田土、鬥毆常事，里老於此剖決。」〔註 187〕這些建制具有基層司法組織的性質，在一定時期裏發揮了「上下相維」「下不煩而上不擾」的重要作用。明代專門制定「拆毀申明亭」律：「凡拆毀申明亭房屋及毀板榜者，杖一百，流三千里」〔註 188〕以維護申明亭的權威性，鞏固這一套基層治理體系。其「纂注」寫道：

> 各州縣設立申明亭，凡民間應有詞狀，許耆老、里長准受於本亭剖理，及書不孝不弟與一應為惡之人姓名於亭以示懲戒，所以使人心知懼而不敢為惡。板榜以木為之，亦書朝廷所行勸善懲惡之言，與利除害之事於各衙門前張掛，使人皆得通曉，皆教民之要務也。〔註 189〕

但久而久之，里老理訟也滋生了許多弊端，「比年所用，多非其人」，反倒擾害民間。宣德時期，申明亭和旌善亭也多廢棄，「善惡不書，小事不由里老，輒赴上司，獄訟之繁，皆由於此。」〔註 190〕但總體上，明朝通過官方積極的干預和規制還是對詞訟清理起到了重要的作用，當明代中期里老人理訟制崩解

〔註 184〕 〔清〕顧炎武撰：《日知錄》，嚴文儒、戴揚本校點，上海古籍出版社 2012 年版，第 353～354 頁。

〔註 185〕 〔清〕顧炎武撰：《日知錄》，嚴文儒、戴揚本校點，上海古籍出版社 2012 年版，第 354 頁。

〔註 186〕 韓秀桃：《〈教民榜文〉所見明初基層裏老人理訟制度》，載《法學研究》2000 年第 3 期。

〔註 187〕 〔清〕顧炎武撰：《日知錄》，嚴文儒、戴揚本校點，上海古籍出版社 2012 年版，第 354 頁。

〔註 188〕 《大明律》，懷效鋒點校，法律出版社 1999 年版，第 201 頁。

〔註 189〕 〔明〕高舉纂：《大明律集解附例》卷 26《刑律・雜犯・拆毀申明亭》，萬曆三十八年重刊本，光緒戊申（1908）修訂法律館重刊，第 1a-1b 頁。

〔註 190〕 〔清〕顧炎武撰：《日知錄》，嚴文儒、戴揚本校點，上海古籍出版社 2012 年版，第 354 頁。

後，州縣衙門受理的細故案件激增。〔註191〕

　　明代地方士大夫積極通過創制基層管理方式以實現民眾安居樂業，引導社會向善好方向發展；〔註192〕官員蒞任之初，也往往發布條約約束下屬官民。明代陳儒出任東昌府知府時，頒行條約宣稱：「獄禁，人命攸繫，昔人謂『一夫在囚，舉家失業。』囹圄之苦，度日如年。是固不可以不慎也。」〔註193〕而據其察訪，各州縣往往存在泛濫拘禁、淹滯罪囚，甚至出現監獄暴發瘟疫致斃無辜的情形。他要求各掌印官將監獄中一應小事及無關之人省釋。這在一定程度上起到了清理積案的作用。地方官員通過積極勸諭的方式息訟，收到了一定的效果。其後，陳儒擔任巡道時，又發布《分巡事宜》，包括「清審獄囚事」，陳儒按臨紹興等處，審出紹興府監禁的囚犯孫洪等130多名，「其間或多係誣誑，曾未對理，或已奉明文，猶未發落」，他聯想到其他地方的情形也應相似，故行牌命令各府縣將囚犯逐一清理，並將審理釋放的囚犯姓名和數量造冊具報，不可再行淹滯。〔註194〕

　　清代，江西好訟風氣興盛，陳宏謀曾說：「江右民風逞刁好訟，經年累月總無寧息，皆由訟師從中播弄，把持包攬，計在拖延指詐，希圖借事分肥。……本都院察訪江西訟棍最多……如情罪不至軍流，立即重責枷號，用訟棍鐵牌懸於主唆之人頸上，深刻訟棍某人字樣，將鉛貫鎖，不許起除，交與地保管束，不許出境。每逢朔望，地保送至城中，地方官點卯驗鎖，帶於宣講上諭之所，令其跪聽。」〔註195〕陳宏謀即通過懲治訟師以達到息訟安民的目的，另外要求各屬員將盜案、竊案、積賊、自理詞訟、棚民、衙蠹、訟棍、強盛大族等納入特別管理範圍中。〔註196〕

<hr />

〔註191〕　參見俞江：《明清州縣細故案件審理的法律史重構》，載《歷史研究》2014年第2期。

〔註192〕　關於明代的基層自治方面的法律規定和治理模式，可參考楊練：《明代基層社會治安治理法制研究》，中國政法大學2021年博士學位論文。

〔註193〕　〔明〕陳儒撰：《蒞任條約》，載楊一凡、劉篤才主編：《中國古代地方法律文獻》甲編第4冊，世界圖書出版公司北京公司2006年版，第第12頁。

〔註194〕　〔明〕陳儒撰：《分巡事宜》，載楊一凡、劉篤才主編：《中國古代地方法律文獻》甲編第4冊，世界圖書出版公司北京公司2006年版，第56～57頁。

〔註195〕　〔清〕陳宏謀：《懲治訟棍檄》（乾隆六年十一月），載《清代詩文集彙編》第280冊《培遠堂偶存稿》，上海古籍出版社2010年版，第293～294頁。

〔註196〕　〔清〕陳宏謀：《諭各屬登覆地方事宜》（乾隆六年十一月），載《清代詩文集彙編》第280冊《培遠堂偶存稿》，上海古籍出版社2010年版，第291～293頁。

　　乾隆七年，陳宏謀查出江西巡撫衙門有案可查的未結之案有數百餘件，「其上下衙門塵案未結，不知凡幾。」〔註 197〕陳宏謀《禁宗祠惡習示》指出「借公祠為聚眾之地，用公租為詰訟之資」，因而勸諭各家族應當追念先祖，祠租除用於祭祀外，更應投入公益事業，敦促族眾敦化風俗。〔註 198〕乾隆十二年，陳宏謀在湖北巡撫任上，先後發布《匯催批查訟案檄》《匯催積久命案檄》《飭各屬辦案條件檄》《申飭任意延擱詞訟檄》《再行匯催積久命案檄》〔註 199〕，以解決湖北的積案問題。此外，《再申稽查詞訟造報簡明冊式檄》《再飭查催不結詞訟檄》《清理案牘檄》《清理積案檄》等，都對下級官員起到了約束，有利於清理獄訟。

　　傳統中國在治國理政方面秉持綜合全面的治理觀，看到了各項事務之間的聯繫，因而對於司法問題的解決也多措並舉，絕非單一使用法律手段。譬如清朝，首先在治安方面貫徹保甲制，對防盜治賭等犯罪有較顯著的監督、監測功用，對於命盜案件的發生也能及時掌握。各地制定了完善的保甲章程。甚至有臣工建議，將保甲制度推行於邊界及少數民族聚居的地方，以充分發揮這一制度在維護社會穩定方面的作用。其次，就稅賦徵收而言，清代實行里甲制，《大清律例》載「禁革主保里長」條，確保他們協助徵收稅賦的法律職責。〔註 200〕「欺隱田糧」條例規定三聯串票制度。〔註 201〕對於賦稅徵收也創立了獨特的滾單制度，只有單內上一戶完繳稅賦後，單據才能傳到下一戶手中，不能及時完納的糧戶將受科則。這種制度設計是基於地緣關係的糧戶連帶機制，里甲在其中督催。糧戶們為了免於互相牽連，只能相互勉勵勤於農事，及時完繳稅賦，而不可怠惰冶遊，荒廢田業。

〔註 197〕〔清〕陳宏謀：《飭定匯催案件檄》（乾隆七年正月），載《清代詩文集彙編》第 280 冊《培遠堂偶存稿》，上海古籍出版社 2010 年版，第 300 頁。

〔註 198〕〔清〕陳宏謀：《禁宗祠惡習示》（乾隆七年二月），載《清代詩文集彙編》第 280 冊《培遠堂偶存稿》，上海古籍出版社 2010 年版，第 310 頁。

〔註 199〕〔清〕陳宏謀：《匯催批查訟案檄》（乾隆十二年正月）、《匯催積久命案檄》（乾隆十二年正月）、《飭各屬辦案條件檄》（乾隆十二年三月）、《申飭任意延擱詞訟檄》（乾隆十二年三月）、《再行匯催積久命案檄》（乾隆十二年六月），載《清代詩文集彙編》第 280 冊《培遠堂偶存稿》，上海古籍出版社 2010 年版，第 589～590、590～591、593～595、596、606～607 頁。

〔註 200〕張榮錚、劉勇強、金懋初點校：《大清律例》，天津古籍出版社 1993 年版，第 199 頁。

〔註 201〕張榮錚、劉勇強、金懋初點校：《大清律例》，天津古籍出版社 1993 年版，第 205 頁。

　　在這些制度之外，因血緣關係而形成的宗族更是對許多族內事務擁有先決權，小則對於親屬間的矛盾優先加以調解，大則以子孫違犯教令為名，動用家族刑罰。雖說家族私刑與國家立法之間多有衝突，如在民淳法簡的順治、康熙時期，政府嚴禁宗族內部的死刑懲罰，但隨社會情勢變遷，雍正採取了更為嚴厲的刑事政策——「嗣後凡遇兇惡不法之人，經官懲治，怙惡不悛，為合族所共惡者，准族人鳴之於官，或將伊流徙遠方，以除宗族之害；或以家法處治，至於身死，免其抵罪。」〔註202〕雍正帝認可家族私刑，使得一些案件族內消化，後經九卿詳議，規定「嗣後許族人，呈明地方官，照所犯罪科斷。若已經官懲治，仍不悛改。該地方官查明過犯實跡，流三千里。倘事起一時，合族公憤，處以家法致死。該地方官審明所犯確有應死之罪，將為首者，照罪人應死而擅殺律予杖。若罪不至死，將為首者，照應得之罪減一等，免其抵償。若本人並非兇悍不法，無過犯實跡，而族人誣捏毆斃者，將為首之人，仍照本律科斷。」〔註203〕這裡通過詳細議定將族權作了部分限制。但久而久之，豪強大族往往藉此打壓族內小支，侵奪他們的財產，踐踏他們的生命，族內紛爭不斷，削弱了法律的權威。《駁案新編》中記錄劉彩文一案，因其偷竊族人耕牛被「拉投族眾」，「族長劉賓以劉彩文係犯族禁，議令罰銀置酒謝族，免其送官究治。」劉彩文預備將其母劉陳氏的膳田賣出以置酒謝罪，未獲其母允許，遂罵詈其母，並將母推倒，導致其母忿怒不已。在劉賓等人赴劉陳氏家催索罰銀之日，陳氏告知詈罵、推搡之事，請求幫同送官究治。劉賓主張「做賊不孝，不如埋死，以免族人後累。」陳氏開始時並不答應。劉賓說：「如不埋死，定將膳田賣銀辦酒示罰。」〔註204〕最後眾人合力將劉彩文活埋。這就是一起典型的族權介入的案例，但最後活埋劉彩文之人也受到了法律的制裁，這說明國家已限縮族權的濫用。乾隆二年，經兩廣總督鄂必達奏請，「定停族人致死族匪免抵之例」〔註205〕，從此將對民眾的生殺大權牢牢控制在朝廷手中，若有不法，明正刑章。

〔註202〕《清世宗實錄》卷 57，雍正五年五月乙丑，中華書局 1985 年版，第 1 冊第 870 頁。

〔註203〕《清世宗實錄》卷 57，雍正五年五月乙丑，中華書局 1985 年版，第 1 冊第 870 頁。

〔註204〕〔清〕全士潮、張道源等纂輯：《駁案彙編》，何勤華等點校，法律出版社 2009 年版，第 182～184 頁。

〔註205〕〔清〕張廷玉等撰：《清朝文獻通考》卷 198，浙江古籍出版社 1988 年版，第 6626 頁。

　　以上就清代基層治理，遞嬗了國家與地方、官方與民間、國家與宗族之間的問題。值得肯定的是，對於自理詞訟，清代一直肯定基層的調解行為，這既可省卻動用官府有限的司法資源，當事人也能免於奔波，不妨礙農事生產，減少被奸吏猾蠹敲詐盤剝的可能。但是，這種宗族（家族）調解，並非是無償的，族長、族正往往令雙方當事人出錢置辦酒席，搭臺唱戲，所靡不菲，有時反成釀禍根由。

　　教化手段在化解紛爭中起到了重要的作用，詩書傳家是以農立國的中國人秉持的理念，以促進自我人格的完善和人際關係的和諧。普通民眾除受到家法族規約束外，地方亦設置鄉約，聯合耆老構成宣教體系。清代在嘉道以前，已經形成了較為完備的法律教育體系，除宣講聖諭外，還要配套講讀律令。順治時期形成「聖諭六條」，康熙時代發展為「十六條」，及至雍正朝則形成了煌煌萬言的《聖諭廣訓》，作為化導民眾的最高指南，其內容除主張敦睦孝悌外，亦包含「和鄉黨以息爭訟」「息誣告以全良善」等內容，並配套以通俗易懂的方式講解律令〔註 206〕，若實力貫徹，應當對於啟迪和勸慰民眾有潛移默化的效果。然而芸芸眾生多為終歲勤苦、未曾讀書寫字或出門遊歷的群體，就此層面而言，讀書人實則在訴訟中起到了重要的推動作用，其知識、謀略和見聞，遠在一般平民之上，訴訟的背後往往有他們的身影。

　　除此之外，中國古代擁有完整的救荒體系，廣建社倉儲備糧食以應對不時之需，平緩糧價、減少生存鬥爭等都為保衛民生、抑制訴訟風氣起到了一定的作用。

小結

　　自有人類就有紛爭，積案總是伴隨著訴訟而存在，歷代實踐積累了豐富的解決方案。積案也在不同時期輕重多寡不同，與多重因素有關，歷朝對案件的審判或處理的方式、進度和結果也有顯著差異。

　　通過梳理嘉道以前的積案問題，尤其是清前期的積案表現和應對，可以發現，順康雍時期主要是清釐庶獄及清理盜案積案，數目並不為多，其中康熙朝多次因天氣亢旱要求輕責省刑、及時審結，將拖延不結的官員革職。到乾隆初

〔註206〕欲對清代宣教體系進一步曉解，可參看周振鶴撰集：《聖諭廣訓：集解與研究》，顧美華點校，上海書店出版社 2006 年版。

期，案件審辦遲延雖顯露端倪，但仍不為重。當時通過鍾保和李清芳奏議，皇帝將對積案如何處理等問題，納入各直省督撫議覆程序，但多數大臣認為當時已有針對辦案積久遲緩的法律，若有案件延擱自可按例處分，不必另行定例。乾隆十一年是重要分水嶺。至乾隆十一年，清廷對積案問題逐漸重視，如御史范宏賓請恢復月報冊等手段，〔註207〕湖北巡撫、安徽巡撫均有相應奏報。當時「十年積至二百餘案」「三年積至幾近百案」已被認為是重要的問題。在這之後，如浙江道監察御史李文駒〔註208〕、川陝總督慶復〔註209〕、十四年兩江總督黃廷桂、三十八年湖南巡撫梁國治、四十一年湖南巡撫陳輝祖等人的奏報，都說明當時存在一定的積案問題。此外，地方的自理詞訟以月報冊形式由地方官稽核，尚未進入朝廷重點關注的視野中，若細緻考察，會發現這類積案也不在少數。乾隆朝晚期，隨著社會矛盾的加劇，江洋大盜、積匪巨窩逐漸增多，形成了一些積久難結的大案，是為積案個案。而隨著政治運轉失靈，還有很多問題未曾上報到中央，但這時的京控案件已頗具規模，欽差審案也頻繁運用，朝廷不得不通過制定越訴和誣告律例以及打壓訟師等方式來解決京控增多的問題。

整體來看，就清代而言，在乾隆朝以前，積案問題並不突出，多為局部爆發、短暫存續。而隨著社會的發展，人口遷移，矛盾加劇，生存環境惡化，加之災荒頻發，伴隨乾隆帝行將就木，積案問題井噴式爆發，給嘉道兩朝留下了重大的社會治理難題。

同時，歷代應對積案也採取了多種方式，都為嘉道時期的積案清理提供了

〔註207〕 如江西道監察御史范弘賓：《奏請擬定稽查行催法令清理積案事》，乾隆十一年三月十五日，朱批奏摺，檔號：04-01-01-0130-035；湖北巡撫陳宏謀：《奏為據實奏明地方摒除疲玩習氣清理陳年積案等情形事》，乾隆十二年十二月二十一日，朱批奏摺，檔號：04-01-11-0003-001；湖北巡撫陳宏謀：《奏為所屬各地方本年入春雨水菜麥情形並清理地方積案事》，乾隆十二年二月二十日，朱批奏摺，檔號：04-01-24-0046-080；湖北巡撫陳宏謀：《奏為清查積案奸拐甚多通飭各屬嚴緝按律究擬並現在二麥豐稔事》，乾隆十二年五月十五日，朱批奏摺，檔號：04-01-01-0155-005 等。

〔註208〕 浙江道監察御史李文駒：《奏為敬陳嚴行盜案稽查請飭各省督撫等清理歷年積案於年底奏報已未獲案件管見事》，乾隆十一年十一月十六日，朱批奏摺，檔號：04-01-01-0137-015。

〔註209〕 川陝總督慶復：《奏報回任自川到陝日期及沿途查看雨水苗情並辦理地方積案整飭吏治事》，乾隆十一年十一月十一日，朱批奏摺，檔號：04-01-24-0045-032。

經驗。尤其是明代的鄉里老人理訟和巡按御史制度，對考察清代的訴訟樣態提供了最為直接的鏡鑒。嘉道以前清理積案的實踐，都為此後提供了生動的範例。不同以往的是，很多由御史等監察官員奏請啟動的積案處分定例以及清訟實踐等，在嘉慶朝初期因言路壅塞而鮮見。是故愛護民生、司法水平良好、性格寬仁的嘉慶帝一再斥責這類官員，甚至直接放開京控。

第二章　嘉道時期積案的類型與時空分布

　　嘉道時期國勢逐漸衰頹、社會百弊叢生。「從乾隆後期開始，清朝統治已如日盈而昃，由盛向衰。道光以後，危機四伏，衰落趨勢愈益明顯。」〔註1〕嘉道兩帝大力整頓吏治以望國家機器正常運轉。司法領域中，清理積案便是重要的一環。

　　筆者通過對 350 份官員奏報各直省積案情況的清代中央檔案進行統計，參考《清實錄》等史料，發現嘉道時期積案總量較大、時空分布不均，除傳統的「自理詞訟積案」和「案件積案」類型外，亦衍化新類型新變化。

第一節　嘉道時期積案的類型

　　積案，是一個相對的概念，按其審理程序，基本可分成自理詞訟和審轉積案兩大類，也可稱之為細事和重情。這種分類方式延續了唐代的大中小事分類以及元代以來確定的「輕事件」和「重事件」的類型。所謂的細事即自理詞訟，「各省戶、婚、田土及笞、杖輕罪，由州縣完結，例稱自理。」〔註2〕重情一般指科處徒罪以上、需要層層審轉的案件。寺田浩明曾言：「無刑罰的審判邏輯上處於刑罰懲處最弱的一端，相反死刑則是對逸出聖人基準的行為

〔註1〕尚小明：《學人遊幕與清代學術》（增訂本），東方出版社 2018 年版，第 80～81 頁。

〔註2〕趙爾巽等撰：《清史稿》卷 144，中華書局 1977 年版，第 15 冊第 4207 頁。

科予的懲處中最重的手段。」〔註3〕清代實行審級制，在訴訟程序上亦設置直訴制度加強對民眾的救濟。

清代對於「限期斷獄」有一套完整的制度設計。《清代六部處分則例》專列「承審限期」，〔註4〕官員若有違犯，將承擔各類公、私罪責，即通過行政處分的形式加強吏治建設以求達到案清訟理的治理目標。《清史稿》亦對「審限」規定記述比較完整，〔註5〕不僅規範每一類案件總審限，而且把每一審級對應的分限進行區分，另對於展限、扣限、起限、再限等加以規定，此外，還對自理事件的審限進行了規定，「按察司自理事件，限一月完結。州縣自理事件，限二十日審結」。〔註6〕上司批發事件限一個月。另外，如刑部現審案件，也有對應的期限，對於速議速題、死罪會核等事宜均有程限規定，規定詳盡，但如前人所言「然例雖嚴，而巧於規避者，蓋自若也。」〔註7〕這便是對承審限期的概述，所謂「照例參處」中的「例」即指處分則例或會典事例。

筆者需要辨明的是，清代所謂「細事」和「重情」的區分並不能直接對應現代的民事案件和刑事案件的分類，乃是根據案件的緊要程度、觸犯的刑罰、侵害的法益等種種因素的綜合考量，這些案件分類在審理和判決方面形成了顯著的差別。「清朝的法制以完備著稱，雖然仍無單一的訴訟法……顯示了民事訴訟與刑事訴訟二水分流之勢。」〔註8〕該論點雖指明存在這種大趨勢，但並沒有將「自理詞訟」直接等同於民事訴訟，因為嚴格來說處以笞、杖和枷號的輕微刑事犯罪也屬於「自理詞訟」的範圍。嘉道時期亦延續傳統，有最基本的詞訟積案和案件積案兩大區分，前者一般稱為自理詞訟，在地方便可以解決，而後者一般需經審轉程序。然而，歷史的走向並非如統治者期望的那樣，當案子被延宕或審斷不公時，細事會轉化為重情，曾任湖南巡撫的陳宏謀即指出「地方官以此為外結之案，非關欽部案件有關參處。殊不知

〔註3〕〔日〕寺田浩明：《權利與冤抑——寺田浩明中國法史論集》，王亞新等譯，清華大學出版社 2012 年版，第 241 頁。

〔註4〕〔清〕文孚纂修：《欽定六部處分則例》卷 47，載沈雲龍主編：《近代中國史料叢刊》第 34 輯 332，文海出版社 1969 年版，第 959～963 頁。

〔註5〕參見趙爾巽等撰：《清史稿》卷 144，中華書局 1977 年版，第 15 冊第 4214 頁。

〔註6〕趙爾巽等撰：《清史稿》卷 144，中華書局 1977 年版，第 15 冊第 4214 頁。

〔註7〕趙爾巽等撰：《清史稿》卷 144，中華書局 1977 年版，第 15 冊第 4214 頁。

〔註8〕張晉藩主編：《中國古代司法文明史》（第四卷），人民出版社 2019 年版，第 103 頁。

小事日久不為完結，必致釀成聚眾逞兇誣奸搶殺大案。」〔註9〕清朝不僅存在民與民的爭端，而且有大量民告吏的情形存在，甚至演化為民與官的對立，走向京控局面，牽涉巨大的利益群體。

一、嘉道時期積案的基本類型

對積案採取不同的分類標準，會得到不同的分類結果。如以積案所在的衙署進行分類，可以分為中央法司衙門的積案和地方各級衙署的司法積案。按照審結程序，基本可分為內結積案、外結積案和州縣自理詞訟等。但這兩種基本分類中存在界限不清、相互重疊的問題，不是理想的分類方式，故筆者不予採用。如前所述，嘉道時期積案問題根據性質和緊要程度，進一步來說是裁判依據和審結程序，在分類上亦沿襲細事和重情兩大基本類別。這種分類主要依據「對於國家統治秩序的維繫的重要性程度」〔註10〕。但關涉民風教化和治安秩序的州縣自理案件也相當重要，「因而州縣司法官無論從國家統治、萬民利害等大局著眼，還是從自己的官聲官運等個人前途考慮，都不會過於怠忽於這類案件的審判和處理。」〔註11〕筆者亦採用這兩種分類方式，同時也簡單闡述漕運總督和學政衙門的積案。

（一）細事：自理詞訟

細事主要是各級行政單位可以自行處理、無需外求的案件，包括田土、戶婚、錢債等「民事案件」及處以笞、杖和枷號等刑罰的「輕微刑事案件」；清代的州縣自理詞訟限 20 日審結，並有登載循環簿逐月呈交上級核查的規定。除非是相對重要的細事，否則這類案件基本都停留於州縣層級。循環月報冊雖實行甲乙本每月循去還來之制，但地方官員往往以舊作新，並不認真填報，久而久之遂成具文。因並未始終嚴格執行稽核制度，這類佔據了相當大的比重的自理詞訟很少有具體而可靠的數據。就援律斷案而言，「州縣自理的審判中沒有呈報制度（因為沒有，所以稱為自理），沒必要寫呈報書來

〔註9〕〔清〕不著撰者：《湖南省例成案・刑律・訴訟・告狀不受理》，清刊本，載楊一凡、劉篤才編：《中國古代地方法律文獻》丙編第 4 冊，社會科學文獻出版社 2012 年版，第 447～448 頁。

〔註10〕顧元：《衡平司法與中國傳統法律秩序——兼與英國衡平法相比較》，中國政法大學出版社 2005 年版，第 64 頁。

〔註11〕顧元：《衡平司法與中國傳統法律秩序——兼與英國衡平法相比較》，中國政法大學出版社 2005 年版，第 64 頁。

勸說上司，於是就連擬律的機會也單純地消失了。」〔註12〕此說雖不盡準確，
但也認識到自理詞訟的處理具有多元途徑。

　　清代雖在權力架構上實行「權力分寄制」，但「自理詞訟」並不僅僅存在
於州、縣一層的最基層行政單位，鑒於案件本身的特殊性和涉案人員的身份
問題，如按察使這種省級審判組織依然存在「自理事件」——「一是審理督
撫、藩司、學政、提督及本司等衙門書吏、差役、幕友、長隨等人的輕微刑
事案件，猶如刑部審理京師五城的刑事案件一樣；二是審理所屬州縣上控的
民間詞訟。」〔註13〕

　　由於「細事」多停留在地方，除考察地方檔案外，還可就嘉道時期地方官
員處理訟案的實踐進行說明。嘉道名臣栗毓美，曾先後在河南懷慶、彰德、開
封、祥符等地「審理積案不下萬餘起，皆隨案隨結，當事雙方心悅誠服，從無
翻案。」道光十年，栗毓美任湖北按察使，通過定立審理積案章程等措施將4000
多件積案全部清理。〔註14〕王鳳生，「精究法律，治獄矜慎」，嘉慶中期攝任蘭
溪知縣僅數月，「清積案七百餘事」。〔註15〕董基誠，嘉慶二十二年進士，補授
開封知府時，「聽斷明決，數月釐積案數十百起，終以勞瘁卒於官。」〔註16〕
錢寶琛，道光十一年任河南歸德知府，清理積案120餘起。〔註17〕劉源灝，曾
於道光十四年任揚州知府，「尤善治獄，清數十年積案，多平反。」〔註18〕除
各地方存在積案問題外，京畿地區的積案問題也不容小覷。龔載恬在道光年間
任通州知州，「蒞任七月，清理積案七百餘件」。〔註19〕似此記載為數不少，說
明地方詞訟積壓較為普遍，需要勤能之人加以整治。

　　需要指出的是，囿於史料的限制，本書所探討的積案多為督撫大員奏報的

〔註12〕〔日〕寺田浩明：《權利與冤抑——寺田浩明中國法史論集》，王亞新等譯，清
　　　　華大學出版社2012年版，第353頁。

〔註13〕張晉藩主編：《中國古代司法文明史》（第四卷），人民出版社2019年版，第
　　　　19頁。

〔註14〕參見楊茂林、張文廣：《山西古代廉吏》，山西人民出版社2015年版，第53
　　　　頁。

〔註15〕趙爾巽等撰：《清史稿》卷384，中華書局1977年版，第38冊第11666頁。

〔註16〕張維驤編纂：《清代毗陵名人小傳》，常州旅滬同鄉會1944年版，第154頁。

〔註17〕參見李峰：《蘇州通史·人物卷中·明清時期》，蘇州大學出版社2019年版，
　　　　第318頁。

〔註18〕陶用舒：《陶澍師友錄》，嶽麓書社2018年版，第203頁。

〔註19〕王小紅：《巴蜀歷代文化名人辭典·古代卷》，四川人民出版社2018年版，第
　　　　362頁。

控轉至院司道層級的事件，而繁多的州縣細故一般不在奏報範圍中。我們也應辯證地認識到，能進入督撫視野的細事相較於一般細事來說，影響範圍更廣、後果更重，或者當事人的權利訴求更為強烈。而稽留於州縣層面的案件，相對來說比較容易審判，可通過多元糾紛解決機制得以消弭，甚至官員會不得已進行技術化的處理以防止上控。「細事」經常被積壓，嘉慶時期，張五緯曾說：「聽訟為地方官第一要政，並為地方官第一難事。人每重視命盜，輕視詞訟，不知命盜為地方間有之獄，民詞為賢愚常有之事。」〔註20〕此即說明詞訟數量往往數倍於案件，卻被地方官所輕視。包世臣也說「外省問刑各衙門，皆有幕友佐理。幕友專以保全居停考成為職，故止悉心辦理案件，以詞訟係本衙門自理之件，漫不經心。而州縣又復偷安，任意積壓，使小民控訴不申，轉受訟累。」〔註21〕

此外，還有一些有關自縊、溺水之類的自殺命案因事實較為簡單，不存在過多的爭議，一般也由地方進行處理而向上級呈報，「檢驗屍傷不以實」條例載「諸人自縊、溺水身死，別無他故，親屬情願安葬，官司詳審明白，准告免檢。」〔註22〕這很明顯是把這類人命案件的主要處斷權分配給州縣，只要循例上報即可，其中不乏私和命案的情形。

清代筆記《三異筆談》記載陳湧金戳死其孫女陳阿貓一案，故事源於嘉慶年間浙江陳阿貓一案——兇犯陳樂氏與其夫陳思美因謀奪繼產而故殺姪女陳阿貓。〔註23〕筆記對案情進行了改編，但大致描述了基本案情：樂氏等人為謀產而污蔑阿貓與長年奴通姦，後將陳阿貓殺死，夜間埋屍野外，「以殺有罪子孫寢其事。族中有請檢者，反撲而逐之，慈民大嘩。」〔註24〕地方將謀殺案件以「家長殺有罪子孫」來消弭。好在故事的敘述者當時「清理積案，寄居府署」，派天一閣管書人邵姓秘密打探案情，得悉大概情節和輿論指向，又經陳阿貓的未婚夫赴省上控，「提府親審，十日而得其要領，廿日

〔註20〕〔清〕張五緯：《未能信錄》卷1，載楊一凡、徐立誌主編：《歷代判例判牘》第9冊，中國社會科學出版社2005年版，第504頁。

〔註21〕〔清〕包世臣撰：《包世臣全集》第3冊，李星點校，黃山書社1997年版，第380頁。

〔註22〕〔清〕阿桂等纂：《大清律例》卷37，中華書局2015年影印版，第5冊第76頁。

〔註23〕參見《清仁宗實錄》卷349，嘉慶二十三年十一月辛丑，中華書局1986年版，第5冊第613頁。

〔註24〕〔清〕樂鈞、許仲元：《三異筆談》，重慶出版社1996年版，第26頁。

而悉其端委，匝月而為鬼域」，〔註25〕加之一些超自然的因素，案件終被平反。深宅密事一般不為外人所知，家族內部案件往往消弭於地方，家長權和族權對司法造成了衝擊，若非一些偶然因素，弱者只會蒙受不白之冤。有些個案呈現出更複雜的面相。壽州三命案被包世臣稱為「近世以郁民而成巨獄者」之一。〔註26〕案發於嘉慶八年，張大有因奸謀毒李廣堂等三命，開始即通過裝點，以死者誤食有毒食物私和人命，出具甘結結案，知州鄭泰因調任而未將案件上報。若非之後革役李復春對鄭泰懷恨在心，策動屍親李東陽到省城告官，加上訟師劉儒恒的挑唆、當時的戲班編排戲劇公演影射此案等因素，真相很可能隨死者帶進墳墓。三命案前後延宕四年，直到嘉慶十二年才由欽差初彭齡審結，各方力量在此過程中展開了充分的博弈。〔註27〕浙江德清徐蔡氏案也如此，開始以徐蔡氏患了急性痧症妄圖了事，後又捏稱自縊身死，若非其娘家具有強大的家勢背景足以策動力量發起重審，這起謀殺案件也將消弭於地方。可見，有一些所謂的細故其實具有較為模糊的邊界，很多案件所認定的情節和案件事實之間往往存在很大的差距。

與之相對的則有假命案裝點成真命案的情形。自盡命案或意外事件給訟師、書吏和衙役索詐和作弊提供了藉口，王鳳生說：「自盡命案最易蔓延，使訟師、書役從中射利」，〔註28〕往往借屍圖詐或圖賴他人，以達到誣陷和拖累的目的。因而對於口角輕生或拼命圖賴之事，地方官應盡量當場斷結，防止書役百計宕延；對於失足落河及路斃等案，哪怕報案接近除夕，也應實時親往，及時完案。久而久之，吏役便斷了借案婪索之念。〔註29〕

（二）重情

重情，指可能判處徒刑以上需要經過逐級審轉覆核程序的刑事類案件，命盜奸雜等事件都涵蓋其中。因事關國家的穩定和秩序，歷來最為封建統治者所重視。嘉慶朝進一步收緊承審限期，尋常人命案件以 6 個月為限，「盜劫及情

〔註25〕〔清〕樂鈞、許仲元：《三異筆談》，重慶出版社 1996 年版，第 27 頁。

〔註26〕〔清〕包世臣撰：《包世臣全集》第 3 冊，李星點校，黃山書社 1997 年版，第 400～401 頁。

〔註27〕參見林乾：《一個訟師家庭的兩代上訴史》，載徐世虹主編：《中國古代法律文獻研究》第八輯，社會科學文獻出版社 2014 年版，第 398～420 頁。

〔註28〕〔清〕王鳳生：《假命案》，載官箴書集成編纂委員會編：《官箴書集成》第 9 冊，黃山書社 1997 年版，第 429～430 頁。

〔註29〕〔清〕王鳳生：《假命案》，載《官箴書集成》第 9 冊，黃山書社 1997 年版，第 429～430 頁。

重命案、欽部事件，並搶奪、發掘墳墓、一切雜案，俱定限四個月。」〔註30〕

　　嘉道時期產生了新的社會矛盾，特殊犯罪滋長，如械鬥和糧船水手等。茲就具有代表性的重情案件進行說明。

　　1. 命盜案件

　　命案是除危害皇權統治以外最重要的案件類型，清代分「六殺」，往往涉及屍傷檢驗，但囿於檢驗技術的限制和仵作舞弊，滋生出私和命案及頂凶等問題。命案的起因很多，茲不贅述，筆者在此只著意論述命案與積案之間的關係。另外，盜案也是常見的重情類型，尤其是清代中期以後因生存環境的惡化，盜賊泛濫，由此衍生的案件積壓情形更嚴重。

　　案例1：馬紅等人霸搶莊稼殺人頂凶案

　　嘉慶二十一年，建昌縣民劉正楷赴熱河行宮的行在步軍統領衙門呈控馬紅霸種地畝，率子搶割莊稼，將工人王幅、閻士明殺死，馬紅頂認正兇一案。嘉慶帝下旨令熱河都統慶祥速審具奏。

　　經慶祥審明，這是一起因爭佃起釁的案件。據載喀喇沁蒙古他布囊觀甲有坐落鐵鉤門地十二頃，先後租給劉正楷之祖和馬紅之父承種，之後馬紅和劉正楷雙方為爭奪地畝等事迭控不休。馬紅於嘉慶十八年八月二十四日率同其子馬士忠等 16 人，各自攜帶砂槍等武器搶割禾稼，尚未割獲。劉正楷之子劉泳太帶同工人王幅、閻士明等 16 人趕赴地所攔阻，引發衝突。馬士忠用砂槍致傷王幅額顱殞命；閻士明被馬士昌用刀扎傷，移時身死。經查明，馬紅主使馬士忠代馬士昌供認扎死閻士明，他為馬士忠頂認放槍擊死王幅正兇，報縣驗訊，即按照計劃頂認、混供。該前縣廣慶據供通詳。之後馬紅之子馬士隴又發起京控，經審係虛誣，依律追責，而人犯脫逃。其後，劉正楷即赴行在步軍統領衙門具控，由慶祥審出前情，各按律擬判，慶祥並奏請將蒙古地畝撤回歸於本主另佃。〔註31〕

　　案例2：京控濟寧州人文正存弟兄聚眾砍殺陳寶忠之子命案久懸未結事

　　嘉慶二十年，山東濟寧人原銜山東河漂把總陳寶忠京控。據稱其子陳賡堯

〔註30〕張榮錚、劉勇強、金懋初點校：《大清律例》，天津古籍出版社 1993 年版，第596 頁。

〔註31〕熱河都統慶祥：《奏為奉旨審明建昌縣民劉正楷呈控馬紅霸搶莊稼殺死王幅閻士明頂認正兇案按律定擬事》，嘉慶二十一年十一月初九日，朱批奏摺，檔號：04-01-01-0567-026。

於上年九月初六日，被文正存、文正和兄弟帶領文東來等人各帶利刀殺傷而死。已據文東來供明仇殺，然而鄒委員卻將正兇文永太、幫兇馬聚等釋放。陳寶忠恐復遭毒手，先呈兗沂道、三呈臬憲，均蒙批示，但都未能查實案情，後呈撫憲又蒙批發知州訊究，但過了半年，未蒙復訊。因而赴都察院呈控。〔註32〕

案例3：京控山東利津縣民宋玉振等謀殺宋學文案逾限未結事

嘉慶十四年，山東武定府利津縣民人宋獻瑞赴都察院衙門具控：其父宋學文被同姓宋玉振挾有夙嫌，於嘉慶十二年七月二十八日被宋玉振糾約族眾二十餘人登時殺死。具控已越二年，例限久逾，尚未審結。之後都察院請旨敕交山東巡撫吉綸親提速審。〔註33〕

案例4：吳熊光任內各屬報獲未結盜案

因前任兩廣總督吳熊光任內各屬報獲盜案二十餘起未經奏辦，皇帝諭令百齡開單覆奏。嘉慶十四年七月十七日，百齡奏稱，嘉慶十二、十三兩年內，吳熊光任內未經奏明審擬之盜案22起，計犯78名。經查明，東莞縣、廣州府新安縣、南海縣、欽州等各處均涉及前述未完盜案。盜案遷延未結，其中監斃之犯達12名，都是由於前督臣「吳熊光與歷任臬司相與因循，以致犯多瘐斃。」涉及「前署臬司已經病故之蔡世武任內三起，計犯十七名；降調臬司吳俊任內十起，計犯四十名；藩司與署臬司衡齡任內一起，計犯一名」；以及署臬司楊煒任內八起，計犯二十名。〔註34〕八月二十六日，朝廷將涉案的吳俊交部嚴加議處，楊煒交部議處。〔註35〕

案例5：山東利津縣武生蓋潭被人打死久未結案事

嘉慶十八年，山東武定府利津縣武生蓋應泰赴京呈控，他的伯父武生蓋潭於嘉慶十三年十月十二日被人打死，抬屍河內。「蒙蒲臺縣主驗明，挖去二目，頭顱重傷二十餘處，形落屍格圖冊。訊出張克亮供出張福林、張福寧抬屍捽河，二人又供出賄買移屍人張文花、張福耀。贓數注落原卷。又地方

〔註32〕山東河標把總陳寶忠：《為控濟寧州人文正存弟兄聚眾砍殺伊子命案久懸未結事》，嘉慶二十年，呈狀，檔號：03-2323-034。

〔註33〕都察院左都御史特克慎等：《奏為山東利津縣民宋玉振等謀殺親父宋學文案逾限未結事》，嘉慶十四年七月初二日，錄副奏摺，檔號：03-2296-002。

〔註34〕兩廣總督百齡：《奏為遵旨查明吳熊光任內各屬報獲盜案未結各員事》，嘉慶十四年七月十七日，錄副奏摺，檔號：03-1525-058。

〔註35〕參見中國第一歷史檔案館編：《嘉慶道光兩朝上諭檔》第14冊，廣西師範大學出版社2000年版，第518頁。

張中選之孫張小貝回供出蔣安泰兄弟叔侄並工人羅學成等打死，兇器現存，有原卷可憑。乃懸案不結。」蓋應泰曾於嘉慶十五年上控到山東巡撫衙門，批發武定府審訊，案仍未結。又於嘉慶十五年九月到都察院呈控，發回山東巡撫，但巡撫延遲時日，未蒙結案。嘉慶十七年五月，蓋應泰又呈控到巡撫衙門，蒙批「仰按察司飭濟南府親提確訊」，仍未結案。此時距案發之時已跨越六載，蓋應泰只能二次京控。〔註36〕

　　嘉慶十八年四月初二日，都察院左都御史德文等也指出此案於十五年九月赴都察院具控時咨交給山東巡撫吉綸親提審訊，「並經臣衙門四次彙參，何以案懸六載，尚未審結，迄今亦未咨覆，致該武生含冤受累，再來控訴。殊屬玩視人命！」奏請敕交山東巡撫親提訊究，迅速定案。〔註37〕當日奉旨交山東巡撫同興立即親提定擬具奏。〔註38〕

　　這起案件頗具典型性，據原告呈詞，證據相當清晰完整，卻久久不能定案。巡撫面對都察院的四次彙參也不以為然。蓋應泰能夠二次京控，與山東距離京師較近，及其作為武生具備一定的人脈和擁有更為便捷的獲取法律知識的途徑有莫大的關係。面對二次京控，都察院將此案從咨交升級為奏交，由皇帝下達諭旨，以引起山東巡撫的重視。此案結局如何，暫時缺乏檔案的支撐。但無論如何，山東巡撫當對懸案六年有所交代。

2. 奸拐

　　奸拐也是重情案件中的一大基本類型，一定程度上反映了民生現實，這類案件摻雜諸多因素，也容易被延擱。嘉慶十五年，在四川太平廳居住的湖南人易廷彩京控。據稱他曾幫同剿殺賊匪奪獲馬匹，之後鄉勇蕭會朝將馬誆賣不還，又侵蝕恤銀，「並將官賞幼女招兒姦污」。易廷彩歷控四川藩臬兩司，久未結案，反倒將易廷彩杖責遞籍。其遂至步軍統領衙門呈控。步軍統領祿康請旨將易廷彩解交四川總督親審，定擬具奏。〔註39〕

〔註36〕山東利津縣武生蓋應泰：《為伊伯被人打死久未結案等情事呈狀》，嘉慶十八年四月初二日，呈狀，檔號：03-2225-026。

〔註37〕都察院左都御史德文等：《奏報山東利津縣武生蓋應泰赴衙具控伊伯被人打死一案至今未結等情事》，嘉慶十八年四月初二日，錄副奏摺，檔號：03-2225-025。

〔註38〕中國第一歷史檔案館編：《嘉慶道光兩朝上諭檔》第18冊，廣西師範大學出版社2000年版，第94頁。

〔註39〕步軍統領祿康等：《奏為湖南籍民人易廷彩呈控鄉勇蕭會朝誆馬賣銀侵蝕恤銀誘拐幼女歷控未結案事》，嘉慶十五年四月二十一日，錄副奏摺，檔號：03-2460-033。

3. 聚眾事件——以陸名揚鬧漕和詹葉兩姓械鬥案為例

聚眾事件也稱群體性事件，包含很多類型，如抗糧、鬧漕、衝擊衙署、械鬥等，其中一部分是由細事審斷不當而激化的矛盾，案件在產生之初未得到及時、公平、合情、合理的解決，從而激化了矛盾。辯證來看，在傳統社會，依法申訴、上訴、京控是合法的伸冤途徑，而群體性事件卻是不被允許的，這意味著對權威和秩序的挑戰，只會面臨嚴厲的制裁。「惡其訟之瀆而不准，或遷延寢擱而不審，釀成忿鬥」。〔註40〕此語即指出了地方審斷不當所引發的嚴重後果，「當官方的公力救濟缺席時，小民百姓就會尋求私力救濟的途徑。」〔註41〕

案例1：陸名揚等鬧漕案

抗糧以嘉慶朝浙江歸安陸名揚案為例〔註42〕。陸名揚平日具有威望，口碑甚好。為抵抗浮收勒折弊端，他將十八區的漕糧統一徵收上繳，被官方認定為長期把持公事，包攬漕糧。當他被正法後，當地百姓籌資祭祀，「買香楮祭奠者，為之空市」。〔註43〕官民兩方之所以形成完全相反的評價，是因為涉及不同的利益，在小民看來有公正的人統一繳納漕糧，可以省卻與官府打交道的麻煩以及被盤剝的可能，而在統治者看來這類「包漕」行為給社會治理帶來了極大的挑戰。此案過後，江浙一帶因收漕等問題引發的訴訟和聚眾事件此起彼伏，「然自名揚死而後來者踵其智，每逢輸漕，猶易滋事」。〔註44〕

案例2：詹葉兩姓械鬥案

除了抗擊官府的行為之外，械鬥也是典型的聚眾事件。嘉道時期福建、廣東械鬥頻發，即便是同一省份，不同府屬的風氣亦絕不相同，如「泉民之鬥以鄉鬥，漳民之鬥則以姓鬥」。〔註45〕另外如捉人勒贖、發冢案件亦層出

〔註40〕協理山東道事廣東道監察御史李清芳：《奏為敬陳化導治理閩省漳泉地方民風之法事》，乾隆六年七月十七日，朱批奏摺，檔號：04-01-01-0072-014。

〔註41〕徐忠明：《傳統中國民眾的伸冤意識：人物與途徑》，載《學術研究》2004年第12期。

〔註42〕參見晏愛紅：《「歸安悍氣」：以陸名揚案為中心的解讀》，載《中國高校社會科學》2016年第3期。

〔註43〕〔清〕包世臣撰：《包世臣全集》第3冊，李星點校，黃山書社1997年版，第397頁。

〔註44〕徐琇：《書陸名揚事》，載菱湖鎮志編纂委員會編：《湖州市志叢書·菱湖鎮志（下）》，崑崙出版社2009年版，第2093頁。

〔註45〕〔清〕謝金鑾：《泉漳治法論》，載沈雲龍主編：《近代中國史料叢刊續輯》758

迭見。「毫末不札，將尋斧柯」，很多容易解決的案件或事情因地方官處置不當，而釀成連年械鬥。「械鬥之風的熾盛，與民情、民風、吏治、司法諸多因素息息相關。」〔註46〕嘉慶初期潮陽鄭、馬二姓積年械鬥，「積至五十餘案，案犯至四百餘人。」而地方官並未及時嚴辦，其前任知縣李樹萱「因命案過多，犯難弋獲，將十二案卷宗抽藏，諱匿不報。迨至屍親控告，經督撫批飭嚴查，該革員復規避處分，捏詳銷案。」〔註47〕其後李樹萱因遷延玩視械鬥重案而被鎖拏，解交刑部嚴審，潮州府知府陳鎮也被革職；其餘相關人員亦懲戒有差。此案影響惡劣，宣示了清代福建鬥毆好訟風氣盛行，地方官卻軟弱無能、瞞上欺下，「從帝國權力控制的角度來看，表面上是民間私事的械鬥，實際上反映的是國家權力、權威、法律的削弱和失控。」〔註48〕

　　潮陽械鬥重案有多名案犯被處以重刑、知縣李樹萱被革職處以永遠枷號，但民間械鬥屢禁不止，好鬥之風愈演愈熾，家族之間招募打手、豢養義子、修建碉樓、儲備鳥槍或竹銃等武器為械鬥進行籌備。經辦過鄭馬械鬥案的孫玉庭在其個人年譜載，廣東海陽有孫、林兩姓械鬥，從嘉慶五年到九年，林姓傷斃孫姓 23 命，孫姓傷斃林姓 21 命，「拿獲首夥七十餘名」。〔註49〕

　　筆者通過查閱檔案，發現嘉慶年間福建詹、葉兩姓械鬥案也頗為惡劣。福建省同安縣詹、葉二姓，從嘉慶五年因爭山起釁，以後迭次鬥毆，在械鬥和仇殺中共直接致死 14 命，其中詹姓 12 命（詹端、詹銳、詹長、詹挑、詹毓、詹試、詹水、詹來、詹葵、詹栽、詹樹、詹寧），葉姓 2 命（葉光春和葉冀），還有一些因涉案被關押而物故（如詹佐被監斃）或定案後被處決的人命。嘉慶二十三年，詹絨等人第一次京控，呈控葉瑞連聚眾逞兇迭殺多命案懸十九載未結。據稱他們此前「在巡撫衙門具控七次、總督衙門具控十次」。〔註50〕經都

　　　　《治臺必告錄》卷 2，文海出版社 1985 年版，第 104 頁。

〔註46〕徐忠明：《明清訴訟：官方的態度與民間的策略》，載《社會科學論壇》2004 年第 10 期。

〔註47〕《清仁宗實錄》卷 140，嘉慶十年二月乙丑，中華書局 1986 年版，第 2 冊第 913 頁。

〔註48〕徐忠明：《明清訴訟：官方的態度與民間的策略》，載《社會科學論壇》2004 年第 10 期。

〔註49〕〔清〕孫玉庭：《寄輔老人自記年譜》，載北京圖書館編：《北京圖書館藏珍本年譜叢刊》第 119 冊，北京圖書館出版社 1999 年版，第 581 頁。

〔註50〕都察院左都御史景祿、都察院左都御史吳芳培等：《奏為福建民人詹絨等控告舉人葉瑞蓮等焚搶掠殺傷真兇縱等情請勒限嚴拿查究官吏事》，嘉慶二十三年十月十四日，朱批奏摺，檔號：04-01-01-0582-050。

察院奏報，皇帝特派欽差大員前往審辦。就在詹氏第一次京控不久，又發生了詹氏族人強姦葉氏婦女事件，最後 4 名詹姓被判擬絞監候，詹絨為此發動了第二次京控。然而詹絨兩次京控都未能全身而退，第一次「因不察虛實赴京混控，擬以杖枷」；〔註51〕第二次，刑部覆查強姦等事屬實，詹絨遂因誣告和翻控，「照齎越赴京告重事不實發邊遠充軍例，發邊遠充軍。」而能否援引恩詔赦免，還需部議。〔註52〕

詹絨京控案，自嘉慶五年兩姓構釁，直到嘉慶二十五年年底正式審結，跨越整整二十年，詹姓在此過程中損失慘重。無論是嘉慶五年由於葉瑞蓮謀並鄉村而率眾打死詹姓兩命，還是在其後發生的各起案件中葉姓出錢私和，都能明顯感受到葉姓在當地的勢力和財力遠勝於詹姓。這一控案牽涉諸多督撫大員，而各督撫和欽差的立場竟出奇地保持了一致。從欽差審案之初似乎就偏向於葉姓，詹絨二次京控時，刑部就奏請若係有意狡翻，則將詹絨等人從重擬罪，可見這起案件已然演化為對封建司法制度的挑戰。新任巡撫韓克均依樣結案，可視作懲儆刁民、遏制上控之風的有力措施。假使韓克均審擬出了別情，為詹絨等「平反」，不僅得罪了前任審判官員，而就其自身發展來說，只會讓民眾看到某種希望，從而引發更多的上控，這意味著地方將承擔更為嚴重的緝捕和審判壓力，與之相伴的還有更多的官吏會面臨處分。隨著嘉道時期吏部處分的層層收緊，必然連帶督撫自身。因此，在綜合權衡之下，詹絨京控案即便有冤屈也難以翻案。在封建時代，小民即使有覆盆之冤，一旦站在了制度的對立面，必然折損至體無完膚。

除械鬥外，嘉道時期其他涉及聚眾的案子也引發了軒然大波，昭示了群眾的不滿和社會的不安。

4. 服制案件——以葉泳喜案為例
（1）嘉道時期服制案件的變化

嘉道時期，隨著社會商業化程度加深，傳統倫理逐漸鬆綁，服制案件逐漸增多，乾隆十七年正式確定區分秋審服制冊且先期進呈之例（直到嘉慶五

〔註51〕福建巡撫韓克均：《奏為遵旨覆審同安縣詹絨兄京控葉流春等銃斃堂叔並未拿犯抵償等一案按律定擬事》，嘉慶二十五年十一月十八日，朱批奏摺，檔號：04-01-01-0610-009。

〔註52〕福建巡撫韓克均：《奏為遵旨覆審同安縣詹絨兄京控葉流春等銃斃堂叔並未拿犯抵償等一案按律定擬事》，嘉慶二十五年十一月十八日，朱批奏摺，檔號：04-01-01-0610-009。

年廢除）。〔註53〕嘉道時期的服制案件數量不可小覷，家族內部的相殺相傷相姦案件佔據了相當的規模，朝廷為「峻禮教之防」也逐漸從嚴加重懲處服制犯罪。綱常倫理是中國傳統社會的價值預判和秩序追求，一個人無論是故意還是過失引起了家族或姻親之間的紛爭，便被認為是不義的。這類變化在立法和司法中都能找到印證。如「親屬相盜—06」〔註54〕，該例初步制定於嘉慶元年，乃廣西巡撫成林以親屬相盜殺傷，應否以凡人論，咨請刑部，經部覆而議准定例，道光二年、五年對此條例進行了修改，於道光十四年改定。其中有 3 處「從重」科刑，既是為了法條之間的平衡和一致，也在一定程度上反映了嘉道時期的立法轉向。「謀殺人」條例也發生了較大的變化，如嘉慶九年纂定「有服卑幼圖財謀殺尊長、尊屬」，除凌遲或斬決外，均加擬梟示。〔註55〕另外，在嘉道時期新定了 3 條「謀殺祖父母父母」例，而「殺死姦夫」「戲殺誤殺過失殺傷人」等條例均發生變化。這些立法轉變均昭示了社會實際出現了變化，通過加重從嚴來威懾民眾，維繫倫常。

地方官為了疏縱服制案犯，常尋求各類藉口開脫。道光二十三年，江西省秋審服制情實招冊中有 3 起案件情節相似，「均係死者用刀柄向毆，各該犯接住刀柄求饒，死者用力拉奪，不期奪回勢猛，致刀尖自戳殞命。」江西巡撫以「尚非有心干犯」為由，將期功卑幼毆死尊長罪應斬決之人擬為監候。皇帝嚴正斥責，「移情就例，輾轉效尤，如出一轍。」令吳文鎔將此三案親自重審，後只將藍長仔一案據實更擬處決，其餘兩案審擬如前。〔註56〕

與此相反的是，在定罪時，朝廷會把一些罪大惡極的倫常犯罪看作凡人之間的殺傷姦盜行為，不得「以服制論」而加重處罰，葉泳喜案就是其中的典型。〔註57〕

〔註53〕參見《清仁宗實錄》卷 61，嘉慶五年三月甲寅，中華書局 1986 年版，第 1 冊第 808～809 頁。

〔註54〕〔清〕薛允升著；胡星橋、鄧又天主編：《讀例存疑點注》，中國人民公安大學出版社 1994 年版，第 496～497 頁。

〔註55〕〔清〕吳坤修等編撰；郭成偉主編：《大清律例根原》，上海辭書出版社 2012 年版，第 1185～1186 頁。

〔註56〕《清宣宗實錄》卷 383，道光二十二年十月壬辰，中華書局 1986 年版，第 6 冊第 895 頁。

〔註57〕參見《清宣宗實錄》卷 403，道光二十四年三月乙酉，中華書局 1986 年版，第 7 冊第 46 頁。

（2）葉泳喜案

相較於道光初期的德清徐蔡氏案而言，發生在道光晚期的葉泳喜案（檔案中或其他史料也寫作「葉泳嬉」「葉永喜」或「葉允喜」）尚未引起學界足夠的關注。〔註58〕一是案件當事人的家世背景和社會人脈都不如徐蔡氏和徐倪氏；二是沒有按察使莫名自縊身死所能引發的轟動效應；三是屍檢環節尚不存在過多爭議。儘管不具備以上條件，該案同樣掀起了不小的風波。若非被告過於刁詐，此案也不會引起朝廷過多的關注。該案發生於道光二十三年，至二十八年才正式結案，案懸五載，屢審屢翻，知府、按察使和總督等多員牽涉其中，既可以作為道光時期一個積案分析的樣本，也可作為透視清代中期司法困境的一面鏡子。

四川重慶府榮昌縣人葉泳喜因道光二十三年二月開始與其胞兄葉泳壽之妻葉黃氏通姦，被侄媳葉史氏撞見譏誚，當年四月他與黃氏合謀將葉史氏毆死燒屍，裝點葉史氏自行失火燒斃。此案發生後，屍父等人本已將屍體殮埋，後又控告到縣。據稱知縣在未驗之先，將葉泳壽掌責一百，非刑斃命，「以泳壽強姦史氏不從，毆傷勒斃，用火燒屍，擬斬，已死勿論。又以泳喜幫勒，擬流。」永川縣詣驗，捏報泳壽係受傷中暑身死，重慶府知府瞻徇屬員，如詳擬辦。葉家奔控臬司、總督，仍發縣審辦。另有禁卒唐三、卡丁王二、差役鄧超等各勒索錢文。道光二十四年葉泳喜以媳命翁償、加罪旁冤等詞遣抱告葉大興赴都察院京控。並稱葉家在重慶府控告一次，四川臬司衙門控告二次，四川總督衙門控告一次，經府親提。〔註59〕三月十八日，經都察院奏報，皇帝即下旨將葉泳喜案交由四川總督寶興督同臬司潘鐸提訊，要求務必查明真相。〔註60〕道光二十四年十二月，寶興具奏：查明葉泳喜起意商同黃氏勒傷葉史氏身死，燒毀屍身，假作焚斃，為主凶，但葉泳喜自幼過繼與胞伯葉高煥為嗣，因此定罪時要降服處理。就擬判而言，通姦罪重，但例

〔註58〕較早關注到此案的則是討論中國古代司法的推斷勘驗技術，以「罪犯念經，問官說佛」為名將張集馨《道咸宦海見聞錄》中的記載編纂為故事，但使用材料過於單一，對此案的專業分析有待加強。參見陳抱成：《白話類編二十五史緝捕推勘術》，遼寧古籍出版社1996年版，第195~197頁。

〔註59〕署都察院左都御史特登額：《奏為榮昌縣民葉泳喜遣抱京控該縣動用非刑誣奸致命一案請旨事》，道光二十四年三月十八日，錄副奏摺，檔號：03-3818-046。

〔註60〕《清宣宗實錄》卷403，道光二十四年三月乙酉，中華書局1986年版，第7冊第46頁。

無為人後與本宗降服胞兄妻通姦作何治罪明文，故比律問擬，將葉泳喜與葉黃氏「均比照奸出嫁祖姑從祖伯叔姑監候絞律，擬絞監候，葉泳喜照例刺字。」〔註61〕之後，經刑部議駁——例載：功服以下尊長，圖奸謀殺卑幼，照平人問擬斬候。誠以淫凶亂倫，無復恩義可言，不得仍以服制論。今葉泳喜因與兄妻通姦，復致死其媳，雖與圖奸謀殺卑幼不同，而恩義同一斷絕，應照凡人謀殺人造意律，改擬斬監候。葉黃氏仍照原擬絞候。〔註62〕

但此案並未就此結束，張集馨載：「隆昌縣葉允喜與胞嫂黃氏通姦一案，潘木君〔註63〕臬司任內改為葉允喜出繼；廉將軍署總督事，又奏雲雖出繼而情節較重，仍問斬候，屢經部駁。葉允喜於秋審呼冤，又京控三次，經刑部奏明，必取該犯輸服供詞，方能定案。」〔註64〕

道光二十六年，葉泳喜第三次遣抱告赴京翻控。八月十六日，刑部尚書阿勒清阿奏請將葉泳喜遣抱翻控案交川督覆審。〔註65〕此次由署理四川總督廉敬進行審擬，二十七年二月，其將葉泳喜擬斬監候〔註66〕，但葉泳嬉堅不輸服，援眾證明白即同獄成之例擬議。而刑部以援引不符指駁，「飭令再行研鞫，務取輸服供詞。」〔註67〕

其後，又交與新任川督琦善覆審，直至道光二十八年六月十三日由琦善覆奏葉泳喜堅不成招係由畏罪狡展，已自具親供據實更正。就擬判而言，因該犯並未出繼，其與胞兄之妻葉黃氏通姦係屬內亂，罪名為重。葉泳嬉、葉黃氏均

〔註61〕四川總督寶興：《奏為審明榮昌縣民人葉泳喜遣抱告京控該縣誣奸斃命禁卒索詐多贓一案定擬事》，道光二十四年十二月二十六日，朱批奏摺，檔號：04-01-01-0818-030。

〔註62〕《清宣宗實錄》卷403，道光二十四年三月乙酉，中華書局1986年版，第7冊第46頁。

〔註63〕「潘鐸，字振之、木君，江蘇江寧人。道光十二年進士。官至雲貴總督。同治二年卒，諡忠毅。」〔清〕張集馨撰：《道咸宦海見聞錄》，杜春和、張秀清整理，中華書局1981年版，第97頁。

〔註64〕〔清〕張集馨撰：《道咸宦海見聞錄》，杜春和、張秀清整理，中華書局1981年版，第97～98頁。

〔註65〕刑部尚書阿勒清阿：《奏為榮昌縣民葉永喜等一案遣抱翻控請交川督覆審事》，道光二十六年八月十六日，錄副奏摺，檔號：03-3825-029。

〔註66〕署理四川總督廉敬：《奏為審擬擬絞通姦犯榮昌籍民葉泳喜遣抱翻控一案事》，道光二十七年二月二十八日，錄副奏摺，檔號：03-3827-028。

〔註67〕四川總督琦善：《奏為遵照部駁審明榮昌縣民葉泳嬉翻控姦通葉黃氏致死任媳一案分別定擬事》，道光二十八年六月十三日，朱批奏摺，檔號：04-01-01-0830-062。

應照奸兄妻者,姦夫、姦婦各決絞律,俱擬絞立決。〔註68〕朱批:刑部速議具奏。〔註69〕琦善另補充道:絞立決之案,一經接準部覆,即當行刑。〔註70〕七月初七日朱批:刑部知道。〔註71〕

　　據張集馨所載和琦善奏報可知,葉家相當有錢,雇覓訟師,多次京控,還在衙門安插耳目,「凡臬署此案提問、供詞、詳稿,葉允喜無不知之。」加上葉泳喜狡賴,獲得葉泳喜供詞的經過頗為曲折,即便在葉黃氏先承認自己是主謀後,葉泳喜每每也只是閉目誦經,「委員與犯人相習多日,始勸令供出實情,反覆開導,案有端倪。余恐犯供難信,因令自書長供,以為咨部確據。供詞寫畢,而此案定矣。」〔註72〕

　　審案不實的各員也受到了處分,如前署榮昌縣知縣孫濂因沒有立即前往驗屍而受到處分。〔註73〕

　　這起服制案件較具代表性,在第一次京控審擬後,川督指出葉泳喜出繼應在擬判時降服處理,而刑部議覆恩義已絕,殺人為重,應比照凡論。即使葉黃氏和葉泳喜入了秋審情實冊,但葉泳喜因富有財力請人作呈、再三遣人京控,始終不輸服,直到琦善究出主謀為葉黃氏,葉泳喜並未出繼,二人內亂之罪為重而定以絞立決。這類親屬通姦案件對倫理和法律都造成了極大的挑戰。清代的檢驗技術、證據規則以及吏役對案件的干預,種種因素致使真相併不容易查明。加之實行的「存留養親」制度為一些兇犯提供了開脫空間,捏造出嗣降服以規避重罪,初審時如果不是指出葉泳喜出繼,其所犯通姦罪足以使之立即被處死,而案件卻輾轉遷延多年才審明。此案還說明清代對於重

〔註68〕四川總督琦善:《奏為遵照部駁審明榮昌縣民葉泳嬉翻控姦通葉黃氏致死任媳一案分別定擬事》,道光二十八年六月十三日,朱批奏摺,檔號:04-01-01-0830-062。

〔註69〕四川總督琦善:《奏為部駁再次審擬榮昌縣民葉泳嬉通姦致命一案事》,道光二十八年七月初七日,錄副奏摺,檔號:03-3828-010。

〔註70〕四川總督琦善:《奏為審明四川民人葉泳嬉葉黃氏通姦案按律各應斬立決請飭部核覆事》,道光二十八年六月十三日,朱批奏摺,檔號:04-01-01-0830-063。

〔註71〕四川總督琦善:《奏為榮昌縣民葉泳嬉通姦殺人一案現已審明取具親供擬改罪名事》,道光二十八年六月十三日,錄副奏摺,檔號:03-3828-011。

〔註72〕〔清〕張集馨撰:《道咸宦海見聞錄》,杜春和、張秀清整理,中華書局1981年版,第97~98頁。

〔註73〕吏部尚書文慶:《題為查議四川省前署榮昌縣知縣孫濂等員報到命案不即糾出真情等處分事》,道光二十八年八月十八日,朱批奏摺,檔號:02-01-03-10899-015。

情的擬判，要求官員嚴格遵循「斷罪引律令」的刻板，條例之間存在競合，官員會援引失當；底層文人的貧困，以致舉人要通過代作呈詞以謀生等現象都可以從中找到印證。

除以上具體類別的重案外，還有搶奪、鬥毆、竊盜等具體案件都會成為積案，在此不再過度展開。

（三）學政衙門積案

紳衿作為有身份的群體，一般應遠離爭訟，然而自明代開始這類群體爭訟案件並不少見。生員既是地方屬民，亦是在籍士人，除受地方官約束外，其涉案還要學政衙門參與。嘉慶十二年之前，生員涉訟需申詳學政，「生員代人扛幫作證……其訊明事屬有因，並非捏詞妄證者，亦將該生嚴加戒飭。倘罔知悛改，復蹈前轍，該教官查明再犯案據，開報劣行，申詳學政，黜革。」此條例是乾隆三十六年七月經山東學政韋謙恒奏請纂輯而定。〔註74〕但學政每三年任滿，即須更換。平時按臨各府考試，不能常川在署，無暇稽查，導致學政衙門批查批審之案積壓甚多，嘉慶十二年江西學政衙門「未結者不下數百起，且有遲至十餘年尚未審結者」。而這類案件能否得到及時公正的審結實則充當了社會風向標的功能，「學政衙門批發事件關係士風民隱」。因各府州縣以學政批發事件並不報明院司，所以江西巡撫金光悌與學政汪廷珍籌議，奏請更改成例，「嗣後凡有在學政衙門控告事件，學臣一面批發，一面咨會臣衙門知照，仍通飭各該府廳州縣，於奉到批詞亦即先行報明院司，並於審詳後將查訊定擬緣由錄詳院司查核。其中遇有遲延，臣等得以查案飭催，庶各屬共知趕辦，不致再有叢積。」〔註75〕縱使通過學政和督撫進行雙重稽核，並不能杜絕積案，道光初年，杜堮任學政時，任內「批發府州縣查訊未據詳結者二百二十三件」，有司只能採取飭催速結，每半年分別舊案、新收、已結、未結，全部交給巡撫核催。〔註76〕

學政有時還要參與生員案件的審理。貴州省黎平府向來為學政最晚前往

〔註74〕〔清〕吳坤修等編撰；郭成偉主編：《大清律例根原》，上海辭書出版社2012年版，第1477頁。

〔註75〕江西巡撫金光悌：《奏為清釐學政衙門積案籌酌嗣後處置章程事》，嘉慶十二年正月二十二日，錄副奏片，檔號：03-2446-014。

〔註76〕無責任者：《奏為學政衙門詞訟案件有前任學政杜堮任內未結案件嗣後應分別新舊已結未結交巡撫核催事》，道光朝，朱批奏片，檔號：04-01-08-0178-003。

考試的地方，且學額有限。為了搶奪考試名額，嘉慶十五年黎平府革生歐必達、楊正謨以該府城內六所居民係開泰縣管轄，不應歸府考試等情，赴京呈控，奉旨交審。經護撫齊布森審明係歐必達等斂銀妄控，部議分別擬徒。嘉慶十六年，黎平苗族童生歐陽五彩又赴都察院呈控，嘉慶十七年五月初八日，據貴州巡撫顏檢和貴州學政胡枚奏報，「歐陽五彩之翻控總由楊光大、楊紹泗等二十餘人借控爭學額為名，斂銀肥己，不可不傳案訊實，從嚴懲辦。」〔註77〕

這類案件因為涉及到特殊身份問題，又會在不同的衙署之間周轉，加之生監群體會利用自身的知識和影響力干預案件的進展，因而也存在一定體量的積案。

（四）漕運總督衙門積案

漕督衙門、河道衙門、糧道衙門和鹽道衙門的案件因具有專業性導向，具有一定的代表性，也會呈現出不同的審理方式。以嘉道時期漕督衙門的積案為例，根據漕運總督斷斷續續的奏報，似乎一直未曾徹底清理。明朝曾設有漕運理刑，後廢置，「其理刑事務聽總督官委所屬」〔註78〕，清代因襲之，由漕運總督統管。

嘉慶五年二月，漕運總督鐵保檢查總漕衙門歷年飭發各糧道及府衛審訊的詞訟有600餘案未結，奏請以嘉慶元年為限，將之前的詳銷，將元年以後累積的110餘案，一體勒限4個月訊結，「如實因人證赴北交糧難以提質，准其先行報明，俟回空後結案，統以一年為限。」〔註79〕嘉慶十四年十一月，漕運總督馬慧裕奏明總漕衙門新舊未結控案計至嘉慶十四年八月初九日止，共340起，批發給淮安府等各屬審辦。因所控各件，「大半皆係僉丁造船贖屯脫籍，頭伍侵扣錢糧，書役勒揹串票及帳目等事，雖與地方重大之案稍有不同，即其一時未能訊結之故，亦緣官丁每歲南北往來總在途中之日久，兼之近年回空更晚，甫經歸次即屆受兌之期，勢不能再提人證集訊，此亦實在情形。」是故，督飭承審各衙門酌辦清理，「如應親提者，立即提訊，如未便親提致誤兌運者，

〔註77〕貴州巡撫顏檢、貴州學政胡枚：《奏為控案未結應請暫緩辦理黎平府考試事》，嘉慶十七年五月初八日，朱批奏摺，檔號：04-01-38-0121-043。

〔註78〕中央研究院歷史語言研究所編：《明實錄》101《明神宗實錄》卷110，萬曆九年三月癸巳，中央研究院歷史語言研究所1966年版，第2118頁。

〔註79〕漕運總督鐵保：《奏為清理積年未結控案事》，嘉慶五年二月二十四日，錄副奏摺，檔號：03-2429-007。

或派明幹之員前往水次查辦。」〔註80〕道光二年，漕運總督李鴻賓奏報「總漕衙門常有各省幫船呈控僉丁追費及浮收侵扣等事，是以控案每日積多。」李於上年到任時，接管313起舊案，一年多的時段內，銷結了187起。接收新案共107起，完結51起。尚有未結舊案和新案共182起。「現在丁船大半歸次，亟應趁此訊明完案。」〔註81〕以上事實都說明漕督衙門的積案具有特殊性，且每年基本只能在漕船歸次的時間段內審結。

嘉道兩朝，充斥著較多旗丁、糧船水手上控、京控的案例，且數量呈增多趨勢。涉漕類案件京控增多，雖與嘉慶皇帝勤求民隱、開放京控有關，也說明傳統的漕運制度設計存在問題，單純地依靠漕運總督等地方官員解決這類案件的效力大大折損，傳統的行政體制缺乏應變與活力。「為尋求公平，旗丁利用運漕之便赴京訴說冤屈，而由此引發的危機亦不容小覷，……嘉道時期，內河漕運頹勢與地方社會失序與此不無關係。」〔註82〕旗丁往往控告胥役需索、剋扣錢糧、漕政官員壓榨、各船幫之間發生的矛盾等。道光三十年御史奏報江蘇、安徽長淮等十五幫旗丁京控糧船水手迭次糾眾橫索，各幫逞兇訛詐。〔註83〕一般來說，糧船中旗丁是管理者，水手一般是雇傭者，應該互相配合以完成漕船運輸的順利，但隨著水手人員的複雜化和素質的低劣化，二者之間矛盾重重，對漕運極其不利。當然，因旗丁、水手隨著漕船南來北往，具有天然的「搭便車」京控的優勢，也是這一類京控案件增多的重要因素。

糧船水手案件也是積案中的一個特殊類型。自乾隆朝中後期，運河周邊的衛所制度經歷了較大的變化，原本的水手從屯田中解放出來，導致屯田與旗丁和水手逐漸分離並走向商業化運營模式，糧船私自雇募水手的情況逐漸增多，而招募的水手多是游民，逐水而居，漂泊無依，生活無著，羅教等幫會在其內部盛行，走私等不法行為甚囂塵上。水手跟隨糧船南來北往，致使案件遷延無期，給司法帶來了極大的挑戰。除信奉秘密教門外，這一群體內

〔註80〕漕運總督馬慧裕：《奏為清查未結控案事》，嘉慶十四年十一月初一日，朱批奏摺，檔號：04-01-35-0208-051。

〔註81〕湖廣總督李鴻賓：《奏報總漕任內新舊未結控案數目勒限分飭趕辦事》，道光二年十月十九日，朱批奏片，檔號：04-01-35-0242-011。

〔註82〕沈勝群：《嘉道時期漕運旗丁呈控案述論》，載《歷史檔案》2018年第4期。

〔註83〕參見都察院左都御史花沙納：《奏為江蘇安徽長淮等十五幫旗丁監生鄒士雄等京控糧船水手迭次糾眾橫索一案事》，道光三十年八月二十一日，錄副奏摺，檔號：03-3832-061。

部還發生械鬥,加重了治理難度。此外,林則徐還奏明糧船回空時,有些無籍匪棍,勾結水手,沿途滋事;破獲的多起搶劫案犯「均係糧船水手」,「匪棍等久視軍艘為逋逃之藪」,他還聽聞「游幫水手混名秀才李等,結夥盤踞丹徒江口,勒逼幫丁每船雇用四人,並於行李內暗藏器械,行兇肆擾等情。」〔註84〕為約束這類群體,清廷專門制定過糧船水手章程。

二、嘉道時期積案的特殊類型

步入衰世的嘉道面對內憂外患,社會問題不斷激化,給地方治理帶來了莫大的壓力。這些轉變也促使積案類型發生了轉變,治理難度顯著提高。

在兩大基本積案類型外,發生了一定的衍生與派生,主要是從細故轉化而來,抑或因案件具有特殊的性質而必須加以格外的關注。包世臣曾指出民間的雀角細故「若經年累月,奔走號呼,有司置之不理,是始既受氣於民,終更受累於官。則其憾無所釋,構怨泄忿。於是有糾眾械鬥者,有乘危搶劫者,有要路仇殺者,有匿名傾陷者,並有習見有司疲玩、不以告官徑尋報復者。此皆以積壓小案而釀成大獄,並使人心風俗日趨刁悍之實在情形也。」〔註85〕他清晰地認識到了細故若未得到及時妥善解決會釀成大案,官員也會因之受累。就案件性質而言,呈現不同的特殊類別;就管轄機構來講,也發生了一定的變化。

(一)控官控吏類案件

嘉道時期不乏呈控有身份者的案例,自乾隆中期開始,民告官(吏)的案件逐漸增多,如控告浮收勒折、重徵、亂科、審案不公、非刑等事關地方錢穀刑名重事。其中以控告官吏在錢糧方面呈現的浮收、勒折、侵賑等問題最為突出,這也是傳統農業社會可以想見的重大矛盾。如嘉慶三年,建昌縣鄉長呈控該縣三任知縣林祥、定柱、雙福勒令鄉約向各村斂錢,皇帝特派胡季堂、特克慎前去審辦。〔註86〕如英和經手查辦的李陳聯控告銀匠甘泳春「每交條銀一兩,索錢一千四百八十文之外,加錢一百文」,漕總卜九成每交米一

〔註84〕〔清〕林則徐:《拿獲滋事水手及逃走太監片》(道光十二年十一月二十九日),林則徐全集編輯委員會編:《林則徐全集》第1冊,海峽文藝出版社2002年版,第229~230頁。

〔註85〕〔清〕包世臣撰:《包世臣全集》第3冊,李星點校,黃山書社1997年版,第375頁。

〔註86〕《清仁宗實錄》卷36,嘉慶三年十二月丙午,中華書局1986年版,第1冊第401~402頁。

石，浮加九升及一斗二三升不等。後查明甘泳春確實有索詐得贓之事，將其發近邊充軍，卜九成身死不論。〔註87〕

控官抑或控吏案件，向來須由上司衙門受理，若民眾歷控府道司院未經得到審理，則可通過京控形式揭報。京控案件中控官控吏佔據了相當大的比重。李典蓉老師據我國臺灣所藏檔案統計出各直省京控官員案件的比重為19%，控告吏役丁書的比重為27%。〔註88〕可見，控告官吏幾乎佔據京控案件一半的比重。民眾除自行通過京控形式告官告吏外，官員和當地的紳衿群體在訴訟中也發揮了重要的推動作用，第一，部分官員享有奏事權，當回籍或與同鄉戚友聯絡後，可將聽聞的事情直接向朝廷奏疏；第二，紳衿群體和京官具有鄉誼、親友、師生等多層社會關係，可將事情原委和重要物證寄送給京官群體，由京官運作將這些事情上奏給皇帝。控官控吏類案件有多種表現，以下僅列舉幾例：

1 控官審斷不及時不公正

案例1：汾陽縣知縣李景陽審理詞訟易結不結致釀人命案

嘉慶十四年十一月二十五日，刑部右侍郎署山西巡撫初彭齡向皇帝奏報汾陽縣知縣李景陽審理詞訟易結不結致釀人命之事。

據載，山西汾陽縣監生李佐禹赴縣衙呈告民人王選隴借銀不還，知縣李景陽傳訊未結。王選隴又以李佐禹假約圖詐，具詞到知府衙門控告，知府批委孝義縣關審，李景陽飭差楊榮九傳喚，將李佐禹關押班房，自縊身死。屍兄李佐堯控告李佐禹係被縣役楊榮九毆打致斃，並稱李佐禹先因訟案曾帶銀赴城營干等情。

經查明，嘉慶十三年，監生李佐禹在縣犯賭慮恐革究在先，汾州府經歷馬名錦以財行求。縣役楊榮九無毆打李佐禹之事，惟將李佐禹揪扭擦傷，及經赴縣鎖押班房，又向混罵，以致李佐禹自盡。汾陽縣知縣李景陽承審此案，雖無聽囑得贓情事，卻因李佐禹狡供，一任延案，易結不結，致釀人命，實屬不職，奏請將解任汾陽縣知縣李景陽革職。十一月二十九日奉朱批：該部議奏。〔註89〕

〔註87〕〔清〕英和：《恩福堂年譜》，載北京圖書館編：《北京圖書館藏珍本年譜叢刊》第133冊，北京圖書館出版社1999年版，第387頁。
〔註88〕李典蓉：《清朝京控制度研究》，上海古籍出版社2011年版，第155頁。
〔註89〕署理山西巡撫初彭齡：《奏為審明汾陽縣知縣李景陽審理詞訟易結不結致釀人命暨經歷得贓關說案按律定擬事》，嘉慶十四年十一月二十五日，朱批奏摺，檔號：04-01-26-0021-020。

此案因賭博細故引發，而汾陽縣知縣並不及時照例審結，李佐禹害怕被革去監生身份而開始營求，引發一系列賄求行為，又因其自縊身死，屍親告官有據。作為奏交案件，按察使卻並不用心審理，其中劉清並不審訊，張曾獻希圖徇護，促使案件一再升級。若非初彭齡運用鐵腕查明，此案的結局尚不可知。這個案子說明清代法網繁密，賭博等案件，官民一併承擔責任，因此即便是知縣初審察出實情，也會進行通盤考慮而予以拖延。犯賭往往會被斥為道德敗壞，有功名身份之人將被革去功名。這是制度設計能預料到的結果。故薛允升考察清代「賭博」律例源流時不禁指出，往往只有禁賭之名，鮮有認真查挐的官員，「不曰彈錢，即曰檢拾廢具。千篇如一，冀免失察處分。」而吏治頹壞致使風俗日偷，盜風愈熾。〔註90〕這種觀點形容嘉道時期的風氣亦未嘗不可。初彭齡奏摺中列明「王選隴因拾有寶盒」已是明證，倘追究是誰造賣賭具，將牽連更多的人。一旦犯賭，官與民都承擔責任，所謂的「撿拾」之說，多半是官員的修辭術和彌縫法。

案例2：福建龍溪縣李應神被李都等毆斃賄縱未結事

嘉慶二十五年十月初七日，福建漳州府龍溪縣監生李盤鳴遣抱告李苗京控，據稱嘉慶十五年十月三十日，其弟李應神被李都夥同李域等人列械損殺，李應神逃避不及，「背後肋被李域刀殺，骨折透內，左右肩甲、脊背被李含等戳傷，登斃。」然而李都等人花錢賄串各胥役，使得案件延宕，久拖不決。屍親迭次上控，均未審結，「俾使故殺之案，懸十一載。」由此發起了京控。〔註91〕

案例3：山東平原縣監生王進祥京控縣役因索詐未遂誣告毆死乞丐未結事

嘉慶二十五年，山東平原縣監生王進祥京控。比較特別的是，呈控者在狀紙中載明要求特派欽差前往審案。

據呈狀，王進祥頗有田產，嘉慶二十一年二月初四日夜，有一個不知姓名的男丐在王進祥莊頭廟外自行失跌身死。之後，快役侯安、侯太等藉端向其訛詐未遂，又勾結外來乞丐周繼伸捏以夥死不明等詞控縣，蠹役還與韓梓勾通誣證，開始誣扳王進祥毆打乞丐致死，後又誣捏王進祥的侄子王和打傷男丐致死。其嫂王張氏由府控司、控院，又控臬憲。王進祥也於當年七月京控，後朝

〔註90〕〔清〕薛允升著；胡星橋、鄧又天主編：《讀例存疑點注》，中國人民公安大學出版社1994年版，第758頁。

〔註91〕福建龍溪縣監生李盤銘：《為控伊弟被李都等毆斃賄縱未結事呈狀》，嘉慶二十五年十月初七日，呈狀，檔號：03-2266-006。

廷將奏案發回本省審理。王張氏又於二十三年三月二次京控，又發回本省交臬司溫承惠審辦，溫承惠先後轉委屬員已審明案情，「嗣因溫臬憲離任以後，不知何故，隨將周繼伸、韓梓提禁外押，故意遲延，結案無期。」王進祥又於嘉慶二十四年九月，據情稟明新任臬憲，批發屬員辦理，「至今不詳不結」。「惟將生叔侄嚴押在省。痛思生叔侄被冤四載，苦刑無數，家業凋零，糊口不及，苦不堪言。且案已訊明得實，而今生叔侄仍被鎖押，拖累無底，冤何極矣。似此勾訟者，罪有應得；誣證者，亦難逃法網。乃竟均各提禁。可見有幸，有不幸也。而國法安在哉？總之，此案於官有礙，官與官徇情恐傷同僚，致令小民冤弊已耳！為此夜奔，三叩京控，叩憲恩准覆奏，飭發欽差。庶案可定讞而冤可得鳴。」〔註92〕

這個案子十分有意思，第一，涉及差役、仵作等員索詐誣捏，知縣卻包庇他們；第二，遷延四載，是一個迭次上控乃至原告京控三次、被告赴京翻控一次的案件；第三，京控奏交案件在地方也多係督撫委員審理；第四，官員之間存在迴護和請託；第五，山東當時正屬積案重災區，且山東省級大員之間存在矛盾，以致於民眾在狀詞中都不禁言明「於官有礙」；第六，官司造成民眾拖累無窮、蕩產失業等情形所在多有，此呈控人饒有資產還足以支撐其迭次京控，一般無力小民或許只能忍受不白之冤；第七，民眾對本省官員不信任，旋平旋翻，以致於要求欽差親審；第八，京控的背後往往有訟師代作詞狀，而當時山東訟師泛濫，地方官為息訟正掀起查拏訟師運動；第九，當時山東有民不畏官，官反被民纍之風。

五月十三日，都察院將此案奏報皇帝，得旨：「王進祥以縣役栽傷串誣等情，連次赴京呈控。發交該省，業經審明，乃因迴護知縣處分，懸案數年不結。如果屬實，是但知官官相護，不顧民怨罔伸，吏治豈復可問？」命令山東巡撫錢臻立即親自秉公查訊。〔註93〕十月二十二日，此案正式審結。〔註94〕

〔註92〕山東平原縣監生王進祥：《為控縣役因索詐未遂誣告毆死乞丐至今未結事呈狀》，嘉慶二十五年，呈狀，檔號：03-2337-021。

〔註93〕《清仁宗實錄》卷370，嘉慶二十五年五月戊辰，中華書局1986版，第5冊第895頁。

〔註94〕山東巡撫錢臻：《奏為審明平原縣監生王進祥京控縣役侯安等訛詐不遂勾串誣陷一案按律定擬事》，嘉慶二十五年十月二十二日，朱批奏摺，檔號：04-01-01-0608-026。

案例4：高士智投書御史稟告上司遲延未結匪案事

嘉慶二十二年九月，御史卿祖培奏稱代理湖北通山縣事武昌府經歷高士智投遞書信一封。內載他於嘉慶二十一年冬「拿獲手刺叛逆字樣之匪犯劉潮青等，疊稟該省上司，遲延未結」一事。二十二日，上諭將此案交由新任總督慶保、會同巡撫張映漢迅速親提審結。〔註95〕次年三月，慶保和張映漢具奏高士智拿獲手臂有刺字的劉潮青和劉潮雲並非教徒，高士智抹煞典史獲解情節稟報，希圖冒功，後因案久未結，又藉詞挾制大員，奏請將高士智革職發往軍臺效力贖罪。〔註96〕道光元年正月，皇帝才將軍臺廢員高士智等人加恩釋回。〔註97〕

下級官員告發上級官員，也比較特殊。此案與清代統治者最為關注的邪教問題有關，加之高士智以下犯上，若查證屬實，則直接關係到陝西和湖北兩省查拿教匪問題，從根本上來說，其牽涉的利益巨大，不僅事關一縣一府，還牽連兩省大員。就民眾而言，此事若屬實，必然會掀起大規模查拿清掃活動，陝鄂等省因白蓮教問題已歷經兵禍，民眾實在不堪折騰，也會給地方官帶來更大的治理壓力。再者，嘉道時期打擊妄投書函和匿名揭貼等行為，此案中高士智有邀功之嫌，貿然赴京投函，已從根本上為皇帝所斥責，無論其指陳情節虛實，他已然站在了不利的一面。從這些層面來說，壓制這一案件也是可以想見的，坐實其罪，也在情理之中。

2. 控告浮收侵吞——羅山縣民人潘有富京控舞弊浮收侵吞入己事

嘉慶十二年，河南省汝寧府羅山縣民人潘有富京控已被革除更名復充之銀匠戴東美等舞弊浮收侵吞入己賠累難堪事。潘有富稱其為南一約裏書，嘉慶十一年間，他在催辦地丁錢糧和額派土方銀等事務中，先後遭遇侵吞浮收和賠累等事，將銀匠、倉書等人「藉公坑人，指官撞騙，使民賠累，情實難堪」之事歷次具稟知縣、知府；又分控院、司衙門，均批交汝寧府知府親提確審，而報案多時，汝寧知府並不提訊，故發起了京控。〔註98〕因案件延擱多時，為避免地方官迴護原審，六月二十三日，皇帝遂派欽差大臣光祿寺卿

〔註95〕《清仁宗實錄》卷334，嘉慶二十二年九月癸亥，中華書局1986版，第5冊第409頁。

〔註96〕湖廣總督慶保、湖北巡撫張映漢：《奏為遵旨審明代理湖北通山縣事高士智投書御史稟告上司遲延未結匪案分別定擬事》，嘉慶二十三年三月初六日，朱批奏摺，檔號：04-01-01-0579-009。

〔註97〕《清宣宗實錄》卷12，道光元年正月乙亥，中華書局1986版，第1冊第242頁。

〔註98〕河南羅山縣民潘有富：《為控舞弊浮收侵吞入己事》，嘉慶十二年，呈狀，檔號：03-2209-065。

錢楷攜帶司員馳往河南和河東河道總督吳璥一起審理。〔註99〕七月二十一日，錢楷和吳璥將審辦的大概情形具奏。潘有富原呈稱兩次借得大錢一百五十錢文給倉書等代為花戶墊納乃含混說辭，倉書馬超群等堅稱委無浮收摺收情事，並呈出簿據串票質之，潘有富又別無證據。〔註100〕七月二十六日，皇上指示「必須詳悉根訊，以成信讞」，要求錢楷等人應當秉公推鞫定擬。〔註101〕八月初九日，錢楷和吳璥將潘有富控案正式奏結。他們審明潘有富係挾嫌誣告聽從訟師姚東山主唆，赴京誣控，奏明將潘有富治罪，並嚴究訟棍姚東山。〔註102〕

3. 漕糧爭訟

漕糧爭訟屬於較為特殊的案件類型，按現代法學，浮折勒折一般被看作是經濟類犯罪活動。這種爭訟，除糧戶外，紳衿也是重要的原告群體組成人員。糧戶一般控告里書、總書、漕書、差役、官員等，涉及漕糧賦稅徵收全過程。而紳衿則多以民意的代言人自居，以控官為主。控官控吏中以漕糧爭訟比較獨特，而以江南地區的漕糧爭訟最為普遍。清朝江南稅賦向為天下之最，其中又以蘇、松、常等地為重，「蘇松重賦，沿官田租額為糧額，故常六七倍於同省，一二十倍於他省。」〔註103〕道光九年，江南蘇松道所徵稅賦即占全國漕運總額的 1/3 強。〔註104〕道光十三年，林則徐奏稱「漕務瀕於決裂，時刻可虞」，其四府一州「自道光三年水災以來，歲無上稔；十一年又經大水，民力愈見拮据」，道光十三年「糧價日昂，實從來所未見」。〔註105〕在

〔註99〕《清仁宗實錄》卷182，嘉慶十二年六月癸巳，中華書局1986年版，第3冊第398～399頁。

〔註100〕光祿寺卿錢楷、東河總督吳璥：《奏為會審河南羅山縣民范錫爵潘有富二起控案請將知縣鄧應熊解任審辦事》，嘉慶十二年七月二十一日，朱批奏摺，檔號：04-01-01-0507-025。

〔註101〕中國第一歷史檔案館編：《嘉慶道光兩朝上諭檔》第12冊，廣西師範大學出版社2000年版，第397頁。

〔註102〕光祿寺卿錢楷、東河總督吳璥：《奏報審明河南羅山縣民潘有富捏控舞弊浮收分別定擬事》，嘉慶十二年八月初九日，錄副奏摺，檔號：03-2205-027；光祿寺卿錢楷、東河總督吳璥：《奏為會同審明河南羅山縣民潘有富呈控銀匠倉書採買地丁土方等項舞弊浮收案按律定擬事》，嘉慶十二年八月初九日，朱批奏摺，檔號：04-01-01-0509-024。

〔註103〕〔清〕馮桂芬：《與陸督部書》（己酉），載〔清〕馮桂芬著：《顯志堂稿》（中），朝華出版社2018年版，第540頁。

〔註104〕參見李文治、江太新：《清代漕運》，中華書局1995年版，前言第3頁。

〔註105〕林則徐全集編輯委員會編：《林則徐全集》第1冊，海峽文藝出版社2002年版，第284頁。

災害頻發之際，小民的生存何其艱難，卻依然避免不了官吏的盤剝，故小民為了口食往往控告或抗官，州縣也以刁抗為患。「究之各執一詞，皆非虛捏。蓋緣丁力久疲，所領行贈錢糧，本有扣款，而長途挽運，必須多雇人夫以及提溜打閘，並間有遇淺盤剝，人工倍繁，物價昂貴，用度實屬不敷，勢不能不向州縣索費。州縣既須貼費，勢不能不向糧戶浮收」。〔註106〕蔣攸銛奏疏揭露了漕弊與訴訟乃至抗官事件之間的關係。

案例：山東惠民縣孟永恭、蘇盤銘呈控漕糧浮折事

嘉慶十五年，山東武定府惠民縣民孟永恭和濱州民蘇盤銘分日以漕糧浮收赴都察院具控，「皆係呈告該州縣徵收錢糧，每一兩連耗加至三錢數分外，又派火工串票京錢一百餘文，其漕糧每石多收至一石五斗及兩石不等外，又加車價京錢二弔，且本色徵未及半即閉廠勒折，每斗京錢一千五六百文，較之市價亦多兩倍。」因孟永恭和蘇盤銘本身名下應完漕糧有限，都察院官員認為「乃一則糾同親族各戶赴縣包封；一則攬取地方公費私行賄囑。綦其情事顯係為從中包攬，藉端漁利，繼因所欲不遂又多方訐告，藉以挾制州縣，其素行必非安分之徒」，但也指出「閱呈內開列兩州縣浮收數目，大略相同，或者該有司實有苛累病民之處，必當徹底查究以儆官邪。又據控承審各官扶同偏袒，並院司書吏騙詐分肥，虛實亦當訊辦。」〔註107〕都察院於是奏報給皇帝，當日奉旨將這兩案交山東巡撫吉綸審辦具奏。

4. 告賑類

案例1：山東單縣民人房允平減口吞賑案延宕未結事

嘉慶四年，山東曹州府單縣民房允平以減口吞賑供招確鑿，無奈承審官並不迅速辦結等情，呈控到都察院。據稱，嘉慶二年七月，單縣發生水災，蒙恩撫恤。自二年七月至四年四月，兩任知縣將撫恤銀兩並未全數實放，並將災戶減口。房允平先在提督衙門控告，後又在巡撫衙門稟告，卻延擱尚未審結，遂至京控。都察院請旨將此案敕交山東巡撫陳大文迅速審結。〔註108〕

案例2：寶應縣地保仲誠夫呈控因陳鳳山控告賑務未結致伊拖累一案

〔註106〕〔清〕蔣攸銛：《擬更定漕政章程疏》，載〔清〕賀長齡、魏源等編：《清經世文編》卷46，中華書局1992年版，第1099～1101頁。

〔註107〕都察院左都御史王集等：《奏為山東惠民縣孟永恭等呈控漕糧浮摺事》，嘉慶十五年十二月初十日，錄副奏摺，檔號：03-1755-062。

〔註108〕都察院：《奏為山東單縣民人房允平減口吞賑案延宕未結事》，嘉慶四年十月十一日，錄副奏摺，檔號：03-2179-011。

嘉慶二十四年二月初三日，兩江總督孫玉庭審明寶應縣地保仲誠夫赴都察院衙門呈控，因陳鳳山控告賑務未結，致伊拖累一案。據奏，周吉人、姚世榮、張樹、陳鳳山等先後呈控寶應縣辦賑捏冒均屬誣告，地保仲誠夫接查次貧戶冊，因事後記憶不清，少開四戶。仲誠夫因隨同委員查賑，致被牽訟，歷控府院，並赴京呈告，意在釋累，與有心誣陷他人者不同，惟呈訴不實，亦難寬貸，應請照申訴不實律，杖一百折責發落，革役。〔註109〕

（二）因上控而使細事轉化為重情的案件

所謂的細事轉化為重情，實則有兩大方面的內容：第一，就原告角度而言，是指在誣告律例存在的前提下，原告在呈詞中將細事捏造為重情，使得被告有可能承受嚴重的刑罰，但因所控虛誣而受到反坐；第二，是指因訴訟行為而引發的賄賂、需索、徇私包庇等犯罪，乃至迭控不休、翻控復控等行為，而使得案件呈現出更為複雜的面相。如邱時成京控案，雖歷經十七載，實則是將過往陳事牽敘案中，誇大其詞，從而讓簡單問題複雜化。

自嘉慶朝開放言路，放開京控後，自理詞訟類案件京控逐漸增多，石怡據清代歷年有關京控定例的研究指出「條例在修改完善中逐漸開始對『自理詞訟』類京控案件的出現予以限制」，「但同時從另一側面，也可認為當時民間社會時有試圖通過京控渠道解決自理詞訟的現象出現」。〔註110〕為此，嘉慶朝不斷完善越訴和誣告定例，逐漸規範京控的受理範圍和京控程序。就程序而言，必須是當事人窮盡地方縣、府、道、司、院的司法程序救濟方可到京呈控。就呈控內容而言，如誣扳、挾嫌圖詐等將受到嚴懲。

小事激化成大事比較常見，如道光年間吳成仿京控典田復賣等案，於道光十五年由林則徐審明：吳成仿先聽從其父吳正祥強割張昇貴稻穀，逞兇毆傷佃戶羅上衡等人；其父在管押期間患病，取保回家後病故，「混稱被誣、刑禁致死」；另外，他還在「縣審恃蠻頂撞，經書差站堂吆喝，因此挾嫌圖累，誣指詐贓各情，飾詞京控，迨經審虛，尚復逞刁不服，情殊狡詐。」最後林則徐奏請將其照「驀越例」，發邊遠充軍。〔註111〕

〔註109〕兩江總督孫玉庭：《奏為遵旨審明寶應縣地保仲誠夫呈控因陳鳳山控告賑務未結致伊拖累一案按律定擬事》，嘉慶二十四年二月初三日，朱批奏摺，檔號：04-01-08-0035-016。

〔註110〕石怡：《清代京控中的國家與社會研究》，東北師範大學2016年博士學位論文，第40頁。

〔註111〕林則徐全集編輯委員會編：《林則徐全集》第2冊，海峽文藝出版社2002年

案例 1：陝西漢中府城固縣民人王之林呈控李芳生等強開堰渠迭控未結一案

嘉慶六年，陝西漢中府城固縣民人王之林至都察院呈控。據供，嘉慶五年李芳生等突行挖傷他家田地的青苗、強栽柳樹，兩次搶割麥糧。王之林屢控至縣、道、府，並迭控巡撫。然而冤苦莫伸，只得攜帶印契地圖及本縣告示，赴京呈控。〔註 112〕當天，皇帝命將此案交陝西巡撫陸有仁秉公訊審。

這類田土案件，向被視作細故，但因迭次審斷難以折服原告，以致頻繁上控，最後走到了京控地步。六月，陸有仁具奏王之林呈控不實，將其按律治罪。〔註 113〕

案例 2：汪從信案

下文將對汪從信案加以分析，勾勒出一件田土爭訟如何成為京控大案。

乾隆朝晚期，白蓮教開始在湖北省蔓延，尤其是在深山巨谷的鄂西北一帶肆虐。嘉慶元年二月，號稱有三大教首各率眾數萬，四處侵暴，屠戮無辜。〔註 114〕其中一個教首名曹海揚（其頒布的命令有「海令」字樣），總領湖北竹山縣和附近陝西白河縣等地教務，至嘉慶元年四月經官方剿捕被斬首。〔註 115〕本案主角汪從信的父親很可能死於這次剿捕活動中。

嘉慶二十五年五月十八日，步軍統領英和等人向皇帝奏報陝西白河縣民汪從信控王奇爵霸佔家產以及差官誆去銀兩契據案之事。〔註 116〕據汪從信供，其年二十五歲，住在陝西白河縣蔓營坡。其母曾因躲避白蓮教逃至湖北，至嘉慶二年六月回家，所有田產俱被地棍王奇爵霸佔。當時他的母親因念及汪從信年幼（注明：汪從信為遺腹子，嘉慶元年出生），無處伸訴，仍回湖北紡織過渡。到了嘉慶十八年，白河縣難民產業準原主認領，汪從信在當年

版，第 159～164 頁。

〔註 112〕 都察院左都御史西成等：《奏為詰訊陝西漢中府城固縣民人王之林呈控李芳生等強開堰渠迭控未結一案事》，嘉慶六年二月二十七日，錄副奏摺，檔號：03-2182-003。

〔註 113〕 陝西巡撫陸有仁：《奏為遵旨審擬城固縣民人王之林京控不實事》，嘉慶六年六月十一日，錄副奏摺，檔號：03-2431-028。

〔註 114〕 趙爾巽等撰：《清史稿》卷 489，中華書局 1977 年版，第 44 冊第 13506 頁。

〔註 115〕 中國社會科學院歷史研究所清史室、資料室：《清中期五省白蓮教起義資料》第 1 冊，江蘇人民出版社 1981 年版，第 96 頁。

〔註 116〕 步軍統領英和等：《奏為訊問陝西白河縣民汪從信控王奇爵霸佔伊家產業差官誆去銀兩契據案事》，嘉慶二十五年五月十八日，錄副奏摺，檔號：03-2490-003。

十二月，回至本縣認產，而王奇爵卻已串通縣書謝起章將他的家產報為絕產買走。汪從信「隨先後赴本縣本府及臬司前控告，俱各稽延，不為公斷」，遂於嘉慶二十三年十一月，攜帶完糧串票和置產契據到京告狀。他於十二月抵達京城，遇見洵陽縣（今旬陽市）籍兵部差官侯天榮（陝西武舉出身）。據說侯天榮向他索要銀兩，要去借票一張，並將他的串票紅契誆去作押。汪從信在京城盤桓一年，至二十五年正月，赴步軍統領衙門控告。

因案內涉及官員侯天榮，步軍統領即進行了審理，行文傳喚差官侯天榮，查明侯天榮已回原籍，因此京中無憑傳訊，故奏聞皇上訓示。五月十八日奉旨：將此案交陝西巡撫朱勳。〔註117〕

九月二十七日陝西巡撫朱勳將汪從信案審理結果奏報導光帝，對於汪從信父親和所爭田產的性質進行了交代：此案汪從信之父汪恆普並伊堂伯汪名士聽從教匪曹海揚勾結滋擾至白河縣薹營地方，經官兵將汪名士擒獲正法，汪恆普由賊營逃出畏罪自盡，所有產業例應入官。「嘉慶十八年南山各屬查出叛產，奏明變價出示招買，所有汪名士、汪恆普入官地畝房屋，經告病白河縣知縣周獻奇經手估變，王奇爵繳價呈買汪名士叛產一分。汪陳氏心生覬覦，歷赴府司呈懇領買，因未准理。汪從信起意赴京控告。」王奇爵繳價承買並無不合，乃汪從信因爭買未遂，輒起意赴京捏告王奇爵等人，並架捏侯天榮指稱打點誆騙銀兩、勒寫借票。訊屬虛誣，律應反坐，但汪從信係逆犯汪恆普之子，律應緣坐，應從其重者論，汪從信應照奏定章程改發新疆給官兵為奴，照例刺字，並飭該縣將汪陳氏照律緣坐。叛逆緣坐之犯，情節較重，不准援引恩詔赦免。〔註118〕

這次審判作出的完全是不利於汪從信的判決，首先指出其爭奪的產業是入官叛產，官方變賣、王奇爵承買均無不合，侯天榮也完全出於同鄉之誼，資助並勸告汪從信不要京控。但汪從信個人刁詐，牽敘上控。朱批：刑部議奏。

之後因刑部咨文指出「以嘉慶十八年奏辦逆案緣坐人犯，凡逆犯罪應凌遲斬梟者，其家屬緣坐；其罪止斬決者，無庸緣坐。……行令將汪恆普犯事

〔註117〕中國第一歷史檔案館編：《嘉慶道光兩朝上諭檔》第25冊，廣西師範大學出版社2000年版，第221頁。

〔註118〕陝西巡撫朱勳：《奏為遵旨審明白河縣民汪從信京控王奇爵霸佔家產等情一案按律定擬事》，嘉慶二十五年九月二十七日，朱批奏摺，檔號：04-01-01-0608-016。

原案查明實據，按照章程妥議具奏。」經確查，「汪從信並伊母汪陳氏應照部議章程毋庸緣坐。」但汪從信應依誣告律發近邊充軍，可援恩詔赦免，即遵駁改正罪名。〔註119〕

當然，朱勳也看到了案卷中的疑點，「此案汪名士入官地畝原係價銀二百六十二兩」，而節次查明王奇爵承買契據內開價銀六百兩。〔註120〕十月初十日，奉旨依朱勳所奏將前任白河縣知縣周獻奇革職，押解到陝審究。〔註121〕道光元年三月二十六日，周獻奇押解到陝，經訊明是戶房經書謝起章和戶書李文遠舞弊，已革知縣周獻奇訊無串通侵蝕情事，准其開復。〔註122〕

這就是一起典型的小事激化成京控的案子，汪從信及其母親因屢次承買入官叛產不遂便起意京控，到達京城後又因與同鄉的差官侯天榮發生齟齬而將其牽扯入告。最終審明均為虛誣，以誣告反坐定罪，幸有恩赦得以幸免。若從十八年承買不成即屢次訴訟起算，到道光元年已經遷延8年，其中必然與佃農、買主和官府多次發生摩擦。就汪從信所採取的京控策略而言，不免包裝、隱飾和牽敘的情節，尤其以串通書吏和職官索詐為重點，否則單獨的田產之爭並不會引起步軍統領衙門的過多注意，即便受理，最多也是咨回本省辦理。

（三）濫訟和刁訟

清代流行的話語——「圖準不圖審」「圖拖不圖結」「包準不包贏」等，一方面表明了民眾的刁健，有些民眾單純因私怨而將他人拖入訴訟環境中；另一方面也說明訴訟門檻比較高，在「不准理」的情況下，如何讓衙門准理便成為了一大難題。上述汪從信的案子在很大程度上即屬於濫訟，入官叛產與其家族不再有任何關係，衙門進行正常的招買工作，被他人承買合情合理。而汪從信母子心生覬覦，屢屢控官，乃至牽砌官差誆錢情節，發動京控，無疑浪費了大量的司法資源。乾隆二十四年，江蘇學政李因培即奏稱他在察訪

〔註119〕陝西巡撫朱勳：《奏為白河縣民汪從信京控王奇爵霸佔家產等情一案遵駁改正罪名事》，道光元年正月十二日，朱批奏摺，檔號：04-01-01-0619-013。

〔註120〕陝西巡撫朱勳：《奏請將前任告病白河縣知縣周獻奇革職審訊事》，嘉慶二十五年十月初十日，錄副奏片，檔號：03-1809-069。

〔註121〕中國第一歷史檔案館編：《嘉慶道光兩朝上諭檔》第25冊，廣西師範大學出版社2000年版，第454頁。

〔註122〕中國第一歷史檔案館編：《嘉慶道光兩朝上諭檔》第26冊，廣西師範大學出版社2000年版，第235頁。

訟師時，「飭提各卷查核，內有一人而歷訟數十年，一事而翻告十餘載者；有一人積至數案及數十案者，有一年數月之間分頭控告數案及十餘案者。有司或審斷不公，或息而不審，或情罪已明，姑息率結，或旁生枝節牽連不休，致該生等毫無忌憚，視訟為戲。」〔註123〕經其奏請，江蘇一省設立了專門的生監稽訟簿。

1. 濫訟

當然，濫訟在很多時候是當事人所追求的公平和官員的判決結果之間形成了較大的反差。加之，傳統社會並沒有明確的終審制度，故而當事人可以圍繞一事不斷控訴。有時候，官員為了片面地追求審判數量，也確實存在審結不當的行為。以嘉慶晚期的山東省積案為例，嘉慶二十三年該省在短短的幾個月內將按察使司衙門的6100多件積案審結了5400多件，二十四年開印後，才一個多月「又審結六百四十餘起。」〔註124〕溫承惠在山東按察使任上發揮了重要作用，對於積案清理，雖然在總量上成效顯著，但質量存在極大的問題，是故程國仁密陳：「其實，此內非原告不到詳銷，即兩造和息擬結，求其剖斷曲直、按律懲治者不及十之二三。轉瞬已結復翻，舊案又成新案，越控之風仍然未息。」〔註125〕此即說明溫承惠所結案件依法辦理者較少，且存在大量翻控越訴的情形，案件越積越重。繼任按察使童槐也揭露「溫承惠辦過各案內，如單縣盛時氏所控之典史，輿論多為稱屈，恐審擬未免過當；其茌平縣周洪義呈控郭二五等，及淄川縣獲犯馮如堂等兩案，據署濟南府知府戴嘉穀稟稱，溫臬憲辦理未允，聽候察核。」皇帝在「多為稱屈」劃上紅線，表明對審判質量的關注。童槐還稱溫承惠在辦案過程中，「一案牽扯數十人」，使得監獄人滿為患。〔註126〕以上種種說明進入訴訟範圍的案件因審辦不當而帶來諸多問題。是故，對於民眾的濫訟翻控行為，也應抱持客觀的態度。

〔註123〕江蘇學政李因培：《奏請立稽查詞訟之法事》，乾隆二十四年二月十三日，朱批奏摺，檔號：04-01-01-0229-068。

〔註124〕山東按察使溫承惠：《奏報審辦東省陳年積案數目事》，嘉慶二十四年四月初二日，錄副奏片，檔號：03-1640-028。

〔註125〕山東巡撫程國仁：《奏為手繕密陳東省吏治民風衰頹敗壞情形事》，嘉慶二十四年八月十九日，朱批奏摺，檔號：04-01-13-0214-002。

〔註126〕山東按察使童槐：《奏為遵旨查明前任臬司溫成惠積案枉斷事》，嘉慶二十四年九月二十三日，朱批奏摺，檔號：04-01-12-0338-001。

案例：羅山縣范錫爵控告懸案未結事

嘉慶十二年六月二十三日，河南汝寧府羅山縣人捐職從九品范錫爵遣抱告侄子范立權至都察院呈控。

據稱，其堂叔范玉安於嘉慶十一年四月初二日夜晚被賊謀殺身死，報縣驗明，經被外差姜雲曉盤獲正兇任自安到縣，又有另役拿獲夥犯聞繩、姚秉升到案，俱供認謀殺不諱，當將三犯收禁，並在聞勝德、聞勝道家取出凶刀贓物，貯庫。而知縣並不錄供詳辦，忽將三犯提禁散押班房，擱架不究。屍親控府兩次，三控臬司，批府未審，復三控巡撫，均批府審訊，轉委汝陽縣及張委員同本縣會審，仍擱不辦，范錫爵被鎖押不放，叔死無償。為此遣侄范立權京控。〔註127〕

六月二十三日，都察院左都御史賡音等奏報此案，請旨敕交河南巡撫馬慧裕親提審擬具奏。〔註128〕當天，皇帝下達諭旨批評撫臣馬慧裕雖然操守素尚謹飭，但「情性疲軟，屬員不知畏懼」，因范錫爵案將其交部議處，而將此案與羅山潘有富案一併派錢楷前往河南審訊。〔註129〕七月十八日，河南巡撫馬慧裕奏明范錫爵於嘉慶十一年內三次赴臬司衙門具控，均由調任臬司方受疇任內准理發府集訊，請旨將方受疇一併交部議處。〔註130〕七月二十一日，錢楷和吳璥將會審范錫爵控案大概情形具奏，已基本研訊出任自安、聞繩、姚秉升三犯並非砍死范玉安的兇犯，旋認旋翻乃由於刑訊逼供，范錫爵也沒有確證證明這三人是兇犯。另外查出范錫爵有恃符咆哮情事，所以被知縣管押半年。但知縣延擱正案，激令上控之處應詳悉根究。請旨將羅山縣知縣鄧應熊先行解任。〔註131〕皇帝允准。

〔註127〕河南羅山縣民范錫爵：《為控該縣獲凶不究酷押屍親事呈狀》，呈狀，檔號：03-2209-064。

〔註128〕都察院左都御史賡音等：《奏為河南羅山縣民范錫爵呈控該縣獲凶不究酷押屍親請飭該撫審擬事》，嘉慶十二年六月二十三日，錄副奏摺，檔號：03-2203-037。

〔註129〕《清仁宗實錄》卷182，嘉慶十二年六月癸巳，中華書局1986年版，第3冊第398～399頁。

〔註130〕河南巡撫馬慧裕：《奏為審辦羅山縣范錫爵控案懸案未結議處謝恩事》，嘉慶十二年七月十八日，朱批奏摺，檔號：04-01-01-0511-040。河南巡撫馬慧裕：《奏報查明范錫爵控案係方受疇任內並請議處事》，嘉慶十二年七月十八日，錄副奏摺，檔號：03-1509-028。

〔註131〕光祿寺卿錢楷、東河總督吳璥：《奏為會審河南羅山縣民范錫爵潘有富二起控案請將知縣鄧應熊解任審辦事》，嘉慶十二年七月二十一日，朱批奏摺，檔號：04-01-01-0507-025。

　　八月初九日，錢楷和吳璥將此案完結：已獲三犯並非殺死范玉安正兇；范錫爵在嘉慶十一年九月十四日確實有咆哮公堂、毆傷差役、直入二堂、出言不遜之事，鄧應熊隨將范錫爵鎖押稟請詳革究辦；范錫爵賄囑刑書取看、抄錄犯供存卷，並於鈐封背面肆行標記，藐玩官司，居心叵測。另外查明范錫爵邀請任鳳崗到家，許給酬謝，蓄養多時，勾串訟師等事。最終將范錫爵革去捐職，並問擬杖一百徒三年。該縣鄧應熊庸闇無能，因係進士即用知縣，甫於上年三月蒞任，吏治本屬生疏，尚訊無別項情弊，請旨將鄧應熊交部嚴加議處，並請旨將汝寧府知府噶爾炳阿交部議處。〔註132〕十月二十日，河南巡撫馬慧裕將范錫爵控案內的訟師姚東山以唆訟誆騙銀錢定擬。〔註133〕

2. 刁訟

　　清代積案的形成並非官吏一方怠職所致，某些地方民眾刁健也是重要原因。與濫訟相比，刁訟是一種違反了法定的訴訟程序和內容的控訴，歐中坦稱之為「偏向的、欺騙性的和瑣碎事情」〔註134〕的控告，除惡意佔用司法資源外，大量的刁訟湧向京城，阻塞了下情上達的傳播路徑。

　　以嘉慶朝廣東省大埔縣邱時成案為例，此案名義上歷經十七載，實際上，邱時成京控時牽砌舊案，將兩大家族的舊仇新怨糾纏糅雜其中，有意誇大情節，與詹絨京控案中所採用的訴訟策略如出一轍。道光十四年，廣東貢生邱時成遣抱告邱駿到都察院呈控。據稱，嘉慶二十二年，其被凶匪蕭緝嬉和蕭吐白等人「因索找屋價不遂，疊搶租穀；拒殺邱錫九、邱又新二命；銃傷挑夫四人」，控經該縣，至道光元年才將蕭緝嬉拿獲，解府病故，而並未拿獲正兇蕭吐白等。「統計前後，被擄禁男婦五次，截劫傷人三次，當官搶犯三次」等，歷控十七載，控經本府89次、本道33次、藩司9次、臬司19次、巡撫16次、總督11次，批府提訊1次，均未親提。五月上諭指出「事關一十七載之久，歷控督撫藩臬道府次數如此之多，均未親提。該地方官究竟有無聞見？所司何事？……天良安在？」帝命盧坤等迅速秉公審辦，不准為地

〔註132〕光祿寺卿錢楷、東河總督吳璥：《奏為河南羅山縣民范錫爵捏控賄囑其叔被殺案擬杖徒事》，嘉慶十二年八月初九日，錄副奏摺，檔號：03-2289-022。

〔註133〕河南巡撫馬慧裕：《奏為審明羅山縣民范錫爵控案內訟師姚東山唆訟誆騙銀錢按例定擬事》，嘉慶十二年十月二十日，朱批奏摺，檔號：04-01-01-0509-001。

〔註134〕〔美〕歐中坦：《千方百計上京城：清朝的京控》，謝鵬程譯，載（美）高道蘊等編：《美國學者論中國法律傳統》，中國政法大學出版社1994年版，第572頁。

方官規避處分。此案後被審明：「蕭緝嬉因向邱時成索找屋價不遂，挾恨糾同蕭吐白等將邱錫九、邱又新致傷身死。蕭緝嬉等經縣緝獲，先後監斃；惟蕭吐白等在逃。嗣邱、蕭兩姓迭次互控，族人尋釁滋鬧，與邱時成案無涉。」〔註135〕這個案件因為房屋找價一事沒有處置得宜，以致累年到各衙門迭控達177次之多。據邱時供稱「實因道光九年與蕭姓和息以後，每年付給租穀，而十二、十三兩年屢被蕭姓強割田禾，心懷忿恨，是以牽連已結舊案捏為歷控一十七載未結，赴京具控。」〔註136〕邱時成將不相干的其他舊案牽敘京控，最終功名被褫奪，還被杖一百。這裡也充分反映了京控的成本較為高昂，普通民眾為了進入京控門檻而不得不採取相應的訴訟策略。

《刑部比照加減成案》記載了一起道光十三年四川司辦理的案子，據稱「軍犯鍾星魁先因捏造斷案、刊豎碑文、刻散告白、攬納錢糧，審擬附近充軍」，未經發配前又遣子京控江津縣書吏寇維新等人違例浮徵，經審明後依「告重事不實例」發邊遠充軍，在發配途中脫逃，赴京翻控，之後照逃回妄控之例加等發極邊煙瘴充軍。〔註137〕

（四）誣告

誣告是惡意訴訟，是歷代王朝重點打擊的不法行為。積案中的誣告佔據了相當大的比重，甚至有「十告九誣」的說法。嘉慶二十五年，刑部議奏山東民人武泳清京控一案。原告武泳清在此之前便因誣告康基田而發遣至黑龍江，後遇赦減徒釋回。「乃不知悛改，復因訛詐不遂，以虧帑報劫，勾匪戕官重情，誣控多人」，刑部議照誣告叛逆未決律，擬斬候。皇帝卻指出「該犯於訛詐葛恒太時，輒先寫書信，自稱『武老泳視黑龍江為故土，不怕告虛反坐』字樣。其刁健橫肆，尤出情理之外，武泳清著改為絞立決，以儆刁風。」〔註138〕

案例：雲南省民人張鼎遠涉萬里叩閽案

〔註135〕《清宣宗實錄》卷252，道光十四年五月戊子，中華書局1986年版，第4冊第824～825頁。

〔註136〕兩廣總督盧坤、廣東巡撫祁填：《奏為遵旨審擬廣東貢生邱時成京控蕭吐白等拒毆擄搶一案事》，道光十五年七月二十九日，朱批奏摺，檔號：04-01-01-0770-002。

〔註137〕〔清〕許槤、熊莪纂輯：《刑部比照加減成案》，何勤華、沈天水等校，法律出版社2009年版，第753頁。

〔註138〕《清仁宗實錄》卷371，嘉慶二十五年五月壬申，中華書局1986年版，第5冊第899～900頁。

嘉慶八年二月二十四日，雲南民人張鼎在三家店旅次叩閽，呈遞狀詞，據供，雲南省開化府屬向食粵鹽，原係民運民銷。自乾隆五十七年蕭知縣任內改為按甲押領；五十九年，復經劉知府出示照辦。而押領鹽斤多摻和沙土，短少斤兩，不堪領食等事。之後其兄長張耀等人赴各衙門呈控，而鄉約尚林等人隱匿告示，又串令鄧汝章誣控張耀等恃符包訟滋事，迭次發回府縣，並未結案，「將張耀等至今久禁司監，並將伊弟文生張南極詳革」等事。叩閽當日，嘉慶命將張鼎案交由尚在雲南辦事的那彥寶和章煦辦理。〔註 139〕

閏二月初九日，那彥寶等接到了上諭——「就近提集張耀等一干人證先行詳查」。三月初十日，那彥寶和章煦將此案定擬具奏：根據乾隆十六年議定章程，開化府每年分銷粵鹽 40 萬斤，一直遵循舊章官運民銷之例。開化府學生員李占春商同他的外甥張耀，抄錄總督發交蒙化廳民運民銷告示，將「蒙化」字樣改為「開化」，希冀停止粵鹽，方便買食交趾私鹽，「繕寫傳單，捏稱本地食鹽已奉總督告示，聽民販運，不必再食官鹽。斂銀請發告示、鐫立碑文。復赴官店向鹽書李錫告知，將抄示付看，令其不許再發官鹽，經李錫看破捏改情弊，稟府拏究。」李占春、張耀始則聞拏潛逃，後又捏稱鄉約尚林勾串鹽書李錫等壓發花戶、加收課銀、摻和沙土、短秤折收等情赴前撫臣初彭齡衙門具控，當即批縣鞫訊，李占春、張耀匿不到案，經府學將李占春衣頂詳革飭拏未獲。至六年正月內，李占春和張耀才被查拏到案，兩人均供認前情，將李占春照詐為布政司等衙門文書誆騙財物例發近邊充軍，張耀照為從例杖一百徒三年，咨部核覆，業將李占春、張耀定地發配充徒，尚未起解。李占春在監畏罪，希圖末減，並挾嫌而自作呈詞，捏開各款，經與張耀商量，令張鼎上京呈控。那彥寶在擬判時指出，張鼎叩閽所控各款審係虛誣，應照衝突儀仗例杖一百發近邊充軍，並奏請製定開化府領鹽納課定例。三月二十九日奉朱批：「刑部核擬具奏」。〔註 140〕這起案件中李占春等人即利用了自身的文化水平和身份優勢與官方相抗衡，還一再設法躲避法律的制裁。

〔註 139〕中國第一歷史檔案館編：《嘉慶道光兩朝上諭檔》第 8 冊，廣西師範大學出版社 2000 年版，第 63 頁。

〔註 140〕兵部右侍郎那彥寶、章煦：《奏為奉旨審擬雲南開化府人張鼎因兄控監務久禁圖圖赴京叩閽一案事》，嘉慶八年三月初十日，錄副奏摺，檔號：03-2184-026；兵部右侍郎那彥寶、章煦：《奏為審明雲南文山縣民張鼎京控該縣按甲押領官鹽等情案按例定擬事》，嘉慶八年三月初十日，朱批奏摺，檔號：04-01-01-0490-021。

另外，圖詐、圖賴都是通過惡意方式索詐和誣賴他人的犯罪行為，隨著社會的發展，在清代中後期也比較常見。為遏制訴訟，誣告定例在嘉道時期得以豐富並廣泛適用。

第二節　嘉道時期積案的時空分布

筆者根據所收集的 350 份嘉慶、道光兩朝基本由督撫奏報的地方積案情形的摺件，選取其中載有各地積案的數字，剔除掉重複（當朱批和錄副內容重複時，以朱批奏摺所載為主，錄副為補充）以及對個案積案的奏報外，剩下 194 個有效樣本，選用其中中國第一歷史檔案館所藏的 115 個樣本，藉此歸納嘉道時期積案的時空分布。

一、嘉道時期積案的時間分布

嘉慶元年正月初一，清廷詔令除不赦之案外，「其餘自嘉慶元年正月初一日以前，已發覺、未發覺、已結、未結者，咸赦除之。」〔註141〕為此，舊時積案一清，但各地案件又逐年積壓。嘉道時期積案集中於嘉慶中葉，全國各直省基本都存在，而隨著統一整頓，情形稍微收斂，但仍間斷爆發。

（一）嘉道時期積案的時間分布

就各地奏報來看，嘉道時期的積案在時間上分布不均，茲將整理出的中國第一歷史檔案館所藏的 115 個樣本按時間順序進行交代：

表 2-1　嘉道時期積案奏報時間分布表

序號	奏報者	官　職	奏報時間
1	鐵保	漕運總督	嘉慶五年二月二十四日
2	勒保	四川總督	嘉慶六年三月十一日
3	陸有仁	陝西巡撫	嘉慶六年八月十八日
4	鐵保	山東巡撫	嘉慶八年三月十二日
5	秦承恩	江西巡撫	嘉慶九年七月初五日
6	溫承惠	兼署閩浙總督	嘉慶十一年六月二十九日

〔註141〕《清高宗實錄》卷 1494，嘉慶元年正月戊申，中華書局 1986 年版，第 19 冊第 991～992 頁。

7	張師誠	江西巡撫	嘉慶十一年八月十九日
8	金光悌	江西巡撫	嘉慶十二年正月二十二日
9	金光悌	江西巡撫	嘉慶十二年正月二十二日
10	金光悌	江西巡撫	嘉慶十二年三月二十七日
11	張師誠	福建巡撫	嘉慶十二年五月十八日
12	溫承惠	署直隸總督	嘉慶十二年五月二十七日
13	鄂雲布	護理安徽巡撫	嘉慶十二年六月十五日
14	景安	湖南巡撫	嘉慶十二年六月十八日
15	汪日章	江蘇巡撫	嘉慶十二年六月二十二日
16	薩彬圖	漕運總督	嘉慶十二年八月初四日
17	汪志伊、章煦	湖廣總督、湖北巡撫	嘉慶十二年八月二十五日
18	成寧	山西巡撫	嘉慶十二年十月二十日
19	那彥成	西寧辦事大臣	嘉慶十二年十一月二十日
20	董教增	安徽巡撫	嘉慶十二年十二月十二日
21	吳熊光	兩廣總督	嘉慶十二年十二月
22	吉綸	山東巡撫	嘉慶十三年正月二十日
23	清安泰	河南巡撫	嘉慶十三年閏五月初七日
24	阮元	浙江巡撫	嘉慶十三年閏五月十八日
25	孫玉庭	貴州巡撫	嘉慶十四年四月十二日
26	章煦	雲南巡撫	嘉慶十四年六月二十六日
27	百齡	兩廣總督	嘉慶十四年七月十七日
28	百齡、韓崶	兩廣總督、廣東巡撫	嘉慶十四年七月二十四日
29	百齡、韓崶	兩廣總督、廣東巡撫	嘉慶十四年七月二十四日
30	章煦	署貴州巡撫	嘉慶十四年八月十四日
31	恩長	河南巡撫	嘉慶十四年十月初七日
32	馬慧裕	漕運總督	嘉慶十四年十一月初一日
33	無	貴州巡撫	嘉慶十四年
34	張師誠	福建巡撫	嘉慶十五年正月初六日
35	廣厚	安徽巡撫	嘉慶十五年七月十七日
36	董教增	陝西巡撫	嘉慶十五年七月二十五日
37	章煦	江蘇巡撫	嘉慶十五年七月二十九日
38	汪志伊	湖廣總督	嘉慶十五年九月二十五日
39	先福	江西巡撫	嘉慶十五年十二月初四日

40	無		嘉慶十六年七月
41	德文	都察院左都御史	嘉慶十六年七月初三日
42	百齡	兩江總督	嘉慶十六年七月二十九日
43	景安	湖南巡撫	嘉慶十六年八月十五日
44	景安	內閣學士暫管湖南巡撫	嘉慶十六年九月二十五日
45	長齡	河南巡撫	嘉慶十六年十一月十九日
46	同興	山東巡撫	嘉慶十七年六月十五日
47	百齡	兩江總督	嘉慶十七年六月二十九日
48	先福	江西巡撫	嘉慶十七年八月
49	朱理	江蘇巡撫	嘉慶十七年十一月二十二
50	百齡	兩江總督	嘉慶十八年七月十六日
51	方受疇	河南巡撫	嘉慶十九年二月二十四日
52	孫汶	京畿道監察御史	嘉慶十九年四月初四日
53	那彥成	直隸總督	嘉慶十九年五月二十九日
54	那彥成	直隸總督	嘉慶十九年七月初十日
55	那彥成	直隸總督	嘉慶十九年八月初五日
56	那彥成	直隸總督	嘉慶十九年九月初七日
57	章煦、那彥寶	署山東巡撫	嘉慶十九年九月十七日
58	阮元	江西巡撫	嘉慶十九年九月二十九日
59	張師誠	江蘇巡撫	嘉慶十九年十一月二十八日
60	那彥成	直隸總督	嘉慶十九年
61	張師誠	江蘇巡撫	嘉慶二十年十二月二十九日
62	巴哈布	湖南巡撫	嘉慶二十一年正月十五日
63	巴哈布	湖南巡撫	嘉慶二十一年五月二十六日
64	巴哈布	湖南巡撫	嘉慶二十一年六月二十七日
65	巴哈布	湖南巡撫	嘉慶二十一年七月十一日
66	巴哈布	湖南巡撫	嘉慶二十一年八月二十四
67	慶溥	熱河都統	嘉慶二十二年七月十二日
68	康紹鏞	安徽巡撫	嘉慶二十二年七月二十六日
69	陳預	山東巡撫	嘉慶二十二年十一月初一日
70	陳桂生	江蘇巡撫	嘉慶二十三年六月二十一日
71	和舜武	山東巡撫	嘉慶二十三年七月十四日
72	陳若霖	河南巡撫	嘉慶二十三年十一月二十二日

73	和舜武	山東巡撫	嘉慶二十三年十二月
74	溫承惠	山東按察使	嘉慶二十三年四月
75	和舜武	山東巡撫	嘉慶二十三年
76	溫承惠	山東按察使	嘉慶二十三年
77	和舜武	山東巡撫	嘉慶二十四年正月初二日
78	溫承惠	山東按察使	嘉慶二十四年四月初二日
79	吳邦慶	湖南巡撫	嘉慶二十四年閏四月二十四日
80	慶保、張映漢	湖廣總督、湖北巡撫	嘉慶二十四年五月二十五日
81	琦善	河南巡撫	嘉慶二十四年六月十九日
82	李鴻賓	廣東巡撫	嘉慶二十四年七月十七日
83	岳齡安	山東布政使	嘉慶二十四年七月二十日
84	童槐	山東按察使	嘉慶二十四年九月二十三日
85	程國仁	山東巡撫	嘉慶二十四年十一月十二日
86	慶保、張映漢	湖廣總督、湖北巡撫	嘉慶二十四年十一月二十四日
87	慶保、李堯棟	湖廣總督、湖南巡撫	嘉慶二十四年十二月二十一日
88	程國仁	山東巡撫	嘉慶二十四年十二月二十七日
89	成寧	漕運總督	嘉慶二十五年正月十九日
90	李鴻賓	署理山東巡撫	嘉慶二十五年四月初三日
91	李鴻賓	兼署山東巡撫	嘉慶二十五年四月十一日
92	岳齡安	山東布政使	嘉慶二十五年四月二十七日
93	慶保	湖廣總督	嘉慶二十五年五月十一日
94	孫玉庭	兩江總督	嘉慶二十五年八月初二日
95	童槐	山東按察使	嘉慶二十五年八月二十八日
96	岳齡安	山東布政使	嘉慶二十五年九月初七日
97	錢臻	山東巡撫	嘉慶二十五年十月十三日
98	錢臻	山東巡撫	嘉慶二十五年十月二十七日
99	孫玉庭	兩江總督	嘉慶朝
100	李鴻賓	漕運總督	嘉慶朝
101	姚祖同	河南巡撫	道光元年二月二十八日
102	顏檢	福建巡撫	道光元年五月十三日
103	李鴻賓	漕運總督	道光元年九月二十二日
104	程祖洛	河南巡撫	道光三年十二月十二日
105	楊國楨	河南巡撫	道光八年六月二十七日

106	琦善	山東巡撫	道光八年十月二十一日
107	嵩孚、楊健	湖廣總督、湖北巡撫	道光九年十二月十七日
108	訥爾經額	湖廣總督	道光十二年十二月二十日
109	岳鎮南	江西道監察御史	道光十五年閏六月十八日
110	桂良	河南巡撫	道光十五年七月十五日
111	申啟賢	山西巡撫	道光十五年十一月二十四日
112	奎照	都察院左都御史	道光十七年六月二十一日
113	黃樂之	協理京畿道監察御史	道光十八年五月二十八日
114	牛鑒	河南巡撫	道光二十年五月二十二日
115	祁𡷗	兩廣總督	道光二十三年二月二十八日

　　就樣本而言，嘉道時期積案分布具有顯著的時間差異，與中央對積案問題的控制和關注程度直接相關。嘉慶朝共 25 年，道光朝 30 年，然而嘉慶朝積案問題比道光朝顯著。首先，就嘉慶朝而言，不同時段積案分布亦不同，嘉慶朝中期和後期屬於兩大積案奏報的高峰時段，以嘉慶十一年至嘉慶十五年為多，其中嘉慶十二年最為顯著，共 12 份奏報，涉及 10 省督撫和漕運總督衙門以及西寧辦事大臣；嘉慶十九年集中於直隸，嘉慶二十四年、二十五年以山東為多。其中，嘉慶中期開展了全國統一的積案奏報清理，後期則是山東積案爆發，這與《清實錄》的記載相吻合。其次，道光朝積案問題依然存在，但很少再有督撫集中奏報省城積案的情形。

　　就筆者搜集到的樣本中所載的各地積案數目而言，以江西、湖南、廣東、福建和山東五省最為顯著，尤其是山東積案問題基本延續整個嘉慶朝。

　　因嘉慶中期，尤其是嘉慶十二年積案問題嚴峻，朝廷和地方進行了諸多嘗試，設立了很多則例和章程，變通《大清律例》，加強監督和考核，從而使得積案整體可控。嘉慶二十三年至嘉慶二十五年，則以山東省局部積案最為嚴重，在巡撫衙門專門設立了發審局以清理積案。道光朝雖然還有積案，但沒有集中大規模爆發。道光朝積案總量少一些，可能部分得益於應對措施的完善，也與地方官有意壓制脫不開干係，加之道光朝最後十年，內憂外患相仍，也分散了朝廷關注積案問題的精力。

　　應當指出的是，隨著地方案件逐步走向京控，朝廷對這些京控案件的過分關注也有削弱對省級層面積案的關注的可能。弔詭的是，嘉慶十二年所確定的督撫蒞任伊始奏報前任積案情形的規定，逐步演化為單純對於京控案件

的奏報。而對於其省內可以自行處理的「外結」案件，則基本不再集中奏報，而是將其批發給各屬員或通過委審的方式進行審理，通過加強稽核來約束屬員，地方大員也很少在奏摺中談及自理詞訟的具體審理情形。如道光二十年五月二十二日，新任河南巡撫牛鑒奏報該省積案情形，在章奏中首先言明「為清釐積案循例具奏」，遵循的依據即「督撫到任例應將前任未結積案，及本任奉到奏交、咨交各案，隨時清釐具奏」之諭旨。其於道光二十四年九月到任至十二月，共接到前任巡撫移交的京控奏交案 7 起，咨交案 21 起；本任奉到咨交案 11 起。這 39 起案件已完結 36 起，餘下 3 起均分別勒提犯證或奏請展限。其自道光二十五年正月至四月底，奉到奏交案 3 起，咨交案 11 起，都在隨時辦理中，尚未延擱。對於該省自理控案，也根據情節輕重分別辦理，「仍查照向章，飭屬按月將已未完結各案開摺匯稟。察其勤惰，分計功過。」〔註142〕牛鑒在奏摺中將兩種循例具奏事宜進行奏報，把京控案件擺在首位，而對該省自理控案並沒有具體的數字說明。京控案件的重要程度不言而喻，映襯出該省自理詞訟處於次要地位。這正是確立循例奏報京控案件制度後對於外結案件和州縣自理詞訟的重要程度的弱化。

鑒於對奏報數據的完整性和連續性考量，筆者在此著重梳理嘉慶十二年開始的積案集中清理問題。

（二）嘉慶中期積案的集中清理

《清史稿・刑法志》載：「仁宗以降，事多因循，未遑改作。」〔註143〕實際上，無論是從律例的修改抑或章程的修訂來講，這種說法太過籠統，對嘉慶朝以後的法制建設未經細緻考量。揆諸嘉慶朝以降的制度建構，亦有許多出彩的地方，如嘉慶時期對積案的清釐和整頓。

乾隆中後期吏治腐敗，言路堵塞，加之由人口增長帶來的社會矛盾加劇等因素導致了嘉慶年間積案問題的集中爆發。據清代中央檔案可見，嘉慶十二年以清釐江西省積案為開端，掀起了各直省積案的集中奏報與清釐浪潮，各省積案數量中以湖南省城共計 3818 件積案為最。就官員處分而言，以對湖南省官員進行行政追責為契機，從比照「不隨時查催例，降二級調用」向制定按照積案數目對地方大員進行處分的新則例轉變。就各地清釐積案的實踐而言，亦因

〔註142〕河南巡撫牛鑒：《奏為清理前任未結積案及本任奉到奏交咨交各案事》，道光二十年五月二十二日，朱批奏摺，檔號：04-01-01-0799-068。

〔註143〕趙爾巽等撰：《清史稿》卷148，中華書局1977年版，第15冊第4181頁。

地制宜採用了不同的舉措，其中以江蘇省清釐積案章程十二條為集大成，為各地提供了範本和經驗。積案的集中爆發源於社會問題的積聚，然而清廷採取了較為積極的應對舉措，在遵循先例或成案的基礎上，創制新制度，有利於刷新學界對嘉慶朝諸事因循的既定評價。

嘉慶朝清釐積案以嘉慶十二年為重要節點。雖然江西巡撫秦承恩曾於嘉慶九年七月奏報江西省共有 600 餘起積案，至奏報時已審結 300 餘起，「其餘未結各案多在嘉慶元年大赦以前之事，並有辦案數十年未結者。」〔註 144〕他還說明積案不斷，清理舊案後又增新案。但當時並未引起清廷過多的關注。嘉慶十一年，前任江西巡撫張師誠又查明江西巡撫衙門共有 640 餘件積案，〔註 145〕「戒玩延而清積案」遂成為江西要政之一，並引起了朝廷的高度重視。十二年正月，繼任江西巡撫金光悌查明江西省城附近共有 1600 多起案件未結，皇帝震怒，除下旨讓江西省把自理以及批發詞訟全部清釐審結外，還通諭各直省督撫，於蒞任時及時彙報並清釐積案，〔註 146〕由此開展一場全國範圍內的積案清釐運動。

嘉慶十二年下達的各地督撫應在權力交接時奏報積案的諭旨和處理結果相當精妙，它確立了對督撫的追責基礎，即使調任也要對以往經手的積案負責，同時主張繼任督撫揭露前任之過，實行前後任督撫之間的約束和內部監督。因積案奏報的前提是督撫輪換，因此伴隨著各地權力的交接，全國積案的彙報與清釐工作大體上在三年內完成了一個輪替，大多數直省督撫（亦包括西寧辦事大臣和個別布政使）對地方積案情形均有奏報，並給出了整頓方案。就積案總量而言，其中以江西、湖南、福建和廣東四省最為典型。朝廷對相應人員進行追責，制定相應的追責章程。

1. 整頓風波始自江西

嘉慶十二年是有清一代清釐積案的典型年份。然而這場積案整頓運動的發起並非無因，後世君主對前代帝王治跡的總結與借鑒，會啟動一些事件，如

〔註 144〕江西巡撫秦承恩：《奏為安福縣訟師曾方賜憑空捏控致屍遭蒸檢拖累無辜審擬事》，嘉慶九年七月初五日，朱批奏摺，檔號：04-01-08-0163-086。

〔註 145〕參見江西巡撫張師誠：《呈現在督飭查辦積案等地方要務清單》，嘉慶十一年八月十九日，朱批奏摺，檔號：04-01-12-0274-055。

〔註 146〕參見《清仁宗實錄》卷 174，嘉慶十二年二月甲申，中華書局 1986 年版，第 3 冊第 287～288 頁；又見中國第一歷史檔案館編：《嘉慶帝起居注》第 12 冊，廣西師範大學出版社 2006 年版，第 60～61 頁。

乾隆十一年御史范宏賓的建議及相關的清理積案的實踐，均可為嘉慶朝的積案清釐提供成案，加之嘉慶十一年力圖革新的江西巡撫張師誠奏明了江西巡撫衙門的積案情形，嘉慶帝在反覆考量下將刑部能手金光悌外放為江西巡撫，自十二年正月正式開啟了一場全國範圍內的積案清釐運動。

（1）江西巡撫的更換與積案奏報

嘉慶十一年，江西巡撫的更換前後涉及五人，即溫承惠、李殿圖、景安、張師誠和金光悌。五月，張師誠升為江西巡撫，〔註 147〕八月便將江西省種種積弊，包括「卷查積案，由巡撫衙門發審者共有六百四十餘件未經審結」等事奏達天聽。然而張師誠未及主持清釐旋被調任福建巡撫，江西巡撫由金光悌接任。〔註 148〕

江西民風好訟，向來難以為治。據前文所述，秦承恩於嘉慶八年接任時，巡撫衙門就有 600 多件積案，經其一年清理只審結 300 多件，後續是否完全清理，不得而知。而張師誠於十一年又報告巡撫衙門有 640 多起積案情形，為此皇帝對巡撫人選進行了充分的考量。通常來說，督撫的選任既有皇帝個人的偏好，也有對國事的通盤考量，素有能吏之謂的刑部左侍郎、曾外任過山東按察使並著手清釐過山東積案的金光悌似是最佳人選。

十一年，張師誠在報告積案情形時，也提出了幾項解決策略，如「兩司詳議章程，嚴定限期，每幾日必須審結一案」，另對展限和懲戒訟師都有規定，對逾限不結的官員主張隨案嚴參，以戒玩延而清積案。〔註 149〕因海疆不靖，一切清釐積案的要務又因人事調動而擱置。

次年正月，金光悌將巡撫衙門、藩、臬兩司和糧、鹽兩道的積案通盤合計，奏明江西省城共有 1600 多起未結案件，並有懸宕十餘年未能審結之案，震驚朝野。金光悌指出「江省民情好訟」，亦順便提及吏治疲玩，「然使州縣果能剋期聽斷，當堂折服，則健訟刁翻亦無所施其伎倆。」皇帝看出了其敷衍故套，遂夾批：「到任督府皆如此奏報。既久任，亦循故轍矣。紙上談兵，

<hr>

〔註 147〕《清仁宗實錄》卷 161，嘉慶十一年五月丙寅，中華書局 1986 年版，第 3 冊第 85 頁。

〔註 148〕參見《清仁宗實錄》卷 169，嘉慶十一年十月癸卯，中華書局 1986 年版，第 3 冊第 208 頁。

〔註 149〕江西巡撫張師誠：《呈現在督飭查辦積案等地方要務清單》，嘉慶十一年八月十九日，朱批奏摺，檔號：04-01-12-0274-055。

何益于事？所以勤之一字，不可忽也。」〔註150〕可見皇帝對於地方官吏的因循雖洞若燭見，但無可奈何。督撫交接時，繼任者往往會在接盤後奏明前任留下了「爛攤子」以凸顯自身的治績。撇開這些因素不談，好訟風氣盛行的江西的積案情形實在嚴峻。

（2）江西積案的清理與追責

金光悌在奏摺中也提供了解決策略，其於嘉慶八年擔任山東按察使時，親身參與過設立總局以清積案的實踐，〔註151〕故參照舊有經驗，奏請在江西省城亦開設總局。「江省吏疲民刁，積習已非一日」，如果逐案參核，那麼全省一半官員都要被參劾，「實亦無此政體」！而再事姑息的話，只會讓法制和吏治廢弛更甚。金光悌與藩司先福、署臬司劉潯等再四籌議，「惟有於省城設立總局，酌調明幹臣倅二員、試用知縣六員、佐貳六員，協同南昌府總理其事，將通省上控及自理未結詞訟逐一查明。」〔註152〕他進一步對不同類型的案件的審理劃定了管轄界限，除由其本人親訊審斷的案件外，「其餘列為三等，如尋常戶婚，田土錢債等事，該管州縣尚未審結者，仍發回勒限查辦；其控告州縣家人書役索詐等件，飭令該管府州提審；至控及州縣審斷不公，並官吏詐贓、浮收錢糧、勒折漕米及命盜等重情，即提省發局審辦。」他計劃於一年之內「將通省積件掃數完結」；對逾限未完之員，指名從嚴參處；對民眾的誣告行為亦主張進行嚴厲的打擊。〔註153〕其所附奏片指出學政衙門的積案「不下數百起，且有遲至十餘年尚未審結者。」鑒於士風緊要，不容延擱，而現行的由學政統管生監涉訟類案件的管轄權存在很大的弊端，「各府州縣以學政批發事件向不報明院司」，巡撫衙門無案可稽，「而學政三

〔註150〕 參見江西巡撫金光悌：《奏為查辦積案設法清釐未結詞訟事》，嘉慶十二年正月二十二日，朱批奏摺，檔號：04-01-01-0512-028。

〔註151〕 「東省最重者莫急於彌補虧空、清理積案二事。……至控告未結之案，多至數千件，臣現與臬司金光悌立局清理，分別年份遠近，案情輕重，或提省垣，或發鄰府。惟各州縣疲玩成風，任催妄應（皇帝夾批：最可惡，不知若輩每日有何事做）。臣擬將最甚者參劾數員以示懲儆，庶各屬知所愧懼，案牘得以漸清。」見山東巡撫鐵保：《奏為東省彌補虧空清理積案二事辦理情形事》，嘉慶八年三月十二日，朱批奏摺，檔號：04-01-12-0264-067。

〔註152〕 江西巡撫金光悌：《奏為查辦積案設法清釐未結詞訟事》，嘉慶十二年正月二十二日，朱批奏摺，檔號：04-01-01-0512-028。

〔註153〕 江西巡撫金光悌：《奏為查辦積案設法清釐未結詞訟事》，嘉慶十二年正月二十二日，朱批奏摺，檔號：04-01-01-0512-028。

年任滿，即須更換，其平時按臨各府考試，不能常川在署，無暇稽查，以致各屬任意延擱，愈積愈多。」其在與學政籌議之下，順勢加強了督撫對生監涉訟案件的管轄權，「嗣後凡有在學政衙門控告事件，學臣一面批發，一面咨會臣衙門知照，仍通飭各該府廳州縣，於奉到批詞亦即先行報明院司，並於審詳後將查訊定擬緣由錄詳院司查核」，〔註154〕從而巡撫等官員對生監涉訟遲延的案件，亦可以飭催督辦，避免叢積。這是清代第一次奏請將由學政衙門受理案件納入巡撫衙門管轄範圍中，之後成為通例。

摺到之日，北京的氣候無疑仍凜寒刺骨，此刻的嘉慶帝已執掌江山十餘年，吏治卻無甚起色。二月十二日皇帝發布長篇聖諭，主旨鮮明地要求追責，而對江西積案只能暫且按照金光悌的方法清理。

皇帝苦口婆心地對督撫進行說理和勸諭，首在言明「求治以勤政為本」，斥責外省督撫等養尊處優、不能勤以率屬的不良習氣，提出他們到任之初，尚能言明清理積案，在任既久，仍復積習相沿，地方的廢弛和因循導致獄訟繁興。其次，以金光悌奏報為契機，皇帝將問題聚焦江西積案，他估計江西各州縣積案總數「當不下萬餘起」，進而分析了積案的危害──「案懸不結，拖累日多」，小民冤抑莫伸，滋長健訟刁翻伎倆。隨後，皇帝下達了追責指示，對委任的巡撫和兩司大員，加以懲儆，一是將在任最久的前巡撫秦承恩和久任布政使屢次護理巡撫印篆的先福交部議處；〔註155〕二是因臬司衙門積案達582起之多，吏部已循例奏請「令金光悌查明奏聞，一併議處」，〔註156〕皇帝遂一併開啟了對臬司的追責。而對江西省積案的具體處理措施則依照金光悌所奏，在省城設立總局，遴派明幹委員清查核辦，勒限完結。金光悌奏片中稽察學政衙門積案的處理建議也為皇帝所採納。〔註157〕

但追責並未止於江西一省，這道上諭的後半截的意義更為重大，嘉慶借機

〔註154〕江西巡撫金光悌：《奏為通飭各府廳州縣趕辦積案事》，嘉慶十二年正月二十二日，朱批奏摺，檔號：04-01-01-0512-026；內容同江西巡撫金光悌：《奏為清釐學政衙門積案籌酌嗣後處置章程事》，嘉慶十二年正月二十二日，錄副奏摺，檔號：03-2446-014。

〔註155〕《清仁宗實錄》卷174，嘉慶十二年二月甲申，中華書局1986年版，第3冊第287～288頁。

〔註156〕中國第一歷史檔案館編：《嘉慶道光兩朝上諭檔》第12冊，廣西師範大學出版社2000年版，第87頁。

〔註157〕《清仁宗實錄》卷174，嘉慶十二年二月甲申，中華書局1986年版，第3冊第287～288頁。

開啟了全國範圍的積案整頓。皇帝要求各督撫「將自理及批發詞訟，一一清釐審結，不許再有積壓」；制定了督撫交接時積案奏報制度，要求督撫蒞任伊始，就將該省未結之案的數量詳細查明，及時設法趕辦清釐，「據實具奏，以便酌核辦理」。這為中央對地方獄訟情形的掌握提供了有力支撐，也是有效制約與監督地方獄訟情形的審查機制。為了預防督撫匿報、少報積案情形，嘉慶還專門打了一劑預防針，「不可因江西省現因查出積案太多，各罹處分，遂不核實奏明，以多報少，更蹈欺飾重咎」。〔註158〕伴隨各直省大員的更換，多地亦制定方案和章程為漸趨衰頹的帝國司法增添了濃墨重彩的一筆。

事物多具兩面性，設立總局之舉可能在嘉慶八年山東積案清理中發揮了一定作用，但也埋下了諸多隱患。當年三月，御史鄒家燮上奏反駁金光悌在江西省城設立總局的建議，其言明設立總局有「事權盡歸屬吏」「地方廢弛」「詰告愈熾」「小民拖累無窮」四大弊端。〔註159〕皇帝深以為然，在上諭中轉述御史的意見，提出各直省的民間控案本來就多，「若不隨時審斷，勢必積至累百累千之後，始議設局清釐。甚或將各州縣積案，提至總局審辦，無論道途遠近不一，紛紛遞解，致滋繁擾。而每一案中原被中證牽涉多人，即聽審人等盤費食用，守候經時，亦已重受其困。」〔註160〕皇帝遂通諭各督撫清釐案件，必須遵照節次諭旨，將各類案件及早審理，至於省城清釐積案，「只可派員分司稽核，隨時督催，不必另設總局名目，致滋弊端」。〔註161〕還告誡督撫等人應力行實政。這道諭旨成為以後各地辦理積案的指導性意見，即分別案件類型，速審速結，加強監督，力行實政。

就朝廷對江西官員的追責而言，首先開啟了對前任巡撫秦承恩和先福的追責。諭下七天後，即二月十九日，大學士管理吏部事務慶桂領銜具奏議處秦承恩和先福事，依據定例──「州縣自理戶婚、田土等項案件，定限二十日完結，仍設立號簿，開明已未完結緣由。如有心弊混，不造入號簿，或未結捏報已結，巡道不隨時查催者，降二級調用。」他們奏明應將秦承恩和先

〔註158〕《清仁宗實錄》卷174，嘉慶十二年二月甲申，中華書局1986年版，第3冊第287～288頁。

〔註159〕江南道監察御史鄒家燮：《奏請清釐積案毋庸設立總局事》，嘉慶十二年三月十七日，錄副奏摺，檔號：03-1507-024。

〔註160〕《清仁宗實錄》卷176，嘉慶十二年三月己未，中華書局1986年版，第3冊第312～313頁。

〔註161〕《清仁宗實錄》卷176，嘉慶十二年三月己未，中華書局1986年版，第3冊第312～313頁。

福「均照不隨時查催例，降二級調用」，另奏明「先福任內有加三級，係特旨交議之件無庸議抵，秦承恩任內並無加級，有革職留任並革任註冊之案，無級可降，應行革任」；還奏請應令金光悌確查「延案未結之臬司、糧道、各巡道」的遲延月日，分別開送職名到吏部查議；並提議金光悌亦應留心府廳州縣事務，「嚴檄查催，如有遲延，即行指名參辦。」〔註162〕

據十二年三月二十二日先福的謝恩摺得知，皇帝裁量後將秦承恩加恩改為革職留任，先福著加恩准其銷去加二級抵降二級。先福就自己的緩延之咎表明「惟有勉策駑駘，力加振奮，隨時隨事認真趕辦。」嘉慶朱批：「為政不勤，必致積壓。勉力辦理，切勿懶惰。」〔註163〕

其次，朝廷對相關按察使同步追責。金光悌於三月二十七日覆奏，就臬司衙門累積的 561 件未結詞訟而言，衡齡和劉澐任上各有未結詞訟 200 餘件，「其餘各臬司自數十案至數案不等」，金光悌分別批提勒限審結，還繕具清單敬呈御覽。〔註164〕據四月十七日嘉慶上諭，署臬司衡齡和劉澐任內未結詞訟分別為 211 案和 203 案，皇帝將衡齡和劉澐交部嚴加議處，其餘人員交部議處。此外，業經病故的司馬騊、陸伯焜和張姚成三人免予追責。〔註165〕

十天後，慶桂上奏相關按察使的處理意見，議處依據仍如前例；另外，按清代定例「官員議處有奉旨交部嚴加議處者，查照本例酌量加等」。是故應將衡齡和劉澐「均比照不隨時查催降二級調用本例上酌加一等，議以各降三級調用」；汪志伊、顏檢、阿林保、蔣攸銛、許兆椿、景敏「均比照不隨時查催例降二級調用」。摺中另將各職員的加級及其他處分情況一併奏明。〔註166〕

針對吏部摺奏，皇帝經考量後發布上諭，將情形較重的衡齡和劉澐都從寬改為革職留任，〔註167〕碰巧的是兩人都在十二年七月初三日奏上謝恩摺，

〔註162〕大學士管理吏部事務慶桂，等：《奏為江西積案太多議處任官最久者秦承恩及先福事》，嘉慶十二年二月十九日，錄副奏摺，檔號：03-1506-076。

〔註163〕江西布政使先福：《奏為積案繁多無可辭咎蒙恩准銷去加二級抵降二級謝恩事》，嘉慶十二年三月二十二日，朱批奏摺，檔號：04-01-12-0277-008。

〔註164〕江西巡撫金光悌：《奏為遵旨查照積案最多之歷任按察使事》，嘉慶十二年三月二十七日，錄副奏摺，檔號：03-1507-064。

〔註165〕大學士管理吏部事務慶桂，等：《奏請將積案最多原江西按察使衡齡等嚴加議處事》，嘉慶十二年四月二十七日，錄副奏摺，檔號：03-1507-073。

〔註166〕大學士管理吏部事務慶桂，等：《奏請將積案最多原江西按察使衡齡等嚴加議處事》，嘉慶十二年四月二十七日，錄副奏摺，檔號：03-1507-073。

〔註167〕「議以降三級調用之前署臬司劉澐，著從寬改為革職留任。」見江西巡撫金光悌：《奏為前署江西按察司事鹽法道劉澐任內積案甚多蒙恩從寬革職留任

金光悌代劉澐轉奏「嗣後惟有勉矢血誠,於一切事件實心實力隨時趕緊辦理,不敢稍涉因循怠忽,重蹈愆尤。」〔註168〕衡齡上陳「凜遵聖訓,諸事倍加奮勉,不敢稍有懈馳。」〔註169〕皇帝對議處降二級調任的六人也量予從寬,「改為降三級留任,分別註冊」。〔註170〕

江西積案涉及11位按察使,除3位病故毋庸追責外,其他8人均被問責。目前至少存在5份謝恩摺,未見謝恩摺的3人中,如顏檢早因他案發往烏魯木齊效力。六月十五日,閩浙總督阿林保率先謝恩,表明「嗣後惟有隨事隨時實心經理,以期案無留牘,息訟寧民。」朱批:「朕不咎既往,汝慎勉將來。明敏清勤,切勿怠惰。」〔註171〕皇帝語間亦充滿寬貸之情和勸慰之詞。六月二十二日,景敏奏明「嗣後惟有勤慎自勵,一切事件趕緊辦理。」朱批:「既知感,應知報,若再因循積壓,不能再邀寬典矣。勉之,慎之。」〔註172〕雲南布政使蔣攸銛奏稱「乃於嘉慶六年署理江西臬司任內,經手呈控詞訟未能全數完結。彼時查催不力,咎無可寬。荷蒙逾格恩施,仍予留任。聞命之下,感悚難名。奴才惟有永矢寸誠,倍加奮勉。」〔註173〕兩年後,時任浙江巡撫的蔣攸銛亦在奏摺中回憶:「伏念於嘉慶六年署理江西按察使任內有詞訟三案未結,部議降二級調用,原屬咎所應得,欽承諭旨改為降留。……惟當時時殫竭血誠,事事趕緊辦理。」〔註174〕

謝恩據情代奏事》,嘉慶十二年七月初三日,朱批奏摺,檔號:04-01-12-0278-077。

〔註168〕江西巡撫金光悌:《奏為前署江西按察司事鹽法道劉澐任內積案甚多蒙恩從寬革職留任謝恩據情代奏事》,嘉慶十二年七月初三日,朱批奏摺,檔號:04-01-12-0278-077。

〔註169〕廣東布政使衡齡:《奏為前在江西臬司任內積案繁多部議降調蒙恩從寬改為革職留任謝恩事》,嘉慶十二年七月初三日,朱批奏摺,檔號:04-01-12-0278-104。

〔註170〕《清仁宗實錄》卷178,嘉慶十二年四月己亥,中華書局1986年版,第3冊第341~342頁。

〔註171〕閩浙總督阿林保:《奏為前在江西臬司任內積案繁多部議降調蒙恩從寬留任謝恩事》,嘉慶十二年六月十五日,朱批奏摺,檔號:04-01-12-0278-097。

〔註172〕福建布政使景敏:《奏為前在江西臬司任內未能將積案隨時清理部議降調蒙恩從寬留任謝恩事》,嘉慶十二年六月二十二日,朱批奏摺,檔號:04-01-12-0278-014。

〔註173〕雲南布政使蔣攸銛:《奏為積壓詞訟奉旨從寬降級留任謝恩事》,嘉慶十二年九月初二日,朱批奏摺,檔號:04-01-13-0182-007。

〔註174〕浙江巡撫蔣攸銛:《奏為奉旨開復積案未結降留處分謝恩事》,嘉慶十四年十一月初十日,朱批奏摺,檔號:04-01-12-0282-016。

最後，金光悌接准吏部咨文「令將鹽、糧、巡道未結詞訟各案一併查開職名送參。」〔註175〕這些人員亦當被另案處理。朝廷完成對江西省城主要官員的全部追責。

（3）江西積案清釐的效果

江西積案清釐舉措中有值得稱讚的地方，如前所述，吏部提議金光悌留心州縣事務，〔註176〕金光悌可能在全省範圍內對積案問題進行了排查和清釐，其對吉安府知府的參奏或可說明。嘉慶十二年七月初三日，金光悌特參吉安府知府武鴻廢弛不職，他言明武鴻「人本平庸，性復怠玩」，與身膺方面、勤以率屬、整飭地方的治理目標相差甚遠。具體來說，金光悌在清釐積案時，稽察武鴻「於奉批詞訟均不能依限審辦，以致所屬各縣有朱鵬飛、郭纘祖、陳成德、匡在田、彭茂和」等京控大案不能速結，「一味因循，竟有遲至二三年者」；未結上控案件亦尚有160餘起。武鴻屢教不改，「轉圖引退偷安，以染患怔忡詳請解任」，金光悌不禁慨歎「似此闒茸不職之員，未便以無別項劣跡稍事姑容」，請旨將武鴻革職以儆玩愒。〔註177〕武鴻最終被革職。可見，督撫把握對地方官員的考語權，例授都察院右都御史或右副都御史，除是地方最高軍政長官外，也是地方最高級別的監察官，掌握著所屬官員的降黜升遷，闒茸不職是常見的特參理由，亦有其他官員因辦案不力被金光悌參奏。

金光悌刑名業務能力較強，清釐積案能充分發揮其專長，但其在江西任上三年，新舊詞訟不斷，並未清釐殆盡。無論是護理江西巡撫印務袁秉直，〔註178〕還是接任巡撫先福，都有過奏報。如先福於十四年抵任時奏明金光悌移交積案新舊未結詞訟452件，當時朱批：「新舊牽混，訟獄宜清，不可草率了結，致有

〔註175〕江西巡撫金光悌：《奏為另行咨報鹽糧巡道未結詞訟各案事》，嘉慶十二年三月二十七日，錄副奏摺，檔號：03-2447-010。

〔註176〕「至府廳州縣，應令該撫嚴飭查催，如有遲延，即行指名參辦。」見大學士管理吏部事務慶桂，等：《奏為江西積案太多議處任官最久者秦承恩及先福事》，嘉慶十二年二月十九日，錄副奏摺，檔號：03-1506-076。

〔註177〕江西巡撫金光悌：《奏為特參吉安府知府武鴻廢馳不職請旨革職並委任曲阜昌署理吉安府知府事》，嘉慶十二年七月初三日，朱批奏摺，檔號：04-01-12-0278-068。

〔註178〕「伏查江省現當別無緊需事件，惟新舊積案急須清釐以免小民拖累。前經撫臣先福彙摺奏明，勒限清理。」護理江西巡撫袁秉直：《奏為清釐積案將歷年遭弊實力稽查並飭屬驗收好米事》，嘉慶十四年九月十六日，錄副奏摺，檔號：03-1526-021。

枉縱等因。」至十五年，金光悌任內遺留的 452 件積案中，還有 53 件未完。當然，案件未完並非無因——「細查均係屢結屢翻，或因證佐遠出，無從鞫定，或因原告不到，照例詳銷之後復出控理，致未能刻期辦結。」鑒於舊案未清，新案叢積，先福也分析了江西詞訟較多的原因，「固由民風刁健，亦由地方官怠於聽斷，間有屈抑之事，既不急為伸理，或經審屬虛誣，又不照例反坐，一味擱延寬縱，以致負屈者鳴其不平，逞刁者益無忌憚，紛紛上控，實由於此。」其提出具體應對方法——「督同藩司袁秉直、臬司何銑，節經嚴飭各屬，務將承審詞訟，上緊秉公審斷，照例實究虛坐，不得仍前草率了事。」此外，他也將自己任內和護撫臣藩司袁秉直任內接收新案情形進行了彙報，共計新準詞訟 332 件，已審結 156 件，尚未完結 176 件。連帶金光悌任內積案，共有未結 229 件。朱批：「息訟以勤為本，以明為用，勉之。」〔註179〕很有意思的是，在先福和袁秉直任內的 21 個月中，新案共 332 件，平均每月新增 16 起左右，相比而言，金光悌所遺留的 452 件差不多是兩年多的量。總之，對能吏金光悌在江西清釐積案的成效不可給予過高評價。

近兩年後，先福又奏報了江西新近兩年的積案情形。在一年多的時間裏，將截至十五年末未完的 229 件積案已詳結 200 件，尚有未完 29 件。十五年後，「准理詞訟四百六十九件，已催據各屬審結三百零三案，尚有未結一百六十六件。」統計新舊未結案件共 195 件，「此內半係本年准理之件，現在飭司嚴催各屬，上緊趕辦。」因先福卸事，故這些案件又移交給護理巡撫布政使陳預查催審辦。〔註180〕

嘉道時期，江西乃至全國積案仍舊此起彼伏綿延不斷，名幕包世臣及其次子均有參與清釐積案的經歷，包世臣曾被江西按察使陳繼昌聘請審案，還致信次子傳授審案技巧。〔註181〕江西積案的清釐主要延續傳統做法，十二年朝廷對江西巡撫、臬司和道員的追責掩蓋了對積案的具體處理情形。而皇帝對那些責任人所採取的寬大處理辦法，也埋下了隱患，只會讓方面大員效尤，重蹈痼習。

〔註179〕 江西巡撫先福：《奏為清釐詞訟積案情形事》，嘉慶十五年十二月初四日，朱批奏摺，檔號：04-01-02-0142-028。

〔註180〕 先福：《奏報江省訴案已未結各案數目事》，嘉慶十七年八月，朱批奏摺，檔號：04-01-01-0539-013。

〔註181〕 〔清〕包世臣撰：《包世臣全集》第 3 冊，李星點校，黃山書社 1997 年版，第 401～403 頁。

2. 各督撫集中奏報與清釐積案

以嘉慶十二年為肇端，一場督撫調任和清釐積案的行動在清朝開展。通過一手的清代檔案、《嘉慶朝上諭檔》《清仁宗實錄》等史料互相參證，基本可勾畫整個嘉慶中期的積案分布輪廓。二月十二日的嘉慶諭旨給官場帶來了一定的震懾，朝廷對江西的追責行動也給其他直省樹立了警示。自嘉慶十二年開啟的積案集中整頓，至十五年基本進行了一個輪迴，圍繞著權力交接，各督撫將地方積案進行了彙總與清釐，其中不乏大臣之間的角力。整體而言，這幾年間重新啟動的積案清理機制和制定的章程為短期內司法審判局面的穩定起到了促進作用。然而嘉慶末年山東積案驟起和京控繁興又印證了這一套機制的失靈。嘉道兩朝的積案問題總是波動起伏，未曾斷絕，其中蘊含多重原因。

（1）各督撫集中奏報積案情形

嘉慶十二年，自江西巡撫金光悌奏報開啟整頓積案風潮後，同年，至少還有直隸、江蘇、湖南、山東、安徽、福建、廣東等 10 個直省將地方積案情形進行了報告，另有漕運總督彙報該衙門積案情況。次年，河南巡撫清安泰、浙江巡撫阮元等也有相關報告。直到十五年，還有陝西巡撫和江西巡撫奏報積案情形。

表 2-2 嘉慶中期各地奏報積案情形〔註 182〕

序號	奏報人	職務	接任時間 （據《清實錄》）	奏報時間	奏報積案數目
1	金光悌	江西巡撫	十一年十月	十二年正月二十二日	巡撫衙門未結詞訟 695 起，藩司冊報自理詞訟未結 268 起，臬司冊報自理詞訟未結 582 起。鹽、糧、各巡道冊報自理詞訟未結 65 起。除府廳州縣尚未據報到外，共計未結詞訟已有 1610 起。學政衙門批查批審之案，各州縣延久未結者不下數百起，且有遲至十餘年尚未審結者。
2	張師誠	福建巡撫	十一年十月	十二年五月十八月	巡撫衙門自嘉慶元年起至上年十二月止，未結詞訟積案 2977 件。

〔註 182〕本表據中國第一歷史檔案館和臺灣故宮博物院館藏清代奏摺、《嘉慶朝上諭檔》《清仁宗實錄》等史料參證制作。

3	溫承惠	署直隸總督	十一年十月	十二年五月二十七日	查前督臣任內奉旨特交之件未結者 48 起，臣本衙門自理詞訟舊案未結者 57 起。又查得藩司衙門自理詞訟未結者 294 起；臬司衙門自理詞訟未結者 231 起。
4	楊志信	山東布政	十二年三月	十二年六月初二日	嚴飭各屬趕緊審辦積案，以清訟源（無具體奏報數值）。
5	鄂雲布	護理安徽巡撫印務		十二年六月十五日	巡撫衙門親提及批行兩司首府提省之案尚有 138 起，藩司衙門親提及批府州提審之案 196 起，臬司衙門 129 起。
6	景安	湖南巡撫	十一年五月	十二年六月十八日	查自嘉慶元年大赦後起至到任之日止，巡撫衙門批審未結訟案 1217 件，藩司衙門自行批審未結訟案 327 件，臬司衙門自行批審未結訟案 1151 件。糧道衙門自理、批審未結訟案 135 件，又鹽道衙門原有自理、批審未結訟案 398 件。到任以後，巡撫衙門續有未結 343 件，查藩司衙門又有 63 件，臬司衙門 148 件，糧道衙門 10 件，鹽道衙門 26 件。
7	汪日章	江蘇巡撫	十一年八月	十二年六月二十二日	批結准銷者共 226 案。另外，自嘉慶元年起至現今止，除已結外，江寧藩司經歷任督撫批提審訊之案共未結 14 案，自理未結 6 案；蘇州藩司經歷任督撫批提審訊之案共未結 33 案，自理未結 5 案；臬司經歷任督撫批提審訊之案共未結 44 案，並無自理未結之案。其轉飭府州審辦之案，自二百餘案至十餘案不等。
8	薩彬圖	漕運總督	十二年五月	十二年八月	總漕衙門批審未結之案截至本年六月初十以前，共 325 起。
9	汪志伊、章煦	湖廣總督、湖北巡撫	十一年十月、十一年十一月	十二年八月二十五日	總督和巡撫衙門並無案件積壓。司道衙門歷任各員，奉發及自理事件未結者，或自 1、2 案至 7、8 案止；或自 2、3 案至 18 案止，為數無多。
10	成寧	山西巡撫	十一年九月	十二年十月二十日	自嘉慶元年起至上年十月止，各前撫臣任內批提審訊共 83 案，尚有未結 28 案。臣本任內自上年十月底起至今共批審批提 89 案，尚有未結 24 案；藩司未結 39 案；臬司未結 33 案；又附省之冀寧道歷任未結自理詞訟尚有 29 案；此外，各道府直隸州准理詞訟未結者，計自 40 餘案

				以至一二十案及數案不等，並有全數審辦完結已無未結之件者。
11	那彥成	西寧辦事大臣	十二年五月	十二年十一月二十日	自回任後，清查歷年蒙番案卷，現在所有監禁番蒙人犯 6 起。
12	董教增	安徽巡撫	十二年五月	十二年十二月十二日	巡撫衙門親提及批發兩司首府提審者共 138 起，藩臬兩司衙門親提及批行知府直隸州提審者共 325 起，其批令各州縣審理者每處自十數起至數十起不等。此外尚有前撫臣初彭齡准理未結新案 392 起，兩司衙門新案 57 起。巡撫衙門新舊案件陸續審結 124 起，藩臬兩司衙門審結 60 起。
13	不明	無	無	十二月十九日	廣西省共有 201 起積案。〔註183〕
14	吳熊光	兩廣總督	十年十月	十二年十二月	十二年十二月：兩廣總督吳熊光等奏查明通省未結積案，趕緊清釐。 十四年百齡、韓崶奏報：茲查前督臣吳熊光、前撫臣孫玉庭單開嘉慶元年起至十二年秋季止，歷任督撫藩臬批發通省詞訟共 2107 起。
15	清安泰	河南巡撫	十二年十二月	十三年閏五月初七日	巡撫衙門未結 2 案，藩司衙門未結 180 案，臬司衙門未結 62 案，鹽道衙門未結 8 案，開歸陳許道衙門未結 4 案，河北道衙門未結 7 案，南汝光道衙門未結 11 案，河陝道衙門未結 4 案。
16	阮元	浙江巡撫	十二年十二月	十三年六月	於清安泰任內查有批發未結詞訟 322 案，尚有未結 165 案。藩司衙門批准未結 86 案；臬司衙門批准未結 185 案。
17	孫玉庭	貴州巡撫	十三年十月	十四年四月	巡撫衙門歷任批發未結控案，自嘉慶十年三月起至十三年十二月止，共計 58 起；藩司衙門自嘉慶七年十二月起至十三年十二月止，未結訟案共計 93 起；臬司衙門自嘉慶十二年六月起至十三年十二月止，未結訟案共計 59 起；糧儲道衙門自嘉慶十年三月起至十三年十二月止，未結訟案共計 15 起；貴東道衙門自嘉慶十一年十一月起至十三年十二月止，未結訟案共計 11 起；貴西道衙門自嘉慶十年六月

〔註183〕 Melissa Macauley, Social power and legal culture: litigation masters in late imperial China, Stanford University Press, 1998, p.67.

				起至十三年十二月止,未結訟案共計 41 起。
18	章煦	雲南巡撫(兼署貴州巡撫)	十三年九月	十四年六月二十六日	前貴州巡撫孫玉庭原奏貴州藩司衙門自嘉慶七年起至十三年十二月止,未結各案共 93 起,數月以來,共銷 27 案,實有 66 案。
19	百齡、韓崶	兩廣總督、廣東巡撫	十四年正月、十三年十一月	十四年七月二十四日	嘉慶元年起至十二年秋季止,歷任督撫藩臬批發通省詞訟共 2107 起,自具奏後至十四年五月底止共審結 1160 起,尚未審結 947 起。
20	章煦	署貴州巡撫		十四年八月十四日	貴州各衙門共有未結案件 170 起。
21	恩長	河南巡撫	十四年四月	十四年十月初七日	臣於本年六月到任,查自清安泰於上年閏五月內,截數共有未結 278 起,具奏後,截至本年五月底止,巡撫司道各衙門共有新舊控案 920 起,至九月底已結過 748 起,未結 172 起。
22	鄂雲布〔註184〕	貴州巡撫		十四年	經前署撫臣章煦附奏各衙門積案情形,臣到任後數月以來,統計各衙門已詳結 153 起,未結 17 起。
23	董教增	陝西巡撫	十五年三月	十五年七月二十五日	巡撫衙門批發詞訟案件未結者尚有 3 案;查明藩司衙門未結詞訟 11 案;臬司衙門未結詞訟 27 案。臣查陝省民風淳樸,上控之案較之四川、湖北、安徽等省不及十之二三,但查其具控月日,今年亦係節次加多。
24	先福	江西巡撫	十四年正月	十五年十二月初四日	接收前任未結新舊積案 452 件,已據詳結 399 件,尚有未完 53 件。又本任內自上年三月起至本年十一月止,續經准理詞訟 303 件,上年八月至十一月,護撫臣藩司袁秉直任內准理詞訟 29 件,共計新准詞訟 332 件,已催據各屬審結 156 件,尚未完結 176 件,統計前後任新舊案共 784 件,已結 555 件,未結 229 件。

〔註184〕 檔案無具奏人,根據疆臣接任時間推斷為鄂雲布,參見內閣:《奉上諭初彭齡以京職簡用所有貴州巡撫員缺著鄂雲布補授欽此》,嘉慶十四年五月初二日,臺灣故宮博物館館藏檔案,統一編號:故宮 100216。

（2）湖南、福建、廣東等地也為積案重災區

上述表格基本將嘉慶中期內地行省中大範圍的積案情形囊括，但有幾地數據不全，如暫未搜集到嘉慶中期四川的積案數據，但嘉慶六年，四川總督勒保曾奏請分委道員前往川東、川北審辦命盜積案，〔註185〕這說明該省同樣存在積案問題；甘肅和雲南獄訟相對較少，暫時也未見數據。

很明顯，除了江西以外，湖南、福建和廣東三省也為積案重災區。

湖南省積案為全國之最。據湖南巡撫景安奏報，其於十一年八月初三日到任，查明嘉慶元年大赦後起至他到任之日止，巡撫衙門批審未結訟案 1217 件，藩司衙門和臬司衙門自行批審未結訟案分別為 327 件和 1151 件，另外，糧道衙門未結訟案 135 件，鹽道衙門未結訟案 398 件。〔註186〕也就是說巡撫衙門加上藩臬兩司和糧、鹽道共有 3228 件積案。景安自十一月八月到任至摺報之日，湖南各主要衙門在近十個月時間內共計審結 485 件。審結的速度遠遠趕不上新案增加的速度，高效審案反倒激勵了訴訟行為，「惟是民情好訟，近因省城各衙門經催提審辦較速，來省在衙門控告之案，愈覺增繁，每遇告期及朔望出署之日，赴衙門遞詞者，每次不下三四十起。」自景安接任後，未結的新案總數也相當可觀，共計 590 件。而自嘉慶元年以來所有的積案高達 3818 件，只審結 485 件，尚餘 3333 件，乃各省城積案之最。景安言明「十月以來，雖盡力催辦，而完結之案總不及新控之多，以是舊案未清，新案踵集，實深焦急。」他反思控案繁多的原因，「一由州縣官不即審理以致屈抑莫伸，不得不趕上司衙門呈訴；一由小民負氣爭勝，在州縣具控審輸，或逞刁圖翻，聽訟棍主唆，架詞拖累」，但根本原因還是官員的怠惰致使民眾的冤抑無從伸張。為此，景安還參奏了兩起辦案遲延的知縣，其中會同縣知縣陳甲淦「辦理命案詳報遲延」，被參奏後革職發遣；新化縣知縣黃元顯「於行提人證不即拘解，以致控案難以審結，亦經參奏革職」。但這兩起參辦案件起到的警示作用不大，「各屬稍知儆戒，而玩延成習，積重難返，必須隨時稽核，立法整飭。」

景安在奏摺中也陳述了積案應對策略，主要是根據控案情節輕重分別辦理，拿究訟棍，「倘奸書、蠹役敢於買放包庇，即按例從重究處」等措施。其

〔註185〕四川總督勒保：《奏為分委川北道李鋐等員審辦川東川北各屬歷年停解命盜積案事》，嘉慶六年三月十一日，朱批奏摺，檔號：04-01-26-0017-011。

〔註186〕湖南巡撫景安：《奏為遵旨清釐積案嚴督各州縣勒限審辦事》，嘉慶十二年六月十八日，朱批奏摺，檔號：04-01-01-0512-014。

中就自理詞訟而言，照例按月摺報，隨時考察。〔註187〕

該摺同樣令皇帝震驚，當年民事殷煩的江蘇省奏報才有幾百起積案，而湖南竟高達3000多件，為各直省之最，朝廷同樣開啟了追責，並完善了處分則例。有吏部奏摺載明：「嘉慶十二年八月，因湖南省具奏未結訟案，經臣部核議，將未結詞訟自五十一案以上至數百案者，照例議以降二級調用。等因。奏准在案。」〔註188〕此項成例被保存在《嘉慶會典事例》中，嘉慶十二年奏准：

> 各省督撫司道各衙門，遇有自理及批發詞訟案件，如有遲延，除僅止一二案，或在任不及一月者，免其議處；自三案以上至十案者，罰俸一年；自十一案至五十案者，降一級留任；自五十一案以上至數百案者，降二級調用。〔註189〕

目前存有幾份謝恩摺可以窺視處理結果。十二年九月初七日，河南巡撫馬慧裕摺內載明「奉旨：吏部議處湖南積案各員將未結詞訟五十一案至數百案之歷任巡撫司道均議以降二級調用。其無級紀抵銷應實降二級調用之馬慧裕著加恩改為降三級留任。」馬慧裕表明「嗣後惟有矢慎矢勤，愈加惕勵，竭盡駑駘。」這個朱批也相當有趣：「汝總以顏檢為戒，以初彭齡為法，必能永承恩眷。為大員者，非一清字所能賅括。勉思整飭吏治為要，姑息二字切須痛改。勉之。」〔註190〕十月初八日，時任湖南布政使的史積容在奏摺中言明其被加恩改為革職留任，仍註冊。他表明「惟有勤思補過，倍竭駑駘，事事實心實力，將現任內所有訟案隨時清釐，勒限詳結，不使稍有稽延。」朱批：「寬如既往，勉如現任，總以清勤為要。」〔註191〕

湖南是積案大省，至十六年九月，景安在離任交卸前夕，又將在任期間辦理的積案情況進行了彙報，原接前任移交積案1217件，業已全數完結。任內共准案2055件，詳結詳銷1655件，又據道府州縣審明具詳批交兩司核議者

〔註187〕湖南巡撫景安：《奏為遵旨清釐積案嚴督各州縣勒限審辦事》，嘉慶十二年六月十八日，檔號：04-01-01-0512-014。

〔註188〕大學士管理吏部事務慶桂，等：《奏為河南巡撫清安泰等任內查有未結詞訟積案遵旨議處事》，嘉慶十三年六月十四日，檔號：03-1515-009。

〔註189〕〔清〕托津等纂：《嘉慶會典事例》卷98，載《近代中國史料叢刊三編》第65輯《欽定大清會典事例（嘉慶朝）》，文海出版社1991年版，第4602～4603頁。

〔註190〕河南巡撫馬慧裕：《奏為前任湖南巡撫任內積案繁多部議降調蒙恩改為降三級留任謝恩事》，嘉慶十二年九月初七日，檔號：04-01-12-0278-087。

〔註191〕湖南布政使史積容：《奏為前在湖南臬司暨現任藩司任內積案繁多應行革任蒙恩從寬留任謝恩事》，嘉慶十二年十月初八日，檔號：04-01-12-0279-047。

61 件，統計任內完結新舊案共 2933 件，尚有未結新案 339 件。另外，「藩司朱紹曾兩次護理巡撫，共批准控案六十八件，已結四十五件。」〔註192〕四年時間裏，湖南又有未結新案 362 件，且只是巡撫衙門的數據，兩司和兩道應該仍有積壓，仍需繼任者花費一定的精力清釐。

福建省的積案及處理。十二年五月十八日，據張師誠奏報福建自嘉慶元年以後的積案計 2977 件。皇帝夾批：「實屬不成事體，另有旨。」張師誠還在奏摺中分析了積案的成因及解決措施，皇帝有多處夾批。六月二十日，奉朱批「所論甚得要領，但期言與行符，持之以久。」〔註193〕張師誠除報告總量外，還奉旨在九月將各前任撫臣和兼署巡撫在任時限與名下積案數目開列於奏摺中，如姚棻任內 398 件，田鳳儀任內 195 件，魁倫任內 189 件，玉德任內 179 件。這 4 員「或已身故，或已獲究業遣，毋庸議。」另外，費淳任內 3 件；汪志伊任內 894 件；李殿圖任內 317 件；溫承惠任內 363 件。張師誠自上年十二月以後，嚴催各屬，共勒限清釐 439 起。〔註194〕

皇帝就張師誠奏報諭內閣，要求將「蒞任久而積案最多」的汪志伊和「蒞任未久而積案亦多」的溫承惠，交部議處；將李殿圖交部察議；「費淳在任未久，積案無多，著無庸議。」〔註195〕十月二十二日，吏部奏上處理建議，依據的乃是前文所述緣於湖南積案嚴重而新定的成例，奏請將汪志伊和溫承惠照例均降二級調用，李殿圖降一級留任，一併查參各職名及其他處分。〔註196〕同日，針對吏部意見，皇帝將汪志伊加恩改為革職留任，仍註冊，「餘依議」。皇帝認為「外省控案滋多，總由訟師挑唆播弄」，下旨要求督撫等務必嚴飭地方官，速為審理控案，「如審係虛誣捏控，即究出訟師嚴拏按律懲治，以清積案而杜訟源」。〔註197〕

〔註192〕內閣學士暫管湖南巡撫景安：《奏為查明任內積案業已全數完結並未結新案實數事》，嘉慶十六年九月二十五日，檔號：04-01-01-0530-045。

〔註193〕福建巡撫張師誠：《奏為遵旨查明全省未結案件趕緊清釐事》，嘉慶十二年五月十八日，檔號：03-2448-009。

〔註194〕福建巡撫張師誠：《奏報遵旨查明歷任巡撫任內未結詞訟起數事》，嘉慶十二年九月十二日，檔號：03-2207-001。

〔註195〕《清仁宗實錄》卷 186，嘉慶十二年十月戊寅，中華書局 1986 年版，第 3 冊第 452 頁。

〔註196〕大學士管理吏部事務慶桂，等：《奏為議處閩省積案未結各原任巡撫事》，嘉慶十二年十月二十日，檔號：03-1629-068。

〔註197〕《清仁宗實錄》卷 186，嘉慶十二年十月戊子，中華書局 1986 年版，第 3 冊第 459 頁。

（3）其他直省的積案情形

除湖南和福建積案繁多外，廣東的積案問題同樣嚴重，時任兩廣總督吳熊光於十二年十二月奏報廣東省有兩千多起未結積案，據百齡摺為2107件。因海疆事務更為急迫，所以對廣東省相關官員的追責和積案處理有所推遲。嘉慶十四年，兩廣總督和廣東巡撫接續十二年冬季吳熊光所奏，新奏了一份已結未結舊案數目清單：

> 總督衙門：嘉慶元年正月初一日起至十二年秋季止，歷任督臣批發通省詞訟審辦未結者共九百一十九起，自具奏後至十四年五月底止，共審結五百一十九起，尚未結四百起。
>
> 巡撫衙門：嘉慶元年正月初一日起至十二年秋季止，歷任撫臣批發通省詞訟審辦未結者共五百三十七起，自具奏後至十四年五月底止，共審結二百四十一起，未結二百九十六起。
>
> 藩司衙門：嘉慶元年正月初一日起至十二年秋季止，歷任藩司移行道府州縣通省詞訟審辦未結者共二百三十六起，自具奏後至十四年五月底止，共審結一百十九起，未結一百十七起。
>
> 臬司衙門：嘉慶元年正月初一日起至十二年秋季止，歷任臬司移行道府州縣通省詞訟審辦未結者共四百十五起，自具奏後至十四年五月底止，共審結二百八十一起，尚未結一百三十四起。〔註198〕

這意味著經過近兩年清理，廣東省城的2107件舊案仍有947起未結，積壓情形依舊嚴峻。

不同省份的積案數量雖參差不齊，但威脅社會穩定，皇帝亦憂心如焚。十二年六月，江蘇巡撫汪日章奏報江蘇積案情形，兩司衙門不過數件至數十件，轉飭府州審辦的也不過十餘案到二百餘案不等，皇帝認為江蘇省積案「尚不至積壓過多」，不必予以處分，但旋即聯想到此前直隸、江西、福建三省奏報的未結案件「多者二千餘件，少亦不下數百件」，懷疑江蘇省官員為規避處分，「故意以多報少，甚或將案件草率完結，希圖少報，得免處分」，要求各督撫嗣後清查積案，必須據實開報，「勿任規避處分，稍涉顢頇」。〔註199〕

〔註198〕兩廣總督百齡、廣東巡撫韓崶：《呈廣東歷任大員批發通省詞訟自嘉慶元年起至十二年止具奏後已未完結舊案數目清單》，〔嘉慶十四年七月二十四日〕，錄副奏單，檔號：03-2458-026。

〔註199〕《清仁宗實錄》卷183，嘉慶十二年七月庚戌，中華書局1986年版，第3冊第407～408頁。

　　總體來看，嘉慶朝中期的積案分布呈南多北少的趨勢，與地方經濟發展水平、社會治理難度和人口密度有很大的正相關性，也和地方官員的操守和作為有關聯。雖然，十二年以江西、湖南、福建和廣東四省為典型，但其他南方省份的積案也普遍多於北方省份，在以後的發展過程中，隨著地方官員的更換和社會情勢的變遷，各地情形亦隨之發生轉變。

　　因湖南積案而新定的「稽查積案則例」是根據督撫司道積壓的案件數目進行處分的行政法規，其所設定檔次過少，梯度較大，吏部處分地方大員時往往會得到皇帝特旨寬免。州縣官雖先被特參革職，但因戴罪立功旋即開復。因此其所謂的懲儆並沒有給官吏太大的震懾，推究其背後原因則是王朝法制的終極目的是案無留牘，這些行政處分只是實現目的的手段。在「行政兼理司法」的制度結構下，官吏作為上傳下達的媒介要應對多種事務，司法審判只是官吏眾多行政職責中的一個方面，故並不能因司法瀆職行為而將其治績全盤否定。這次集中整頓積案行動的實效還需審慎地衡量與評價。

　　縱觀嘉慶十二年清釐積案始末，其發起並非無因，嘉慶在此之前已針對此項問題發布過多則上諭。但持續累積的積案在這一年集中奏報，呈現井噴式狀態，實乃痼習積累所致。就積案的發現機制而言，若非督撫蒞任交接時的奏報，那麼地方積弊和相關責任人員的不職在短期內都不會被發現，這說明政治制度設計中的對上負責以及上下級之間承擔連帶責任限制了中央對地方實情的瞭解，督撫能否實心辦事成為重要的衡量因素。督撫對所屬官吏具有直接的監管責任，但制度架構缺乏對督撫的有效監督。朝廷對相關人員進行追責，並完善立法，但其處置措施卻是嚴中寓寬。雖然多數官員被嚴加議處或被議處，但皇帝認為是外省積習，將大員多降級留任或革職留任，只有河南布政使齊布森等極少數人被降調。當然，我們也該認識到，積案問題的集中爆發，也更能加強統治者對社會問題的解決和防範程度，因此，嘉慶皇帝在之後一直嘗試建立有效的機制以預防和解決積案問題，除對相關責任人員追責外，也對清釐積案功勳卓著之人進行獎勵，以激發地方的政治活力、選拔卓異的官員充實政治隊伍。從某種程度而言，嘉慶時期的積案清釐的舉措，一方面重新適用了既有制度；另一方面由各督撫牽頭因地制宜制定新辦法。整體是在原有框架下進行革新。但嘉慶朝處於整個清代由盛轉衰的關節點，一切積案問題解決方案都躲避不了歷史洪流的衝擊，加之寬仁的嘉慶帝對於玩視民瘼的官僚多採用較為溫和的行政手段進行處分，無法改變官吏因

循守舊的痼習，各地章程也多為急就章，且具有嚴重的地域性傾向，只能發揮短期和局部的作用。這些不利因素都為晚清時期的積案更大規模爆發埋下了隱患。但這期間制定的則例和章程成為也後世清釐積案的典範，其制度的影響也有積極的方面。

二、嘉道時期積案的地域分布

嘉道時期積案分布有顯著的地域差異，總體來說，東部省份較西部為多，其中四川為例外；南部省份較北方為多，而山東為例外。總體上是與經濟發展水平、人口密度和社會管理的複雜程度有關。

如前所述，嘉慶中期以江西、湖南、廣東、福建四省積案為多，當皇帝責成清理後，各地多採取設局清釐、委審等措施，似有一定的成效，全國大範圍積案集中爆發的情形逐漸轉化為局部爆發，其中以嘉慶末年山東積案最為顯著。

（一）清代中央檔案所見嘉道兩朝積案的地域分布

嘉道時期有些地域為積案的高發、頻發區，有些衙署的案件積壓嚴重在嘉道兩朝尤為顯著，即直隸、山東、河南、福建、廣東、湖南、江西、江蘇、兩江總督衙門、湖廣總督衙門、漕運總督衙門，多為中東部地區。其中，嘉慶朝山東省的積案數量之大、延續時間之長，尤為突出。〔註200〕四川暫時缺乏總督奏報的系統數據，但通過琦善奏報的拿獲訟棍折可推斷四川積案情形也不輕緩。

清朝中東部獄訟相對較多。以福建為例，瀕山臨海，在傳統的農業社會和實行海禁政策的背景下，民眾的生存資源較為有限，爭山、爭漁等行為較為激烈，向來是清代械鬥、劫盜等案多發地，且民眾迷信堪輿之術，每每為爭奪陰宅、陽宅等事構釁。道光年間地方官陳盛韶即稱「邊海之難治，閩粵為最；閩粵之難治，漳泉惠潮為最。」〔註201〕吳堂於乾隆六十年以舉人身份獲得大挑一等，以知縣用，分發福建，「先後權長泰、同安、龍溪三縣，治長泰之械鬥，結同安、龍溪兩縣積案至四千件，皆深得民心。」〔註202〕這說明乾隆朝晚期開始，福建的積案情形，尤其是自理詞訟積壓問題便很突出。嘉

〔註200〕具體內容可見本書「附錄」。

〔註201〕〔清〕陳盛韶：《問俗錄》卷6，載四庫未收書輯刊編纂委員會編：《四庫未收書輯刊》（第十輯第3冊），北京出版社1997年版，第278頁。

〔註202〕張維驤編纂：《清代毗陵名人小傳稿》卷5，常州旅滬同鄉會1944年版，第15頁。

慶初期李殿圖擔任福建巡撫，感歎「閩省俗悍民刁，素稱難治，地方官非貪黷虐民，即萎靡自棄，不特小民無所敬憚，抑且視若仇讎，以致盜竊肆行，械鬥、結會等案層見迭出」「積案繁多」。〔註203〕如前所述，嘉慶十二年九月十二日，福建巡撫張師誠奏報其巡撫衙門自嘉慶元年起至十一年十二月止，未結詞訟積案 2977 件。前撫臣費淳、汪志伊、李殿圖和溫承惠均當追責。〔註204〕隨摺附帶清單載四人任內的未結詞訟分別是：3 件、894 件、317 件和 363 件。〔註205〕張師誠自嘉慶十一年十二月以後，督飭兩司詳議章程，節次嚴催各屬勒限清釐積案，已審結 439 起。〔註206〕

宮樹德於道光三年任浙江嵊縣知縣。上任時，嵊縣衙門積案達 1000 餘件，民怨沸騰。宮樹德日夜審理積案，5 個月即清查積案 700 餘件，結案 400 餘件，刁悍者為之斂跡。由於操勞過甚，病卒於任，嵊縣士民頌其功德。〔註207〕這已然屬於難得一見的勤能之人。浙江一縣情形如此，全省乃至全國的積案情形難以想見。而這些地方自理詞訟卻很少出現在朝廷視野之中，只能拖累民眾。

江蘇省經濟繁榮，獄訟殷繁。道光三年，林則徐任江蘇按察使，江蘇積案超過浙江省「不啻數倍」，僅京控案件就達 30 多起，省中承審之員用提人為由延宕，解審各員又遲延。林則徐及時剖斷，定立章程，「數月以來，結者已什之九」。但情況並未改觀，「無如奏交、咨交之案又復源源而來，竟與數年前山東情形相似。」〔註208〕他遂將嚴懲誣告和捉拿訟師作為清訟之法。林則徐在以後的湖廣總督任上，也經常親自審理案件，湖北積案在其任上基本得以審結。

道光後期，李星沅任江蘇巡撫任時，當地積案累累、冤案叢生、京控不

〔註203〕黃貽楫編：《李石渠先生治閩政略》1 卷，光緒六年（1880）晉江黃謀烈梅石山房木活字印本，第 1、2 頁。

〔註204〕福建巡撫張師誠：《奏報遵旨查明歷任巡撫任內未結詞訟起數事》，嘉慶十二年九月十二日，錄副奏摺，檔號：03-2207-001。

〔註205〕福建巡撫張師誠：《呈為歷任福建巡撫任內未結詞訟起數清單》，嘉慶十二年九月十二日，檔號：03-2207-002。

〔註206〕福建巡撫張師誠：《奏報遵旨查明歷任巡撫任內未結詞訟起數事》，嘉慶十二年九月十二日，錄副奏摺，檔號：03-2207-001。

〔註207〕威海市地方史志編纂委員會編：《威海市志》第 4 卷，方志出版社 2017 年版，第 2753 頁。

〔註208〕林則徐全集編輯委員會編：《林則徐全集》第 7 冊，海峽文藝出版社 2002 年版，第 29～30 頁。

斷。清廷於道光二十五年正月調李星沅為江蘇巡撫,其於當年十二月抵任後發現「江蘇省自道光二十一年以後,僅將承審遲延職名隨案咨參,其提解遲延職名未經核奏。」二十六年四月初一,他奏明江蘇省僅道光二十五年開印到封印期間,「當年准咨及上年未結京控案共有九十五起之多,為向來所未有。」其中未結達 39 起,在這 39 起裏有周紹汶等 29 起提解遲延,他遂將這 29 案涉及的知縣一一列明奏請處分。〔註209〕到道光二十六年八月,李星沅循例彙奏,上年度遺留的 39 件未結京控咨案已審結 29 件;接到咨交新案共 27 起,只審結了 4 起。前後兩次共有 33 件咨案未結,而其中只有 11 起尚未逾限,另外陳俊等 22 起提解遲延,遂將「金壇縣民陳俊案,係金壇縣知縣王清渠」等共 22 案繕具簡明清單,奏請交部議處。〔註210〕這 22 案中,如監生陳俊案、上海縣監生金振聲案等,乃是李星沅四月一日摺中已列明之案,〔註211〕時逾四月,仍未提解。新案迭增,舊案遷延,弊端累累。這也反映了道光年間,江蘇等富庶區域仍舊是訴訟高發區,也是積案重災區。

相對來說,貴州、雲南等西部省份的積案情形相對輕緩一些,嘉慶十四年,貴州巡撫奏報黔省各衙門歷年未結訟案,經前署撫臣章煦附奏,巡撫衙門、臬司衙門、糧儲道衙門、貴東道衙門和貴西道衙門共有未結 170 起。經新撫奉旨清釐後,數月以來,只剩未結 17 起。〔註212〕但其中四川省卻是例外。四川省每年秋審案件為全國之最,獄訟繁多,也不乏積久未決之案。張集馨在道光二十七年六月補授為四川按察使後,八月二十日陛見,道光皇帝即提到「四川刑名之繁,甲於海內」,「每年勾到時,四川一省就要占住一天」,「四川實係戾氣所鍾,洞胸貫脅之案,層見迭出。我見緩決本內,頗有該入情實者,不過因入實之案已多,稍從寬大耳,亦誅不勝誅。」〔註213〕而當時的四川省「首府衙門案件積壓甚多,屢催不結」,張集馨於是在按察使司衙門

〔註209〕 〔清〕李星沅撰:《李星沅集》第 1 冊,王繼平校點,嶽麓書社 2013 年版,第 235 頁。

〔註210〕 〔清〕李星沅撰:《李星沅集》第 1 冊,王繼平校點,嶽麓書社 2013 年版,第 284～286 頁。

〔註211〕 〔清〕李星沅撰:《李星沅集》第 1 冊,王繼平校點,嶽麓書社 2013 年版,第 234 頁。

〔註212〕 貴州巡撫:《奏為遵旨清釐詞訟嚴催各屬完結新舊各案事》,〔嘉慶十四年〕,朱批奏片,檔號:04-01-01-0517-014。

〔註213〕 〔清〕張集馨:《道咸宦海見聞錄》,杜春和、張委清整理,中華書局 1981 年版,第 88 頁。

西院設發審局，「於判稿、見官之暇，終日督率委員審理各案。」〔註214〕「蜀省刑名繁重，甲於海內，州縣意為軒輊者甚多。招解到省各案，以及按卯呈詞，稍不經意，便生枝節」，如仁壽縣知縣恒泰，「以強姦重案，逼認和姦」，差點兒釀成像閻思虎那樣的大案；道員徐有壬不到半年以懲治咽匪為名，「刑戮八十餘人」。〔註215〕道光二十九年，當其查勘四川秋審發現，「每次俱七八百起，情實百餘起，為各直省所未有。」〔註216〕

（二）嘉慶朝山東的積案問題

嘉慶一朝，山東積案不曾斷絕，屬於積案重災區。嘉慶初年，山東即有設立發審局審辦案件的經驗，如金光悌曾參與設局清釐積案的實踐。山東京控不斷，皇帝還曾多次派遣欽差前去審案。如嘉慶十二年，上諭將山東監生張元鶴京控案發交欽差周廷棟和廣興審辦，並指出近日外省控案，山東最多。直隸、山西和河南三省距離京城也近，「總不至如山東一省之多」，斥責山東省州縣官怠惰偷安，不問民事，以致小民冤抑莫伸赴京呈控。而山東巡撫長齡，聽任各州縣因循延宕，漫不加察，皇帝遂告誡長齡應嚴格督飭地方官員，隨時秉公審斷民間詞訟，戒除積習，「俾銜冤控告者立得剖雪，不至紛紛來京呈控，方為無負委任。」〔註217〕

嘉慶十五年，皇帝回蹕途中，經常碰到山東民人叩閽，都察院和步軍統領衙門也奏報京控案件「東省十居八九」。上諭指出「固因該處民風刁健，亦由該省吏治廢弛」，使得「京中代辦東省案件，日不暇給」，東省地方官員皆虛叨爵祿，告誡巡撫應「實力整飭，勤於政治，務使地方日有起色，勿再闒茸干咎。」〔註218〕

嘉慶十九年，山東積案已呈現較為強勁的態勢，並不斷湧現京控。十九年五月，山東巡撫同興奏積案逾限未結者幾及百件，將藩司朱錫爵和臬司劉

〔註214〕〔清〕張集馨：《道咸宦海見聞錄》，杜春和、張委清整理，中華書局1981年版，第96頁。

〔註215〕〔清〕張集馨：《道咸宦海見聞錄》，杜春和、張委清整理，中華書局1981年版，第101頁。

〔註216〕〔清〕張集馨：《道咸宦海見聞錄》，杜春和、張委清整理，中華書局1981年版，第113頁。

〔註217〕《清仁宗實錄》卷179，嘉慶十二年五月癸卯，中華書局1986年版，第3冊第347頁。

〔註218〕《清仁宗實錄》卷234，嘉慶十五年九月辛未，中華書局1986年版，第4冊第153頁。

大懲交部加等議處，立即開缺，聽候部議。〔註219〕朝廷遂調慶炆為山東布政使，程國仁為山東按察使。之後，吏部議處「藩司朱錫爵、臬司劉大懲均照降二級調用本例上加等議處，以降三級調用。」〔註220〕至七月，山東省的吏治廢弛已然讓朝廷代大為光火，撫臣同興亦因事被罷黜。經章煦和那彥寶前往確查，二人奏稱山東省「吏治廢弛、地方凋敝、官民交怨、訟獄繁興、倉庫空虛、人情习悍。詳加察訪，眾口一詞。」皇帝感歎「撫藩大員，如此廢弛地方，厥咎甚重！」因同興已被革職，故諭「朱錫爵前降補郎中，不足蔽辜，亦著革職」，〔註221〕之後又將濟南府知府凝圖革職，歸案審訊。

如章煦和那彥寶所言，山東不僅倉庫空虛，而且獄訟繁興，另外捕務廢弛，盜賊公然盜竊朝廷大員的財物。至九月，因山東虧空嚴重，調陳預任山東巡撫，加以整飭。是年，崔起龍杖斃九命案事發，十一月，經御史賈聲槐奏稱山東省審辦崔起龍案件遲延，奏請敕令速行審結。皇帝傳旨將章煦申飭，把崔起龍案改交陳預速審，還諭令「該省未結案件尚多，前飭巡撫、兩司分審各案，務須上緊趕辦，依限報完。勿致前案未結，後案又增，益形積壓。」〔註222〕至二十年十二月，和舜武和程國仁奏報審結京控案件情形，其中和舜武前後共分案56起，程國仁前後共分案61起，均全行審結。皇帝指出山東省「近日京控之案，較之從前不過十之二三」，對程國仁和和舜武分別給予加一級和紀錄二次的獎勵，「以為京外各員不因循疲玩者勸」。〔註223〕

但好景不長，山東獄訟繁多，兩年後又暴露在眾目之下，大案迭興，京控不斷，加上虧空嚴重，朝廷先後調任數位巡撫。嘉慶二十二年十一月，山東巡撫陳預奏稱他赴省東一帶校閱營伍，經過各州縣，每處投遞呈詞自一二起至二三十起不等，較之前歲閱伍時已少十分之四。並稱濟南府知府錢俊和曹州府知府吳墢、青州府知府嵩岫均屬辦事認真。……至京控案件，於十九

〔註219〕《清仁宗實錄》卷290，嘉慶十九年五月丁酉，中華書局1986年版，第4冊第969頁。

〔註220〕吏部尚書英和：《奏為山東積案未結請將布政使朱錫爵等降三級調用事》，嘉慶十九年五月初十日，錄副奏摺，檔號：03-1558-011。

〔註221〕《清仁宗實錄》卷293，嘉慶十九年七月癸丑，中華書局1986年版，第4冊第1021頁。

〔註222〕《清仁宗實錄》卷299，嘉慶十九年十一月己丑，中華書局1986年版，第4冊第1104頁。

〔註223〕《清仁宗實錄》卷314，嘉慶二十年十二月己巳，中華書局1986年版，第5冊第170頁。

年九月抵任後，三年以來已審結京控奏咨新舊案 330 餘起，檢查檔冊，又有陸續接准奏交、咨交京控各案 60 餘起，仍與藩臬兩司分提親審，限六個月全數審結。〔註 224〕

嘉慶二十三年正月，皇帝派欽差景安等人查明山東匿名揭帖事。〔註 225〕二月，據稱山東按察使張五緯署理布政使時「委署曲阜、長山二缺不公」，且訪聞其有吸食鴉片的劣跡，被革職交景安審辦，調刑部郎中溫承惠為按察使。三月，張五緯被發往軍臺效力贖罪，巡撫陳預再行交部議處。〔註 226〕四月，皇帝將陳預從寬改為革職留任。〔註 227〕伴隨著臬司張五緯被革職，其按察使司衙門積案也暴露出來。四月十七日，御史王檢奏報各省積案繁多，以山東最甚。溫承惠也奏稱其到任未及兩月，新收呈詞 400 餘件，另有歷任未結 4000 餘案。當時直隸積案也較多，加之氣候乾旱，皇帝命直隸、山東兩省將現審案件迅速審辦。〔註 228〕五月，因山東積案問題和滕縣、高唐一帶驛路盜賊橫行，陳預被降補為刑部郎中，〔註 229〕調和舜武為山東巡撫。另外，御史王允輝揭露山東諱盜嚴重，「或捏飾不報，或改盜為竊」。〔註 230〕皇帝對山東吏治極為失望，令巡撫加以整頓。

新撫臣和舜武奏請勒限清釐積案，將京控案件酌議分提審辦。皇帝令「即照所請」，對於省內積案按起數多寡，分別勒限審結，加強查察，對因循玩泄的州縣，即照易結不結例參處；對京控交審各案分別錢糧和命案分交兩司親審，「兼涉錢糧人命者，巡撫親提審訊」；若州縣抗延不解犯證，立即指名

〔註 224〕 山東巡撫陳預：《奏報清理詞訟並京控案件情形事》，嘉慶二十二年十一月初一日，朱批奏摺，檔號：04-01-01-0574-007。

〔註 225〕 《清仁宗實錄》卷 338，嘉慶二十三年正月己未，中華書局 1986 年版，第 5 冊第 467 頁；《清仁宗實錄》卷 340，嘉慶二十三年三月癸卯，中華書局 1986 年版，第 5 冊第 488 頁。

〔註 226〕 《清仁宗實錄》卷 340，嘉慶二十三年三月丁卯，中華書局 1986 年版，第 5 冊第 495 頁。

〔註 227〕 《清仁宗實錄》卷 341，嘉慶二十三年四月辛未，中華書局 1986 年版，第 5 冊第 497 頁。

〔註 228〕 《清仁宗實錄》卷 341，嘉慶二十三年四月甲申，中華書局 1986 年版，第 5 冊第 509 頁。

〔註 229〕 《清仁宗實錄》卷 342，嘉慶二十三年五月戊戌，中華書局 1986 年版，第 5 冊第 516 頁。

〔註 230〕 《清仁宗實錄》卷 342，嘉慶二十三年五月癸亥，中華書局 1986 年版，第 5 冊第 529 頁。

嚴參；另外諭示「仍遵照十九年諭旨，每月將已結若干起、未結若干起，自行具奏」，要求秉公研鞫，不可一味求速、草率定案，倘辦理認真，將「施恩甄敘，以示獎勵」。〔註231〕七月，和舜武特參了幾個典型的屬員，如濱州知州王龍圖任內積案110餘起，迭經嚴催，未曾訊結一起，被革職發往軍臺，自此制定新例，規定「嗣後州縣官任內積案，延不訊結，至一百案及四十案以上者，即照此例，查明參奏，將該員革職發往軍臺。其積壓在四十案以下者，奏請革職，以懲積玩。」〔註232〕惠民縣知縣邱音越因不及時抓獲盜犯，抗違臬司命令，也被革職。

溫承惠對清理山東積案作出了較大的貢獻，嘉慶二十三年，溫承惠奏明續又查出臬司衙門積案2020餘起，詳明撫臣勒限清理，「將情重者提省審辦，並分檄府州嚴飭實力清釐」，多派委員幫同審訊，又將延不審詳之州縣詳請參革數員。當王龍圖發往軍臺後，各府州縣皆知奮勉急公。積案舊案4080起均已分別訊詳完結，續行查出的2020餘起，也審詳覈銷1400餘起。臬司衙門積案共訊結5400餘起，未結600餘起。〔註233〕

十二月，撫臣和舜武也上奏，山東省清釐積案已漸有起色，巡撫衙門積案1374起，已審結1120起。臬司衙門積案6080餘起，溫承惠到任後審結5400餘起。山東省「匪徒斂戢，行旅安然」。皇帝褒贊和舜武和溫承惠「辦事認真，著有成效」，加恩將其交部議敘，並再次將陳預從刑部郎中降補為主事，「非奉特旨不准保升」；「張五緯現發往軍臺效力，期滿之日，不准即行奏請釋回，候旨辦理，以示懲儆。」〔註234〕

溫承惠擔任山東按察使期間，作為能吏處理數千起積案。但案件並未全部審理殆盡，大量的案件當事人被關押稽留，這也成為溫承惠日後被參劾的依據之一，他還任用犯人作為眼線抓捕盜賊，給民間造成了一定的滋擾。二十四年八月，新任巡撫程國仁奏參溫承惠日益橫恣，事多窒礙，其稱溫承惠「自以曾

〔註231〕《清仁宗實錄》卷342，嘉慶二十三年五月癸亥，中華書局1986年版，第5冊第528~529頁。

〔註232〕《清仁宗實錄》卷344，嘉慶二十三年七月甲寅，中華書局1986年版，第5冊第556~557頁。

〔註233〕山東按察使溫承惠：《奏為自五月以來審結山東積案情形事》，嘉慶二十三年，朱批奏摺，檔號：04-01-01-0580-025。

〔註234〕《清仁宗實錄》卷352，嘉慶二十三年十二月丁亥，中華書局1986年版，第5冊第646頁。

任督撫大員，不肯甘居人下，威福自擅。設立發審專局，調派現任州縣久住省城，造言生事，樹立黨援。又令犯罪之人四處緝捕，所至嚇詐，頗滋物議。種種恣意妄為，以致巡撫諸事棘手。」因黃河北岸堤工漫溢，他委令溫承惠前往查辦，溫承惠卻極力推卸，「其情形尤為跋扈」。皇帝斥責溫承惠乃棄瑕錄用之人，「一聞黃河漫口，不待巡撫差委，即當自請前往，勉圖自效，稍贖前愆。乃負氣推諉，即此一事，斷難輕恕」，將其革職，飭令回籍。〔註235〕

其後，童槐由江西按察使簡調山東，皇帝以山東案牘繁多，要求童槐確加查訪溫承惠任內是否有積壓未結各案以及任性枉斷之事。九月二十三日，童槐奏稱溫承惠審結各案任性枉斷——溫承惠本任內由巡撫分交審訊京控案積存 41 起；各屬招辦命盜案積存 165 起；提審及批發案件積存 800 多起。共計積案 1013 起。溫承惠辦過各案「輿論多為稱屈，恐審擬未免過當」。另外，溫承惠釋令通賊詐贓之李治充捕，四處滋擾。齊河縣丞王龍光營謀升缺，致被撞騙一案，經撫臣程國仁簽駁，而據知府戴嘉穀面稱溫臬憲專定營謀之罪，未究撞騙之由，殊為偏畸。另外，童槐新收呈詞中「多有以無辜被禁，語涉溫承惠」。查溫承惠提審被證，曾羈押至 1300 餘人，程國仁到任後飭令將無關摘釋，尚存 912 名。〔註236〕經過此奏，皇帝又將溫承惠發往伊犁效力贖罪，「其未結及復行翻控各案，督飭臬司速行秉公審辦；羈禁各犯，分別應訊應釋，上緊清釐，以省拖累。」〔註237〕

山東情形不僅困擾朝廷，實則還影響巡撫的升遷，為此程國仁和童槐就此問題都投入了較大的力氣，曾專門奏上了整飭地方章程，朝廷對之或准或駁。二十五年二月，皇帝又指出山東吏治民風頹壞到了極致，「詞訟之繁，始由於官吏之不辦事，今又變而為不敢辦事。欲結一案，而輒慮翻控；欲用一刑，而輒慮反噬。鞫案之時，有倚老逞刁者，有婦女肆潑者，有當堂憤起者，有抗不畫供者。地方官平日全無恩信及民，臨事又多畏葸，以致莠民日益得志，良懦甘受欺陵。」州縣官員是統治的根基，尚且如此，遑論地方治理。就審轉程序而言，山東「遇案動輒提省，更或各府州因其事難辦，具稟

〔註235〕《清仁宗實錄》卷 361，嘉慶二十四年八月乙卯，中華書局 1986 年版，第 5 冊第 769 頁。

〔註236〕山東按察使童槐：《奏為查明溫承惠審結各案情形事》，嘉慶二十四年九月二十三日，錄副奏摺，檔號：03-1586-049。

〔註237〕《清仁宗實錄》卷 362，嘉慶二十四年九月丁亥，中華書局 1986 年版，第 5 冊第 783～784 頁。

請提，冀圖卸責。及提至省城，則盡委之於首府，稽壓拖累，百弊叢生。在首府舍己芸人，日不暇給。而省外各府，食祿而怠於事，豈不竟同虛設。」諭旨道出了提省審辦的弊端，即案件積壓於省城，多委任首府審結，壓力劇增。此外，山東還有「盜賊充斥，捕役悉與勾連」等事。皇帝命令撫臣程國仁實力整頓，「督率知府以及州縣，殫心盡職，剖決詞訟，務秉公正。其刁徒訟棍，按律懲治。捕役有勾通盜賊者，盡法嚴辦。」〔註238〕但山東案件層出不窮，訟師唆訟、盜賊橫行、民風刁健、官員昏聵、衙役滋弊等大幹風俗人心，二十五年四月，署理山東運河事務兼署巡撫李鴻賓奏稱「東省詞訟煩多，甲於他省，京控案件一月之內輒至數起。臣署篆以來，檢查卷牘，每月巡撫、兩司分審京控各案奏咨完結者，不下十數起，而訐告仍未少息。此內固不無被抑具控之人，然審繫虛誣者，十居八九。推原其故，皆由訟棍從中巧為播弄，愚民墮其術中，遂不憚騖越赴京呈訴。」〔註239〕至二十五年五月，新任撫臣錢臻奏上了酌擬整飭章程，指出東省積習「民不畏官，官轉畏民」。他擬請通過辨上下、定民志、使民不敢犯上等措施進行整治。皇帝支持了他的意見，且進一步指出「該撫此時力加整頓，總在使官能展其猷為，民無可施其挾制，挽其逆者而使之順。而其要尤在於嚴拏訟棍。」他認為民眾告訐頻仍都是因為訟棍唆使，訟棍斂戢則民氣自靖，但對「擬請嗣後東省京控戶婚田土之案，及雖係重案，在本省控告未經投審者，無庸奏咨，斟酌駁斥一節」予以駁回。京控案件分別奏咨乃是通例，不可因山東一省獄訟紛繁而廢止，況且京控案件並非盡屬虛誣，一概駁回，只能使「含冤負屈者，悉皆壅於上聞。」同時，皇帝指出了變通措施，即「俟案犯解回本省，審明實係虛妄，較之常例，再加重治罪，以儆刁風可也。」〔註240〕雖對山東省誣告加重治罪，但仍舊遏制不住民眾京控的潮流。此後如辛邁遷等人依舊遣抱告京控，很多案件仍然難以審理。

二十五年六月，吳璥由山東回京覆命，面奏皇帝「山東民情，悍而不刁。近日訟獄雖繁，地方官果能聽斷公明，速審速結，不難轉移風氣。」皇帝諭

〔註238〕以上見《清仁宗實錄》卷367，嘉慶二十五年二月乙未，中華書局1986年版，第5冊第854~855頁。

〔註239〕署理山東巡撫李鴻賓：《奏為東省詞訟繁多遵旨飭屬查拿訟棍事》，嘉慶二十五年四月初三日，朱批奏摺，檔號：04-01-01-0611-043。

〔註240〕《清仁宗實錄》卷371，嘉慶二十五年五月丙子，中華書局1986年版，第5冊第902頁。

令山東巡撫「平日辦理案件，遇有強悍應除去者除之，愚蒙可化導者化之。使邪慝之風、桀驚之氣，逐漸消除。期於弭患未然，尤為至要。」〔註241〕之後，錢臻奏請暫設局員審理京控各案，經皇帝批准，臬司童槐總司局務。「所派局員，只准於候補道府丞倅州縣中遴委，不得調用現任人員，致荒本務。」〔註242〕至十月，山東積案正式清理完結，遂將巡撫衙門發審局和嘉慶五年首府衙門發審局一併裁撤。錢臻指出：「溯查京控各案，自嘉慶五年首府衙門立有發審專局以來，陳陳相因，日積日夥，距今二十餘年，從無清釐之日」，但巡撫衙門發審局，卻收效顯著。「茲定於本月十五日撤局，並將嘉慶五年設立首府衙門之專局同時裁撤。從此積習一袪，訟風漸轉，地方可次第整頓。」〔註243〕

這裡值得一提的是溫承惠參與審理的徐文誥案。〔註244〕徐文誥是山東泰安的監生兼財主，家住祝陽徐家樓，即今天泰安市岱嶽區祝陽鎮徐家樓村，距離當時的老縣衙 20 多公里。嘉慶二十年五月其家被盜，雇工栢永柱前後兩面均被槍傷而死。泰安縣知縣汪汝弼諱盜為竊。其後，徐文誥上控到按察使司衙門，「引發官場傾軋，成為一時大案。」〔註245〕該司委濟南府等審理，又通過刑訊逼供讓徐文誥承認誤傷雇工人，革除功名並擬徒完結。後經刑部駁回，又以故殺雇工人定罪。其母遣其堂兄徐文現為抱告京控，引起了皇帝的關注。當溫承惠通過多方努力捕獲盜賊審明案情後，卻被參以革任。案情也隨之出現反轉，徐文誥逃脫，到京控訴，朝廷只得派欽差文孚、帥承瀛馳往山東審案。「撫部急就溫公原詳，略加刪削，匿節奉嚴旨，援他條減議問官，以新臬名具折稿。而稿長七千餘言，繕寫兩晝夜乃成。」〔註246〕奏摺中載有

〔註241〕《清仁宗實錄》卷 372，嘉慶二十五年六月庚子，中華書局 1986 年版，第 5 冊第 914～915 頁。

〔註242〕《清仁宗實錄》卷 372，嘉慶二十五年六月辛亥，中華書局 1986 年版，第 5 冊第 922 頁。

〔註243〕山東巡撫錢臻：《奏為京控積案全數審結撤局日期事》，嘉慶二十五年十月十三日，朱批奏摺，檔號：04-01-01-0608-027。

〔註244〕關於此案，可閱讀《清仁宗實錄》卷 343，嘉慶二十三年六月戊辰，中華書局 1986 年版，第 5 冊第 533～534 頁；《清仁宗實錄》卷 364，嘉慶二十四年十一月庚午，中華書局 1986 年版，第 5 冊第 812 頁；劉占青：《一場搶劫引發的清代冤案》，載《文史天地》2016 年第 9 期；吳煥良：《嘉慶朝山東泰安徐文誥宅劫案檔案》，載《歷史檔案》2017 年第 2 期。

〔註245〕曲進賢主編；周郢等編撰：《泰山通鑒》，齊魯書社 2005 年版，第 205 頁。

〔註246〕〔清〕包世臣撰：《包世臣全集》第 3 冊，李星點校，黃山書社 1997 年版，第 393 頁。

「亦無捨盜犯而將事主治罪之理」，皇帝將此句用紅點圈出。欽差覆審後所奏情形大略相同，此案予以平反，經辦各員分別議處、議敘有差。當然，也有人指出「此案盜與事主之槍同時併發，各傷一面，兩不相蒙，亦兩不相知。迨積重難返，乃僅以盜傷定案耳。不然，事主之槍不能傷及兩面，豈盜犯便能一槍而傷兩面耶？」〔註247〕案結之後，御史李瑩針對此案奏請嚴禁諱盜縱盜積弊。二十四年十二月初九日，皇帝通諭各督撫嚴行飭禁，「嗣後所屬州縣如有諱盜不報，或故勘事主縱容捕役需索抑勒者，立即嚴參懲辦，毋稍姑息。」〔註248〕

山東辛邁遷案也前後稽延多年，最後以誣告結案。嘉慶二十五年，山東德州革生辛邁遷遣子控告該州漕書等人勒折侵吞，辛邁遷被冤押禁「悶牢」，據稱「『悶牢』並無窗戶，只有一洞，可通飲食，大小便溺俱在其中。」皇帝降旨交巡撫錢臻審辦。五月，上諭指出，辛邁遷一案「自十九年在該省糧道衙門控告，延至二十三年，未經審辦。轉將伊族鄰人等拿獲十八，鎖押班房嚇詐錢二百餘千。迨該生赴京控訴，發回山東審訊，遂將其衣頂斥革，嚴押『悶牢』。自上年九月至今，又閱八月之久，仍未審結。」慢慢地，上諭就轉變了風向，指出「國家設立囹圄羈押人犯，即情罪重大者，亦只照例監禁」，指斥「悶牢」慘酷，實出情理之外，要求錢臻應先派員查驗濟南府所設「悶牢」是否屬實，並一體嚴查山東省各州縣是否也有「悶牢」。此諭還指出東省京控之案，較以前漸稀少，要求錢臻振刷精神，對於上控事件，「即刻提案，自行親鞫，虛衷聽斷，於官民兩持其平，不可豫存成見，稍有偏徇」，通過秉公審辦樹立新任巡撫公明剛斷的形象，小民遇有屈抑時，俱赴本省控理，「其京控之風，不遏自息」。〔註249〕到了六月，山東巡撫審明辛邁遷案全是虛誣，山東並無設立「悶牢」之事。辛邁遷一直在店房居住，並未鎖押，「因候審日久，心悶如牢，遂編造悶牢名目具控」。皇帝認為辛邁遷架詞聳聽，刁詐可惡，對於「捏造『悶牢』名目，逞刁上控之處」應加重定擬具奏，並通諭直省大吏，「無論控案大小，均當隨到隨結，毋許任意拖延，徒滋羈

〔註247〕〔清〕方濬師：《蕉軒隨錄》卷4，沈雲龍主編：《近代中國史料叢刊》第38輯375，文海出版社1973年版，第367頁。

〔註248〕《清仁宗實錄》卷365，嘉慶二十四年十二月丁酉，中華書局1986年版，第5冊第824頁。

〔註249〕《清仁宗實錄》卷371，嘉慶二十五年五月甲申，中華書局1986年版，第5冊第907~908頁。

累。蓋明慎用刑而不留獄，乃聽訟之要言，能使案無留牘，則無情之詞，自不遏而漸息也。」〔註250〕辛邁遷呈詞中最為皇帝重視的是「悶牢」名目，聯想到地方私設班館，濫用非刑等問題，因此督撫一再否決。

山東一省情形如此，其他直省的形勢也不容樂觀。但黑幕得以平反受到多重因素的影響，更多的無辜小民含冤莫辯已無從考證。

道光初年的浙江德清縣徐蔡氏案也是一個拖延多年的大案，徐蔡氏被謀身死，吏役和官員從中收受賄賂予以包庇，幾經蒸檢，屍親呈控不斷，最後由御史上奏引起朝廷重視才查清。按察使還因案自殺，頗為弔詭。其後，朝廷亦將相應官吏予以懲處，「黃兆蕙係已革浙江德清縣知縣，因民婦徐倪氏因奸謀勒徐蔡氏身死案內，該革員近在同城，借病推諉，玩視人命，以致屍骨迭遭蒸檢，又於和息後得受陋規銀兩，輕罪不議，從重發往黑龍江充當苦差，到配六年。」〔註251〕

（三）京控積案的地區差異：以道光朝陝西和江蘇為對比

李星沅是道光朝名臣，也曾多次參與清理積案的實踐。其文集中留存擔任陝西巡撫、江蘇巡撫和兩江總督時處理京控案件的情形，可以用於對比不同的時空環境下積案數量的差異。

地方風俗影響獄訟數量，乾隆時代，陳宏謀在撫陝期間，說明「陝省民間詞訟，本不甚多，地方官果肯清理，原可隨控隨審，一審即可完結，兩造得早寧家，無守候拖累之苦，亦不至兩造爭角，書役需索恐嚇，釀成大案。」〔註252〕他還指出「陝境地方肆竊行兇，多在惡回、卦子及安插之軍流」，此外尚有一種喇棍及惡丐，為非作歹、滋擾生事。〔註253〕

西部省份的案件相較較少，李星沅曾多次循例奏報陝西並無京控咨交案件。道光二十三年，李星沅奏報「陝省自本年七月至今止，並未接准刑部及都察院、步軍統領各衙門咨交京控案件，亦無從前逾限未結之案。」〔註254〕

〔註250〕《清仁宗實錄》卷372，嘉慶二十五年六月乙未，中華書局1986年版，第5冊第913頁。

〔註251〕無責任者：《奏報已革浙江德清縣知縣黃兆蕙從重發往黑龍江充當苦差案由事》，道光朝，朱批奏摺，檔號：04-01-08-0141-016。

〔註252〕〔清〕陳宏謀：《申行州縣清理詞訟檄》，載《清代詩文集彙編》第281冊《培遠堂偶存稿》，上海古籍出版社2010年版，第118頁。

〔註253〕〔清〕陳宏謀：《嚴查惡丐搶竊檄》，載《清代詩文集彙編》第281冊《培遠堂偶存稿》，上海古籍出版社2010年版，第225頁。

〔註254〕〔清〕李星沅撰：《李星沅集》第1冊，王繼平校點，嶽麓書社2013年版，第93頁。

道光二十四年上半年京控咨交案「止有華陰縣民楊兆祥等一起」〔註255〕，下半年「止有長安縣民王普修一起」，〔註256〕均提訊審辦，並無逾限。道光二十五年六月，他奏報「自本年正月以來，有乾州民王大善、洋縣民宋文益二起，業經提集人證，督飭審擬完結。現止大荔縣民李生春一起，亦已行司提審。核計限期，並無遲逾。」〔註257〕道光二十四年，巡撫李星沅與升任臬司傅繩勳督委西安府知府李希曾將李春孩被李述秀、李蘇氏因奸謀斃滅口一案審明改擬，〔註258〕均被議敘，加恩賞加二級。六月二十一日，李星沅在謝恩摺表明「抵陝以來，凡遇各屬讞牘，兢兢以『情真罪當』四字隨時告戒，就案指駁。」〔註259〕

與陝西省不同的是，當李星沅調任至江蘇省後，發現該省獄訟紛繁，京控積案較多。道光二十六年四月，李星沅奏報：「江蘇省自道光二十一年以後，僅將承審遲延職名隨案咨參，其提解遲延職名未經核奏。」僅道光二十五年當年准咨及上年未結京控案共有 95 起之多，為向來所未有，尚有周紹汶等 39 起未結，「察核所告事理，亦有地方官審斷遲滯，激之使然者，而其中逞刁翻異，挾嫌妄指，及以田土錢債細故並未在本省各衙門呈告、輒行赴京越訴之案，竟至十居七八。」〔註260〕他將江蘇省京控咨案應參提解遲延職名繕具簡明清單奏呈，案涉東臺知縣葛起元、泰興知縣毓彬、代理蕭縣知縣馬鑄式等官員。〔註261〕道光二十六年八月二十八日，李星沅奏報截至二十六年六月底，39 起舊案中，尚有 10 起未結；又續准咨交新案 27 起，尚有 23 起未結。「內除人證已齊，現在訊辦及甫經行提高義興等十一起尚未逾限外，計

〔註255〕〔清〕李星沅撰：《李星沅集》第 1 冊，王繼平校點，嶽麓書社 2013 年版，第 127 頁。

〔註256〕〔清〕李星沅撰：《李星沅集》第 1 冊，王繼平校點，嶽麓書社 2013 年版，第 148 頁。

〔註257〕〔清〕李星沅撰：《李星沅集》第 1 冊，王繼平校點，嶽麓書社 2013 年版，第 176 頁。

〔註258〕〔清〕李星沅撰：《李星沅集》第 1 冊，王繼平校點，嶽麓書社 2013 年版，第 111～112 頁。

〔註259〕〔清〕李星沅撰：《李星沅集》第 1 冊，王繼平校點，嶽麓書社 2013 年版，第 127～128 頁。

〔註260〕〔清〕李星沅撰：《李星沅集》第 1 冊，王繼平校點，嶽麓書社 2013 年版，第 232～233 頁。

〔註261〕〔清〕李星沅撰：《李星沅集》第 1 冊，王繼平校點，嶽麓書社 2013 年版，第 233～235 頁。

有陳俊等二十二起均係地方官提解遲延，自應照例查參示儆。」他請旨將金壇縣知縣王清渠等交部照例議處，〔註262〕將應參提解遲延職名繕具清單奏呈。〔註263〕至道光二十七年上半年彙奏時，上屆未結的2起京控案件已分別核咨完結，並無續准之案。「今截至道光二十七年六月底止，查無京控咨交未結案件。」〔註264〕道光二十八年十二月李星沅奏明已將上半年未結2起京控案分別核咨完結，下半年「無京控咨交未結案件，亦無續准之案。」〔註265〕這說明李星沅治蘇期間，徹底清理了京控積案。值得注意的是，將案件中承審遲延和提解遲延進行區分是道光朝的進步。道光二十八年正月，兩江總督李星沅因候補知府鍾殿選先後幫助審結命盜重情及京控奏咨各案共314起，奏請按照道光二十六年湖北襄陽府同知候補知府姚華佐先例，「俯准將候補知府鍾殿選遇有江蘇、安徽合例應補知府缺出，即行補用。」上諭允准，並指出「今鍾殿選既已清釐積案多起，其積壓者究係何員，豈可置之不問？仍著李星沅等按數查明，分別參辦，俾昭公允。至保奏審案出力人員，必應將各任積壓及承審錯誤之員一併指參，曾於道光十七年特降諭旨，距今未久，何竟漫不記憶？嗣後各該督撫等務當恪遵前旨，秉公核實。總期勸懲並用，彰癉兼施。」〔註266〕當年十二月初一日，李星沅將案件積壓和審結經過具奏。〔註267〕

小結

　　嘉道時期的積案主要根據侵犯的法益、社會危害性、科刑的輕重、審判

〔註262〕〔清〕李星沅撰：《李星沅集》第1冊，王繼平校點，嶽麓書社2013年版，第284～285頁。

〔註263〕〔清〕李星沅撰：《李星沅集》第1冊，王繼平校點，嶽麓書社2013年版，第285～286頁。

〔註264〕〔清〕李星沅撰：《李星沅集》第1冊，王繼平校點，嶽麓書社2013年版，第370頁。

〔註265〕兩江總督李星沅：《奏為陳明江蘇道光二十八年下半年查無京控咨交未結案件事》，〔道光二十八年十二月二十一日〕，朱批奏片，檔號：04-01-01-0828-025。

〔註266〕〔清〕李星沅撰：《李星沅集》第1冊，王繼平校點，嶽麓書社2013年版，第456～458頁。

〔註267〕參見〔清〕李星沅撰：《李星沅集》第2冊，王繼平校點，嶽麓書社2013年版，第605～606頁。

程序等因素劃分為細事和重情兩大類，但因這一時段社會發生新變化，告官告吏、械鬥、京控等案件都成為這一時期積案的特殊類型。就嘉道時期積案的時空分布來說，在時間分布上主要集中於嘉慶中期和嘉慶末期，前者是全國大範圍內都存在積案，後者以山東等局部為積案重災區。道光時期，除初期直隸積案較多外，其他時段沒有湧現特別集中的積案問題，但道光一朝大案迭興。

嘉道時期伴隨清理積案制定了許多新制度，如嘉慶十二年的督撫蒞任伊始奏報各直省積案情形的制度，嘉慶十五年制定督撫每半年彙奏京控案件審結情形的制度等，嘉慶末期山東設置發審局專門審辦積案的嘗試，成為此後各地傚仿的榜樣，這種分化在一定程度上體現了司法專業化。道光朝的積案應對舉措更全面，譬如完善處分則例、明定官員獎懲、確立分別審結遲延和提解遲延等制度。這對於提高行政效率和約束官員起到了一定的效果，對積案防治發揮了一定的作用。

第三章　嘉道時期積案問題的成因

　　嘉道時期督撫在奏報各地積案情形時，亦總結了積案形成的原因。如嘉慶五年直隸總督胡季堂強調「積案之多，固由州縣玩愒所致；亦有一等刁民，每以睚眥細故、口角微嫌，輒行爭訟；又有一等訟棍希圖漁利，刁唆播弄，顛倒是非；或原告遞呈，自知情虛，旋即潛逃；或已審結又聽從訟師教唆，復行翻控，希圖拖累多人，其心最為狡譎。」〔註1〕在傳統的「職權主義」審判模式下，他們所歸納的原因多是不全面的，大體歸結為訴訟當事人刁健、案件本身存在一定的審理難度（緝捕不力、隔省關提人證需時、原告隱匿等因素）、訟師播弄唆使和州縣官員的怠惰。基本是以人作為中心進行的原因分析，這種歸納是他們直面的當時的現實困境，沒有也不敢觸碰這一時期制度存在的問題。

　　案件未能得到及時審結受多方面因素的影響。首先，從訴訟根源來講，因乾嘉轉型，人口增加及世風日下，客觀生存環境的惡化，民眾對有限的資源展開激烈的爭奪從而蓄怨構釁，由細事釀成大案，牽砌捏造，加之訟師從中唆弄，原被告均接連控訴、刁翻，形成了極大的訴訟鏈條、累及廣大的涉案人員，經年累月，造成了耽誤人事活動（如嘉慶年間徐文誥案，當事人久繫囹圄之中）、蕩產傾家（因訴訟而產生大量的直接和間接費用，家族元氣大傷，如德清徐蔡氏案）、拖累無辜（有許多涉案人員在監獄裏拖累致死）等弊端。另外，即使案件暫被審結，但造成了冤假錯案，也會激發新一輪控訴。

〔註1〕　直隸總督胡季堂：《奏為分別勒限清整積案並申明原告不到注銷之例以免拖累事》，嘉慶五年三月初十日，錄副奏摺，檔號：03-2174-008。

也就是說，一些積案中包含的訴訟過程較為複雜。

其次，客觀司法環境鼓勵人們的訴訟行為，包括清廷開放言路而鼓勵京控、生監群體代作呈詞、訟師教唆詞訟等行為。而政治和法律存在的諸多問題也是案件積壓的因素，許多案件在產生之初未能得到妥善解決和處理，從而由民間細故釀成延擱多年的大案，當事人不斷上訴乃至京控，原告、被告、中人、證人、訟師、衙役、書吏、幕友、官員等多方力量從中角逐，使得案件不易裁斷。清朝嘉道時期各衙門，下至州縣上至中央法司均存在積案，積案問題具有時空分布不均、類型多樣的典型表徵，造成了政治失序、司法不公、吏治腐敗、民生受困和社會發展遲滯等諸多危害。

第一節　人口增長與生存危機帶來的挑戰

「19 世紀一開始就是黯淡無光的。孕育和蓄積於上一世紀的種種社會矛盾，在這個時候已經成為人口、財政、武備、吏治的種種難題。人心在變，士風也在變。民間的揭竿造反與士大夫的經世議論，表現了朝野皆為憂患所苦。這本是王朝由盛轉衰途中的歷史舊景，但海舶東來，由中西貿易而滲入中國的洋物和毒品，又給世變添加了新的內容。」〔註 2〕這既是嘉道時期整個社會呈現的樣態，也是司法實踐所面對的客觀環境。由於這些問題的存在，民眾之間的爭端更多，也更加希望通過訴訟程序加以解決，大量的案件湧入衙門，給司法帶來了極大的挑戰。

一、人口漸增，民生日蹙

無論是《清實錄》《賦役全書》的記載，抑或根據人口史專家再三研究，都表明嘉道時期人口激增，清代官方文獻記載道光十四年已達 4 億人口。此時生態環境也較為惡劣，災害頻繁，加上戰爭等因素，嚴重制約了民生和司法。

（一）人口增長帶來訴訟量增多

人口與訴訟量是正相關的，嘉道時期是清代人口最多的時段，在資源總量不變的情況下，人均佔有量下降，對資源的爭奪更加激烈，糾紛也隨之增多。

〔註 2〕　陳旭麓：《近代中國社會的新陳代謝》（插圖本），中國人民大學出版社 2012
　　　　　年版，第 35 頁。

1. 嘉道時期為清代人口全盛時期

清初實行編審來調查人口,「作為徵收丁稅的依據」。但編審法存在四大問題,第一,人民為逃避丁稅的負擔,「便普遍的並戶減口,隱匿不報」;其次,「編審大都限於土著,客戶人口沒有計入」;第三,特殊身份的人可優免丁額,而「傭保奴隸也不列於丁」;第四,「正度對於邊境貧瘠地區,或遭遇災害的地方,有時免予編審,或停止編審。」因以上原因,「清初人口統計失實,過於偏低。」〔註3〕康熙五十一年,發覺人口數字隱匿太多,清廷下令以康熙五十年丁額作為常額,確立永不加賦制度,當年人丁戶近 2,500 萬。康熙六十年人丁戶為 2,900 多萬。乾隆五年,清廷確定由保甲幫助確查人口實數,乾隆六年合計天下男婦口數為 143,411,559 口,突破了以往只以成丁或納稅單位計算的方式。乾隆七年人口近 1.6 億,已恢復到 1600 年左右 1.5 億的人口基數。至乾隆二十二年,官方又將紳衿之家與齊民一體編戶,各地客民和土著一併計算,統計結果為 1.9 億,從此得到了比較可靠且接近真實的人口數。十八世紀初期開始直到十九世紀中葉是人口增長最為穩定的時期,乾隆二十七年突破 2 億,乾隆五十六年突破 3 億,其後雖稍有回落但很快恢復,至道光三十年達到 4.1 億。乾隆朝以後的人口「或有增造以博盛世之名者。然乾嘉人口激增,自為事實。」〔註4〕人口數量為地方考成的指標之一,地方官員或有虛報的嫌疑,道光時期實際人口數可能略少一些,但相比順康雍乾時期而言,有所增長是毋庸置疑的。200 年間,清代人口增長了近 3 倍,龐大的人口基數,對國家來說既是優勢,也是負擔。「就維持人口最重要的田地面積來說,乾隆中葉已經接近飽和點,除東北以外,其他各省增加的可能性很小。」〔註5〕當時清朝人口已是同時期的美國的十幾倍,有限的土地之上承載的人口壓力不言而喻。

2. 資源爭奪更加激烈

在資源有限的前提下,人口的急劇增長帶來了人均資源佔有量的減少。乾嘉名流洪亮吉曾舉了家族繁衍的例子,「高曾之時,有屋十間,有田一頃,身一人,娶婦後不過二人」,若生子三人,再各自婚娶繁衍,衰老代謝,及至

〔註3〕 以上見全漢昇、王業鍵:《清代的人口變動》,載《中研院歷史語言研究所集刊論文類編》(歷史編・明清卷二),中華書局 2009 年版,第 1829 頁。

〔註4〕 錢穆:《國史大綱》(修訂本),商務印書館 1996 年版,第 869 頁。

〔註5〕 全漢昇、王業鍵:《清代的人口變動》,載《中研院歷史語言研究所集刊論文類編》(歷史編・明清卷二),中華書局 2009 年版,第 1841 頁。

曾孫、玄孫之世，人口較高、曾祖之時，「已不下五六十倍」。即使遇到水旱疾疫等災害，死亡人口「不過十之一二」。人口增多而田不加增，加上通貨膨脹等因素，即便終歲勤勤，只能畢生皇皇，「自好者居然有溝壑之憂，不肖者遂至生攘奪之患矣。」〔註6〕這很形象地將人口增長所帶來的資源爭奪和矛盾激化進行了說明，「是一種土產的人口論。它以傳統的經世意識折射了歷史上尚未有過的人口壓力。」〔註7〕錢穆也說「因戶口激增，民間經濟情形轉壞。」〔註8〕

案件因性質和危害程度不同，以及當事人出於成本利益的考量，從而具有多元化解決手段，其中細事的解決渠道更為多元，除爭水、爭山、爭地等公共資源糾紛外，其他細故波及範圍一般較為有限，依靠鄰里、家族、保甲等調解可以化解，而命盜等重情所侵害的法益較大、社會危害性嚴重，對國家的法統、秩序和權威是極大的挑戰，必須由官方介入。但基層的多元糾紛解決機制並不能時常奏效，在多元糾紛解決機制下，成本較高的訴訟手段意味其他解決渠道的失效，是故也需要政府的干預。

存世孤本清代《江西萬載訟師秘本》有一份「息狀」，原告巫定清於嘉慶十四年「承種葉肇東所管地名小水坑田一千八百餘把，當即憑中交出仁禮錢二百千文外，又出頂腳錢七十六千文，每（年）議交租穀一千零四十桶，立有佃帖炳據。」巫定清耕種兩載，十六年十月二十六日，高永正突然秒耙該田數百把，巫定清向高理論，據稱田歸其耕種，巫定清又問葉肇東，葉模糊答應。於是巫在嘉慶十六年十一月初一日，以一田二佃告到了縣衙。初三，知縣批示：「所佃葉肇東田畝，既經付有頂腳錢文，歷年照額交租，何致另行發佃？據稱高永正強欲秒耙，已向阻止。果係葉某私令高某佃種，自可邀同地保鄰理處，不必率行興訟。」到了初七，巫定清再次控告到縣衙，其說明「今民遵批邀同保鄰理處，不惟坐視不耳，反又率兄弟強耕。」巫定清面臨田財兩空的困境而再次控告。初八奉批：「爾種葉紹東田畝，自必有佃帖可憑。豈有未經退清，先行另佃之理？是否已退復爭？抑果係高永正鑽奪？姑准差弔佃帖核奪。」後來，葉肇東也對巫定清提起訴訟，經查明其欠下了租

〔註6〕〔清〕洪亮吉撰：《洪亮吉集》（第一冊），劉德權點校，中華書局 2001 年版，第 14～16 頁。

〔註7〕陳旭麓：《近代中國社會的新陳代謝》（插圖本），中國人民大學出版社 2012 年版，第 43 頁。

〔註8〕錢穆：《國史大綱》（修訂本），商務印書館 1996 年版，第 869 頁。

穀、錢文。三月四日，經親友從中勸解，巫定清「情求葉某，念屬賓主，概讓民下所欠租穀，仍將仁禮數實交民手」，自願出耕退屋，出具允服，兩造和息，具結銷案。〔註9〕這個案子記述了萬載縣知縣的多則批示，多為勸諭兩造和息，如寺田浩明所言「地方官受理人民的訴訟，並不是按照某種客觀的規範來判定當事者雙方誰是誰非，而是提示一定的解決方案來平息爭執，進而謀求雙方的互讓以及和平相處。」〔註10〕

小民爭訟，多由細故，道光二十五年刻立的《京控開封府原斷》，記載河南靈寶縣民張玉璽京控案始末。靈寶縣河灣、下鎧和路井等村莊，均引好陽河飲灌。嘉道時期因洪澇災害多發沖斷水渠，下鎧和路井兩村因分攤維修西渠工程費用以及爭水而涉訟。從嘉慶二十二年西渠上游被水沖毀一段，到道光朝再次被沖毀，爭議頻頻，道光十四年、十五年、十七年、二十一年先後歷控各衙門，二十三年京控至都察院，咨解回豫才審結。〔註11〕

在有限的條件下，人口聚集，勢必為生存而爭奪不已。如安徽休寧境內多山，小民溫飽不足故多外出經商並成為規模。其當地民眾「或因口角微嫌而架彌天之謊，或因睚眥小忿而捏無影之詞。甚至報鼠竊為劫殺，指假命為真偽，止圖誆准於一時，競以死罪誣人而弗顧。庭訊之下，供詞互異」。〔註12〕更有甚者，負氣輕生，動輒以命殉情，上訴不已。地方官不得已只能宣告但凡是服毒、自縊以及投河前往官府控告的，立即勒令埋葬，不得株累。可見當時一些地方的民眾通過命案等牽累他人，造成了極大的治理難題。此外，人口增加，「高岸為谷，深谷為陵」，在捉襟見肘的生存狀態下傳統的世家大族隨著時代變遷也衍化許多小支系，家族之間的爭奪亦大量存在，如私人將家族義田或公共山場進行變賣的糾紛，往往需要借助外部官方手段進行解決，嘉道時期不乏同族之間爭鬥財產的民事案件，乃至發生重大的服制命案，清廷不得不加重對服制案件的懲治。如嘉慶十二年定例，「若有將公共山場，一家私召異籍之人搭棚開墾者，即照子孫盜賣祖遺祀產至五十畝例，

〔註9〕〔清〕佚名：《江西萬載訟師秘本三種‧甲本》，孫家紅、冀汝富整理，載楊一凡主編：《歷代珍稀司法文獻》第12冊，社會科學文獻出版社2012年版，第613-614、663～667頁。

〔註10〕〔日〕寺田浩明：《權利與冤抑：寺田浩明中國法史論集》，王亞新等譯，清華大學出版社2012年版，第210頁。

〔註11〕范天平編注：《豫西水碑鉤沉》，陝西人民出版社2001年版，第317～320頁。

〔註12〕〔清〕吳宏：《紙上經綸‧禁健訟》，載郭成偉、田濤點校整理：《明清公牘秘本五種》，中國政法大學出版社1999年版，第221頁。

發邊遠充軍。」〔註13〕

（二）民生日蹙致使獄訟紛繁

1. 流民問題

大量的人口使得許多民眾並不具有土地使用權、經營權，有一些地方為了集中繳納賦稅，往往以家族為單位兼併土地、整合田產，使族眾成為佃農。嘉道時期產生了大量雇工人和流民，也催生了移民和會黨的浪潮，給社會帶來了種種不安。與此同時，耕地面積卻未曾增長，雖然升科地畝也是考成指標之一，但隨著湖廣移四川和南山老林的開發，清代內地似乎再無新增的可耕之地，為此在有限的耕地面積下如何容納更多的人口便成為一大難題。有許多民眾為口食而奔波，背井離鄉成為流民，移居山林或口外，甚至跨越重洋販番販到死方休。移民關外或口外、西南、東南的臺灣及南洋成為三大路線。因人口劇增加之戰爭因素，很多漢民移居到少數民族地方，如武定彝族那氏土司域內，「戶繁人眾，恃其狡獪，肆其奸頑，始則重利剝夷，拆散產業；繼而鼓惑煽誘，引導為非」〔註14〕，當時的漢人岳奠西等人勾結奸棍李天保等人斂錢包訟，捏款上告，給地方治理帶來了麻煩。嘉慶七年，清廷允許小民墾種東北的閒荒地土，至嘉慶十一年，「流寓已有數萬」。〔註15〕也有很多民眾遷徙到西南生存，就四川省人口而言，康熙二十年約50萬，乾隆四十一年779萬，嘉慶十七年達到2071萬。〔註16〕道光年間，貴州「安順府鎮寧州鄉約李洲強佔官田，驅逐佃戶，致被逐苗人王保等失業不甘，毆傷郭添品等身死。」道光十二年刑部貴州司說帖中指出「漢奸土霸強佔苗民田畝，致醸人命，例無作何辦理專條。故援照貴州巡撫的辦理建議，確定「嗣後黔省漢民如有強佔苗人田產致令失業醸命之案，俱照棍徒擾害例問擬。其未經醸命者，仍照常例科斷。」〔註17〕

〔註13〕 張榮錚、劉勇強、金懋初點校：《大清律例》，天津古籍出版社1993年版，第210～211頁。

〔註14〕 參見楚雄彝族文化研究所編：《清代武定彝族那氏土司檔案史料校編》，中央民族學院出版社1993年版，第24頁。

〔註15〕 《清仁宗實錄》卷164，嘉慶十一年七月己未，中華書局1986年版，第3冊第130頁。

〔註16〕 參見曹樹基：《中國移民史》第6卷，福建人民出版社1997年版，第95頁。

〔註17〕 〔清〕祝慶祺等編：《刑案匯覽三編》（第一冊），北京古籍出版社2004年版，第239～240頁。

　　為此，時人不得不在農業技術手段和飲食結構上進行突破，如江南地區改旱地為水田以提高糧食產量，通過植物套種和精耕細作以充分利用每一點土壤、光照、熱量及水分資源，但這種突破極為有限。發生在這一時期的食物革命也值得關注，大量引種原產自美洲的玉米和馬鈴薯（這類作物對土地質量要求不高，坡地即可種植，產量大），為山區民眾提供了口食，東南、西南邊陲各地都有栽種。還有很多農民放棄傳統的農作物，改種經濟效益更高的藍靛等。儘管作出了這些努力，「樂歲終身飽，凶年不免於死亡」依舊是時人難以企及的夢想。大量的人口和有限的資源之間形成了巨大的矛盾，民眾的生計也困擾統治者，盧坤撫陝期間曾奏明「所謂老林，今已十去八九」。〔註18〕

　　在追求穩固的目標下，居無定所的流民被看作是危險的群體，形同匪類。一部分民眾流竄於各個山林地界乃至口外謀生，但清廷沒有給他們創造更為便捷的安身立命條件，而是再三打壓他們，驅使他們回籍。嘉慶十年定例商民偷越生番地界等行為最低處以杖一百的刑罰。嘉慶二十一年監察御史王耀辰的一份奏摺頗具代表性。其奏請飭禁棚民和姦戶，以免良民受害。第一是嚴禁浙江棚匪。他指出浙江溫州和湖州等地，延續至安徽地界的山間，向有棚匪，「該匪等借種薯為業，姦淫攘奪，積案累累。且來去無常，匪徒易於藏匿。」前任撫臣蔣攸銛、陳預飭屬查拏，旋以調任寢事。嘉慶六年即有棚匪糾眾搶劫之事，十九年安徽涇縣拿獲匪徒張愛龍等人，另指出「四安地方為逆匪逋逃之藪」，故請旨敕該督撫派誠實幹員查取業戶山冊，限時退租，如有霸佔不令退租者，嚴加懲辦，於編查保甲時令五家相保，有不奉禁令者，即日驅逐。至兩邑交界地方，酌移營汛稽查，絕其呼應。第二是設法查禁海口奸戶運米出洋。其指出上海運米出洋最為嚴重，尤其是上海沿關一帶，「外通黃埔，為海船出入之所，其間有奸商借開設米鋪為名，暗用小舟偷運」，使得糧價騰貴。商民貪利而偷運，匪徒趁機潛逃，故其請旨敕下該督撫派慎密幹員明偵暗察。〔註19〕而民眾因生存展開的資源爭奪更是成為肇釁源頭，從小事激化成大案，迭訟不休，積案累累。

2. 群體性事件增多

　　清朝自乾隆時期群體性事件增多，這種風氣一直在延續。如乾隆末年開

〔註18〕〔清〕盧端齟：《厚山府君年譜》，載北京圖書館編：《北京圖書館藏珍本年譜叢刊》第133冊，北京圖書館出版社1999年版，第577頁。

〔註19〕山東道監察御史王耀辰：《奏為飭禁浙省棚匪奸戶以靖地方事》，嘉慶二十一年二月初六日，錄副奏摺，檔號：03-1698-036。

始直至嘉慶七年平定的白蓮教起義，當時即流行「官逼民反」之說法，此後還有天理教起義、西南地區的農民起義、張格爾起義等，耗費了大量國力以平定和控制。以械鬥等為代表的聚眾事件的發生昭示社會危機，對社會秩序造成極大衝擊。社會學認為聚眾事件屬於群體性越軌行為，它對社會秩序具有直接的威脅性和破壞性，如不能及時加以控制，或者控制不強，甚至動搖王朝的統治根基。群體性事件引起了清代統治者的極大關注，並採取法律手段進行制止和遏制。〔註 20〕

而群體性事件的發生多是因為民生日蹙，民眾因生存焦慮更容易為小事構釁。嘉慶時期，曾在江西任職的張五緯指出「蓋近世生齒日繁，人情變幻愈盛，由爭奪、欺詐而激成訟端，每月呈詞繁劇處，竟有千餘之多。」〔註 21〕嘉慶時期，潮陽械鬥案中梅花、金埔、和平三鄉民眾因爭奪漁樵起釁，「彼此漁樵互至，無不持械出鬥，鬥必殺傷，即偶而相值，釁起細微，非逞忿謀故，亦必凶鬥殺人，怨恨日深，防禦益固。」皇帝無奈朱批：「地方官聽民如此胡為，全不管束，實勘切齒。」〔註 22〕

3. 旗人生計艱難與犯罪增多

嘉道時期，不僅民人面臨極大的生存難題，而且旗人的生計也漸趨窘迫，與此同時，旗人卻被奢靡風氣薰染，生活日益腐化，犯罪率也隨之增長，皇帝每每斥責旗人「不顧廉恥」「蕩閒逾儉」。

嘉道時期為籌畫旗人生計，採取增加旗兵名額、將旗人移駐東北等措施，先後有富俊、伯麟、英和奏議在京旗人遷往東北開發荒地。嘉慶十三年，祿康和宜興兩人在會議教養宗室章程時，建議將宗室中趨向不端之人送往盛京安置，嘉慶帝以盛京風俗漸趨繁華、宗室去後「未必無所漸染」為由而駁斥。嘉慶十九年，富俊等人擬定試墾章程，建議從吉林等地方的閒散旗人中揀選屯丁1000 名，開墾拉林東南夾信溝荒地，先試種三年，「十餘年後，移駐京旗蘇拉」。皇帝允准，指出「積至十餘年後，所得租穀糶價，大可裕旗人生計。」〔註 23〕

〔註 20〕 林乾：《清代乾隆時期群體性事件的法律控制及其效果考察》，載《國家行政學院學報》2018 年第 6 期。

〔註 21〕 〔清〕張五緯：《未能信錄》卷 1，載楊一凡、徐立誌主編：《歷代判例判牘》第 9 冊，中國社會科學出版社 2005 年版，第 516 頁。

〔註 22〕 廣東巡撫調任廣西巡撫孫玉庭：《奏為審明潮陽縣鄭阿營等械鬥案按律辦擬等事》，嘉慶十年正月十三日，朱批奏摺，檔號：04-01-08-0081-026。

〔註 23〕 《清仁宗實錄》卷 299，嘉慶十九年十一月癸丑，中華書局 1986 年版，第 4 冊第 1116～1117 頁。

道光元年，大學士伯麟奏請調劑旗人生計，經八旗都統等妥議具奏，最終確定
「嗣後盛京、直隸有旗人圈佔、置買田產，願往自行經理者」，准其移居在屯，
自行耕種，「如有滋事犯法，亦由該地方官按例懲辦」。〔註24〕當年十二月，伯
麟等人又會議開墾伯都訥屯田。道光五年，由英和等人進一步籌措雙城堡屯田
事宜，將無地可種的貧苦旗民移駐，賞給土地耕種，以期豐衣足食。〔註25〕但
是，移駐也引發了諸多質疑，旗人在京生活既久崇尚浮靡，多不願前往苦寒之
地。道光十一年，御史恒青即對移駐京旗至雙城堡之事提出質疑，「設使彼處
果稱樂土，則已經移駐者，自應樂業安居；未經移駐者，亦應聞風起慕。揆諸
情理，方為允協，乃近年以來願往者漸少，而今年更屬寥寥」，甚至有「環跪
哀憐，甘受抗違之罪，竟無一願往」的情形。據其訪察，民間風傳雙城堡過
於寒苦，「兼之旗人素不諳耕耘，易於被人欺哄，所種地畝，入不敷出。」因
這些傳言流播已久，大部分旗人心生顧忌，不願前往。是故，恒青請旨「詳查
現在移駐京旗戶口、人情、水土和衣食情況」。〔註26〕十二月二十日，皇帝斥
責恒青所奏為「捕風捉影之談」，「是直阻撓國政，將使良法美意，盡可廢棄」。
〔註27〕他既否定了恒青的提議，又表達了清廷堅持推行旗人移駐東北的決心。

（三）災害頻發，戰爭不斷

　　嘉道時期自然災害頻發，加之朝廷打擊農民起義、洋盜等軍事行動，加
劇了民間疾苦，也影響了政務運轉，造成了案件的積壓擱置。鄧拓、陳高傭、
李文海、夏明方、朱滸、曹樹基等學者對災荒問題均有相關研究，其中朱滸、
黃興濤闡釋了嘉道時期災禍頻發帶來社會問題的累積與爆發。〔註28〕

　　筆者在此僅就《清史稿·災異志》來窺探嘉道時期的各種災害：（1）雪
災。嘉慶元年東部地區多地發生冰雪災害，三年、十年、二十四年等年份均

〔註24〕《清宣宗實錄》卷 19，道光元年六月壬辰，中華書局 1986 年版，第 1 冊第
　　　　357 頁；《清宣宗實錄》卷 21，道光元年七月壬戌，中華書局 1986 年版，第 1
　　　　冊第 381 頁。
〔註25〕英和：《會籌旗人疏通勸懲四條疏》（道光五年），載〔清〕賀長齡、魏源等編：
　　　　《清經世文編》卷 35，中華書局 1992 年版，第 878～879 頁。
〔註26〕福建道監察御史稽查鑲藍旗蒙古旗務恒青：《奏為雙城堡移駐京旗旗人生計是
　　　　否有益請飭查事》，道光十一年十二月十九日，錄副奏摺，檔號：03-4078-031。
〔註27〕《清宣宗實錄》卷 203，道光十一年十二月戊戌，中華書局 1986 年版，第 3
　　　　冊第 1185～1186 頁。
〔註28〕朱滸、黃興濤：《清嘉道時期的環境惡化及其影響》，載《中國高校社會科學》
　　　　2016 年第 5 期。

發生大雪災，道光十一年、二十一年民畜多有凍死現象。（2）霜凍。嘉慶十年、十三年、十四年、十九年、二十二年、二十五年、道光十二年、十五年、十八年、十九年、二十年、二十二年等均發生霜降殺禾。（3）冰雹災害、風災、水災、旱災、淫雨天氣和蝗蟲災害也時有發生。就其中水災而言，嘉慶時期除元年、十二年、十八年、十九年和二十一年外，其他 20 年不同地域均發生水災；道光時期除五年、六年、八年、十四年、十七年、二十年和二十三年外，其他 23 年均有水災發生，尤其是長江中下游地區，水災相當頻繁。與之相對的旱災也較為頻發。（4）疫災頻發。從順治到同治的 231 年裏有 94 年發生疫災，而嘉道 55 年間就有 29 年發生了疫災，比例明顯高於平均水平。其中嘉慶二十三至二十五年、道光元年至四年、道光十一年至十六年、道光二十七年至二十九年，不同地方持續有疫災。〔註29〕道光元年疫災相當嚴重，《清史稿·災異志》出現了 21 次「大疫」，〔註30〕當年江浙時疫傳染到山東、河南、直隸和京城內外〔註31〕，陝西和安徽也有大疫蔓延，中東部近一半地區籠罩在疫災之下。「清廷第一次從國家層面，通過制定《救治時疫章程》，對疫災進行依法依規系統防治。」〔註32〕這其實只是嘉道 55 年間發生疫災的一個特例。

張豔麗曾指出嘉道時期有 6 大特別顯著的自然災害，嘉慶六年永定河決口、十八年冀魯豫三省旱災、道光三年大水災、道光中後期黃河三次決口、道光晚期秦豫大旱、東南水災等，均引發農民起義等群體性事件。〔註33〕

河工費用是清代財政的一大支出，嘉慶十二年，常年河工費為 160 萬兩白銀，專案工程費為 200 萬兩白銀，並不時舉行南河工程、睢工等，花銷巨大。道光年間僅治理黃河每年需銀 300 萬兩。〔註34〕嘉道時期因自然環境變遷，河流改道、淤墊和決口等現象時有發生，給國家財政帶來了巨大的壓力。河工廢弛，人地關係日趨緊張，盜掘堤防的案件也時有發生，如黃河下游曾接連發

〔註29〕趙爾巽等撰：《清史稿》卷 40，中華書局 1977 年版，第 6 冊第 1527～1531 頁。
〔註30〕趙爾巽等撰：《清史稿》卷 40，中華書局 1977 年版，第 6 冊第 1530 頁。
〔註31〕山東道監察御史許乃濟：《奏為時疫傳染請飭步軍統領等衙門妥為經理設法拯救事》，道光元年七月二十六日，錄副奏摺，檔號：03-9799-040。
〔註32〕林乾、陳麗：《法律視域下的清代疫災奏報與防治》，載《西南大學學報（社會科學版）》2020 年第 3 期。
〔註33〕參見張豔麗：《嘉道時期的災荒與社會》，人民出版社 2008 年版，第 23～54 頁。
〔註34〕參見倪玉平：《清朝嘉道財政與社會》，商務印書館 2013 年版，第 151 頁。

生五起著名的盜決案件，多集中於黃淮交匯的淮安地區。盜決也成為國家重點打擊的犯罪類型，著名的陳端盜決堤防案「反映了以堤防為中心的人地衝突以及民眾生計與國家河工的矛盾，案件最終以犧牲地方和個人利益為代價，服從於國家水資源管理的需要。」〔註35〕

另外，嘉道時期官方花費大量精力打擊農民起義和洋盜，造成其他政務延擱，這也是造成積案的原因之一。官員襄辦軍務，往往將其他政務擱置；道路梗塞，人犯的押解也面臨很大的困難，阻隔了案件的審轉。如白蓮教起義曾嚴重阻隔了人犯的遞解。嘉慶六年三月，四川總督勒保奏明「川省自軍興以後，所有川東、川北兩道所屬命盜案犯因道路難行，不能照常解審。」至嘉慶六年，四川境內雖漸肅清，「而與陝楚毗連邊界仍有各股匪眾不時出沒，賊蹤靡定。」該省只能先恢復離省較近的重慶、潼川、龍安等府州縣的審轉舊制，將命盜案犯陸續解省。「其餘有賊、近賊各廳州縣，尚有三百餘起」，勒保奏請委令巡道代勘或委員前去審辦，將川北順慶府及保寧府屬之巴州、通江、南江三州縣，派川北道李鉝提犯審轉。川東達州派現駐達州總理糧餉之永寧道陳預就近提審；夔州、忠州、酉陽州、石砫廳四屬，派候補道裴正文分往各府廳州逐案提審。「如果犯供確鑿、案無疑竇。即由各該道照例定擬罪名，將全案供招移司覆核具詳，仍由藩司代印，分別題咨即可，毋庸再解省城轉多停滯。倘審轉之後或有情節未協、罪名出入，惟代審之員是問。如此，事有責成，承審益當慎重，而停積之命盜各案，均得及早清釐，實於刑獄大有裨益。」〔註36〕

同年八月十八日，陝西巡撫陸有仁亦奏請委員赴漢中、興安各屬審辦積案。摺中指出，「陝省漢中、興安兩府屬，自嘉慶元年起，截至五年十月底止，共有未經審轉命盜各案一百五十餘起。」積案均因軍務繁忙，道路每多梗阻，來不及隨時提解和清釐。當時漢南軍務漸就釐清，應當將積案迅速清理，但按照成例，不但漢中各案經由府解司審轉，而且興安各屬因南山小路無監獄可羈押，皆由漢中大路解省，來回程途最遠。「查如漢屬之寧羌、西鄉，至省一千四五百里，興屬之白河、平利至省幾及二千餘里。每案一犯兩解，途次往回盤費皆係各廳州縣自行捐借。」而時值軍興之際，地方農事累已沒落，若將新積各案照例遠解省城，「不惟無此重貲，且亦無此多役護送」。經再四籌酌，他奏

〔註35〕　李德楠：《水患與良田：嘉道間系列盜決黃河堤防案的考察》，載《蘇州大學學報（哲學社會科學版）》2020年第2期。

〔註36〕　四川總督勒保：《奏為分委川北道李鉝等員審辦川東川北各屬歷年停解命盜積案事》，嘉慶六年三月十一日，朱批奏摺，檔號：04-01-26-0017-011。

請就近派委妥員分投審辦以期早為結案。八月二十九日奉朱批：「只能如此。總期無枉無縱，務得其平！」〔註37〕頻繁的戰爭消耗了朝廷大量的精力，軍費來源於對民眾的層層腹削，更加劇了小民的貧困。而官員的注意力多放在軍需事務上，對審判活動造成了影響。

（四）外來勢力的影響

嘉道時期，除了內生的變革力量外，外來因素的衝擊亦不容小覷，其中因國際貿易造成的紋銀外流而導致的銀錢比例失衡也是嘉道時期的社會問題之一。清朝銀錢比價波動大致分為三個時期，其中嘉慶十三年到咸豐六年（1808～1856）為第二階段，「是銀價激烈上漲的時期」，銀錢比價由 1200～1300 文漲到 2000 文，至道光二十五年甚至漲到 2200～2300 文，「較昔錢價平時蓋倍之，較貴時幾及三倍」。這種現象在清朝貨幣史上也是「歷年所未有」。〔註38〕學者總結這一時段銀貴錢賤的原因給出了五種解釋，即生齒日繁、費用日廣說，錢票奪取制錢地位說，國家重銀輕錢說，私鑄小錢說和紋銀外流說，但一般認為鴉片進口引起的紋銀外流是造成銀貴錢賤的主要原因。〔註39〕道光朝中期，鴉片走私現象格外泛濫，僅 1839～1840 年間銷入中國的鴉片就達 3.5 萬箱，每箱煙土的售價為 400～800 元銀洋〔註40〕，3.5萬箱煙土的價值折合白銀 1000 萬兩以上，對國計民生造成了巨大的危害。

清代的雙重貨幣體系因銀錢兌換帶來了很多問題。農民在日常生活中使用小錢，但向國家交納賦稅時需要通過錢鋪將銅錢按比例兌換成白銀，在此過程中會有折損，銀匠也會趁機揩勒。而災荒時代物資供不應求，銅錢購買力下降，國家散賑救災時雖下撥一定數量的白銀，而散發給農民的則是按照比例折換後的小錢。也就是說，在銀本位不變的情況下，嘉道時期實行二元貨幣對民眾極其不利。這個問題在嘉慶晚期就變得愈發嚴重，為維持貨幣體系，朝廷大

〔註37〕 陝西巡撫陸有仁：《奏為委員赴漢中興安各屬審辦積案事》，嘉慶六年八月十八日，錄副奏片，檔號：03-2431-037。

〔註38〕 楊端六編著：《清代貨幣金融史稿》，武漢大學出版社 2007 年版，第 179 頁。

〔註39〕 參見楊端六編著：《清代貨幣金融史稿》，武漢大學出版社 2007 年版，第 186～195 頁。

〔註40〕 許乃濟在道光十六年奏稱：「嘉慶年間，每歲約來數百箱，近竟多至二萬餘箱。每箱百斤，烏土為上，每箱約價洋銀八百圓；白皮次之，約價六百圓；紅皮又次之，約價四百圓。歲售銀一千數百萬圓，每圓以庫平七錢計算，歲耗銀總在一千萬兩以上。」見中國第一歷史檔案館編：《鴉片戰爭檔案史料》第 1 冊，上海人民出版社 1987 年版，第 200 頁。

力打擊私鑄，甚至提出要將民間銅器全部收繳以禁止私鑄，維持銀錢比例的均衡。為了控制銀錢比，官方還採取停鑄措施。但這些舉措都沒有緩解銀錢比價失衡問題，小民生存極其艱難，豐年尚且溫飽不足，災年則轉委溝壑或遠走他鄉。

當時，列強已逐漸滲透到我國各個邊疆、海口地區，試圖打通中國這一巨大的消費市場，尤以東南沿海輸入的鴉片對中國影響最為顯著，導致清代從貿易順差漸轉為貿易逆差。東南沿海地區的洋盜四處潛匿，甚至與外來勢力相勾結，難以捕獲，成為經久難決的積案，不僅威脅民眾生存，攫取他們的財產，還使得大量文武官弁因疏防而被參處。道光二十三年二月，革職留任的兩廣總督祁墳奏稱廣東「命盜及一切雜案，向來甲於他省」，批提發審要件一般由首府廣州府襄助辦理，卻因辦理剿匪事宜導致地方案件積壓，而英夷來犯以後，「彼時積案較平時多至數倍」，故不得不飭行設局清釐，委員幫同辦理。〔註41〕這充分說明了外來勢力分散了地方有限的行政資源，耽誤了正常的公務，使得本就不易審結的案件積壓延擱，無疑給民眾和官府都帶來了極大的困擾。

鴉片腐蝕著社會，官員中沾染鴉片亦不在少數，道光十八年十一月，卓秉恬、曾望顏奏稱「查有方山縣知縣宋嘉玉素來吸食鴉片煙，於民間詞訟懶於聽斷，時受書役欺蒙。又有署密雲縣知縣冉學詩、寶坻縣典史王心培，雖無別項劣跡，而人言嘖嘖，亦謂其均有吸食鴉片煙之癖。」他們請旨將這三人勒令休致。〔註42〕此前，良鄉縣丞署內寄存鴉片，縣丞胡履震也被革職。而鴉片走私猖獗也引起案件增多，清廷在緝私方面花費更多的資源。另外，白銀外流和洋銀流入也使得民間私鑄私熔犯罪增多。這些都是外來因素帶來的直接影響。還需注意的是，列強之間在華的摩擦和紛爭，往往也需要清廷這個東道主出面解決；中國人與來華貿易者之間的貿易糾紛，亦消耗了清廷的行政資源。其中有些案件特別棘手，列強步步急逼，給地方和朝廷帶來了極大的壓力。

〔註41〕兩廣總督祁墳：《奏為候補知縣陸孫鼎幫同辦理積案最為出力請遇缺即補以資鼓勵事》，道光二十三年二月二十八日，錄副奏摺，檔號：03-4070-022。

〔註42〕兵部尚書卓秉恬、順天府府尹曾望顏：《奏為房山等縣知縣典史宋嘉玉等吸食鴉片氣體軟弱懶於聽斷詞訟請勒令休致事》，道光十八年十一月二十一日，錄副奏摺，檔號：03-4008-015。

二、世風日轉與健訟風尚

風俗是世道人心、社會秩序的反映。晚清傳教士明恩溥曾指出在中國鄉村，有時候「人們因任何一筆欠帳而導致的瞬間的感情失控都可能引發一場危機，這一危機會讓人耗費更多的資源，嚴重的話會讓人遭受拘捕、訊問、拷打乃至禁食等，除非其家里人打通人事關節，否則斷難避免。」[註43]

在生產力有限的情形下，由人口增長所帶來的客觀矛盾推動了社會風氣的轉變，不同的地域呈現迥然不同的面貌，且風俗也隨人口流動播遷他處。世風日下，也是嘉道時期面臨的社會問題。至遲在宋代，江南已盛行健訟風氣，明朝江西、兩浙是訴訟重災區，清初社會穩定後健訟風氣再度盛行，並隨著「江西移湖廣」「湖廣填四川」運動而播延。

（一）方志中的「好訟」風尚

1. 以清代《安徽府縣志輯》為中心

清代安徽屬於交通相對便利、經濟較發達、人口較稠密的地區，境內地形複雜，各府州風俗迥別。筆者選取《中國地方志集成·安徽府縣志輯》為樣本，對其中的「風俗」記或「風土」記進行統計以考察各地的訴訟風氣。這一套方志共 63 冊，包含 85 種方志（包括志補），其中清代 65 種。經筆者統計，65 種清代安徽府縣志中僅 9 種較為明確記述當地好鬥爭訟；17 種較明確地記載民淳訟簡；29 種或記述民俗淳樸，或進行了一分為二的分析，如「樂歲之訟多，儉歲之訟少」[註44]；另有 10 種不記載或沒有風俗志。這裡重點分析相對「好訟」的 9 種，即《乾隆池州府志》《嘉慶涇縣志》《嘉慶黟縣志》《道光繁昌縣志》《同治祁門縣志》《光緒宣城縣志》《光緒直隸和州志》《光緒廬江縣志》《光緒重修鳳臺縣志》。9 種之中嘉道時期的僅有 3 種。分別記述「涇人尚氣發公憤，舊稱訐恃官吏多涇南人，頃頗易治……涉訟則百計謀勝，不惜傾家」[註45]「俗尚氣好鬥，訟起秒忽而蔓延不止」[註46]

〔註43〕〔美〕明恩溥：《中國鄉村生活》，陳午晴、唐軍譯，中華書局 2006 年版，第 252 頁。

〔註44〕〔清〕貢震纂修：《乾隆靈璧縣志略》卷 4，載江蘇古籍出版社編：《中國地方志集成·安徽府縣志輯》第 30 冊，江蘇古籍出版社 1998 年版，第 75 頁。

〔註45〕〔清〕李德淦修；洪亮吉纂：《嘉慶涇縣志》卷 1，載《中國地方志集成·安徽府縣志輯》第 46 冊，江蘇古籍出版社 1998 年版，第 23 頁。

〔註46〕〔清〕吳甸華修；程汝翼、俞正燮纂：《嘉慶黟縣志》卷 3，載《中國地方志集成·安徽府縣志輯》第 56 冊，江蘇古籍出版社 1998 年版，第 58 頁。

「頗有刁民，三五成群，或為訟徒羽翼」〔註47〕。通過以上列舉，會發現這些相對好訟的地區除了《嘉慶黟縣志》外，其他的描述比較中允，且還沿襲舊志說法。因而，我們將這些樣本兩分為「好訟」與「訟簡」並不容易。當然，有些方志對民風進行了詳細的闡釋，如《嘉慶涇縣志》載：「舊志涇民鮮事商賈，尤賤工作，今則攪奇贏走四方者多矣，甚且韋帶之士往往名登庠序而躬競錐刀。良由井疆如故，戶口日繁，人滿為虞，則謀生是亟，固其所也！」〔註48〕諸如此類表述對於考察歷史上的社會環境變化比較有益。

2. 地方志考察訴訟風氣的缺陷

前輩學人也不乏對地方風俗志進行研究來闡釋當地訴訟實態。侯欣一老師通過研究江浙等 7 省共 150 餘種清代地方志表明，其所納入考察的 200 多個縣中，「明確注明訴訟風俗中健訟的方志有 70 多個，寡訟的有 40 個」，而其中江南地區的方志明確記載健訟的達到了樣本量的 3／4。〔註49〕2007 年，徐忠明和杜金又選取江蘇、廣東、山東、上海四省市共 284 份清代地方志「風俗」卷作為樣本，他們研究指出樣本中有「95 種談到了當時當地的好訟風氣」，「但是仍有 86 種提到了不尚訴訟」。〔註50〕然而，基本代表或支持官方立場的地方志在描述訴訟風氣時，多為編纂者對當地是否好訟的一種概括的描述，並沒有客觀的數字或實際的案例進行支撐。這些描述停留在主觀的宏觀層面，對於民眾訴訟的動機和爭控的內容大多缺乏記載，更缺乏對某一時期訴訟總量和典型爭訟案件的記述。地方志在編纂過程中，一方面沿襲舊志記載，對於社會風尚的轉變缺乏敏感度，有沿襲陳詞的嫌疑；另一方面即便是新編，內容也多係通過採訪得來，鮮有將今昔風俗悉心比對的。很多時候，隨著人口的遷徙，爭競或好鬥的風氣也會蔓延到其他地方，這是應當重視的地方。還需指出的是，各地的修志頻率也大不相同，相較而論，南方修志更為頻繁，因此樣本在數量上佔據優勢。嘉慶晚期山東的積案和京控問題幾乎

〔註47〕〔清〕曹德贊修；張星煥增纂：《道光繁昌縣志》卷 2，載《中國地方志集成·安徽府縣志輯》第 41 冊，江蘇古籍出版社 1998 年版，第 31 頁。

〔註48〕〔清〕李德淦修；洪亮吉纂：《嘉慶涇縣志》卷 1，載《中國地方志集成·安徽府縣志輯》第 46 冊，江蘇古籍出版社 1998 年版，第 23 頁。

〔註49〕侯欣一：《清代江南地區民間的健訟問題——以地方志為中心的考察》，載《法學研究》2006 年第 4 期。

〔註50〕徐忠明、杜金：《清代訴訟風氣的實證分析與文化解釋——以地方志為中心的考察》，載《清華法學》2007 年第 1 期。

為全國之冠，延續時間之久也是其他省份難以比擬的，但地方志中未必會有這麼詳細的記載。可見，在進行數據統計時不可脫離具體的時空因素。

肖麗紅對福建省清代地方志描述的訴訟風氣與清代刑科題本「土地債務類」進行對比，指出「清代福建省地方志作者筆下的『健訟』評價犯了以偏概全的最大錯誤」，並進一步指出「地方志作者眼中的『健訟』評價，道德譴責多於法律評價。」〔註51〕纂修者對於「健訟」的涵義的理解有所偏頗，實際上，民眾對於官府禁止的事情進行訴訟抑或就同一事情反覆控訴的情況仍是少數。所謂「健訟」與精英掌控的話語評價體系有極大的關聯。與之相對的是，某些案件頻發的地區反倒被刻意描述為「風淳訟簡」「畏法懼訟」，既契合中央的統治目標，也符合地方官員的治理功績。「地方志卻也經常不得不杜撰一些材料，以便使本縣的制度看似體現著國家政策。」〔註52〕因而對於地方志所反映的地方風俗情形的真實性需要辨析，使用這類材料時仍需審慎。

（二）社會風氣的轉變

社會風氣是一種抽象的難以客觀描述的對象，若探討其轉變需要採擇一定的基準，但嘉道時人多抨擊當時志節日衰、風氣卑污。洪亮吉曾指出「士大夫漸不顧廉恥」帶動了小民不顧綱常。他批評士大夫卑躬屈膝、攀緣結交，「士大夫之行如此，何以責小民之誇詐夤緣？」〔註53〕在依靠多元手段解決糾紛的情況下，若訴訟量隨著人口增多而增加，只要維持一定的比例，並不必然意味著社會風氣的轉變。但若可以通過其他手段解決的案件，而當事人一味依賴訴訟，則表明社會風氣出現了變化，民眾更偏好訴訟手段：一是傳統的家族調解、鄉里調解乃至道德約束無法讓民眾得到內心確信，其權益無法得到維護，如前述巫定清訴諸官府之後，第一次「官批民調」未能成功，以致於原被雙方至再至三訴訟；二是為了盡可能讓官方受理，民眾往往將細事「包裝」成重情以引起官員的重視。人類會對財產出於本能加以維護，所謂的「維權意識的增長」應歸結於資源爭奪的加劇。有清一代，較有特色的爭訟案件如爭水飲灌，爭奪林地樵採、取材和營葬，爭奪流動灘地耕種等，

〔註51〕 肖麗紅：《文本、訟爭與區域司法實踐》，廈門大學出版社2020年版，第41頁。

〔註52〕 〔加〕卜正民：《明代的社會與國家》，陳時龍譯，黃山書社2009年版，第28頁。

〔註53〕 〔清〕洪亮吉撰：《洪亮吉集》（第一冊），劉德權點校，中華書局2001年版，第227頁。

很多時候這類資源屬於共有或無主物，小民為了生存只能對這類資源進行爭奪。

盧坤曾在面聖時反映山西省「民俗勤儉，猶有唐魏遺風。惟重利負氣，錙銖之細，釀成命案……有種老吏以不聽訟為息訟，奸頑得志，善良無以自全，刁風由此而起。」〔註54〕皇上還問他廣東秋審火器傷人之案太多的原因，盧坤回答說：「潮州濱海，前明時倭寇侵略，是以村民多有槍炮，相沿已久，其風氣好鬥，強凌弱，眾暴寡，重利輕生，不知禮義」。〔註55〕道光十二年十月初十日，盧坤前赴韶州將南韶道楊殿邦所獲巨盜周瘋瘏等146名分別定擬，立正典刑者共21犯。道光十三年還鞫盜魁香山四等人，法辦80餘名。道光十四年，到南韶鞫巨盜蒙叫化等228名，於途次恭請王命立誅32犯。〔註56〕

孟燁提出清代前期對於侵犯財產的犯罪有加重懲罰的趨勢，這種刑事政策的調整，「既與人口、經濟等客觀因素有關，又與緩和民族矛盾以及實現穩定統治的考量有關。」〔註57〕清朝在立法和司法層面都更加注重保護民眾的私有財產，在一定程度上可以鼓勵民眾對財產的重視以及對於他人侵犯自身財產的行為的抗爭（如採用訴訟手段以維權）。即使訴訟意味著要支付「高昂的」訟費及相關費用，尤其是京控需要千里跋涉，花費巨大，且沿途也存在各種風險，而民眾依舊採用這種「兩敗俱傷」的手段制裁侵權、威懾潛在侵權行為，則印證了民眾維權意識的增長以及侵權事件的增加。

與北方不同的是，江南一帶似乎一直盛行好訟之風。如乾隆時期「江蘇地方詞訟較多，案情變幻」〔註58〕「江南習俗澆漓，人情狡詐」「江省獄訟繁多，人情巧詐，每有一案，牽涉多少」。〔註59〕陳宏謀通過清釐江蘇積案，認為是世情澆薄、民眾好訟及訟棍教唆帶來的案件激增。

〔註54〕〔清〕盧端蕭：《厚山府君年譜》，載北京圖書館編：《北京圖書館藏珍本年譜叢刊》第133冊，北京圖書館出版社1999年版，第614～615頁。

〔註55〕〔清〕盧端蕭：《厚山府君年譜》，載北京圖書館編：《北京圖書館藏珍本年譜叢刊》第133冊，北京圖書館出版社1999年版，第615～616頁。

〔註56〕〔清〕盧端蕭：《厚山府君年譜》，載北京圖書館編：《北京圖書館藏珍本年譜叢刊》第133冊，北京圖書館出版社1999年版，第661、667、669～670頁。

〔註57〕孟燁：《清代前期刑事政策轉變之探析——以侵犯財產罪為中心》，載《學術探索》2021年第4期。

〔註58〕〔清〕陳宏謀：《清理監獄詳》，載《清代詩文集彙編》第280冊《培遠堂偶存稿》，上海古籍出版社2010年版，第264頁。

〔註59〕〔清〕陳宏謀：《嚴禁首賭無據檄》《清理監獄詳》，載《清代詩文集彙編》第280冊《培遠堂偶存稿》，上海古籍出版社2010年版，第262、264頁。

　　最晚追溯到宋代，就有江西好訟的記載，清代的江西依舊是健訟地區之一。嘉慶十五年，巡撫先福在總結江西積案累累時，不禁指出該省民風刁健，甚至家族內部有完整的訴訟保障體系，既解決了訴訟費用問題，又對原告和幫訴進行規定。「訪聞健訟根由，緣各屬族大丁多，民戶建有祖祠，往往私立議規，於祠租內提存訟費，遇有本族與外姓訐訟，無論一人私事與族眾公事，總令值年衿監出頭具控，費少則開銷祠租，費多則合族公幫。而不肖衿監藉端漁利，訟案一日不結，即可多得一日盤費。以致無案不上控，無案不刁翻，牽連拖累，貽害無窮，積習相沿，最為可恨。」由此，先福擬定了一系列解決措施，「凡有民間詞訟，止許本人自行出名控理，嚴禁事外衿棍挺身幫訟。其有仍前私立規約，攛令值年衿監出頭控訟，藉以開銷祠租幫費，滋訟不休者，一經訪實，立即嚴拏懲辦，不少寬縱，以期積弊永除，訟端漸息。」朱批：「息訟以勤為本，以明為用，勉之。」〔註60〕此即從國家層面肯定了先福的做法。

　　嘉慶五年，張師誠奏江蘇地方積弊時指出「蘇松常鎮江揚太倉各屬，民情柔懦，然詭秘百出，有游手好閒之人專靠衙門公事乘便訛勒，並受書吏豢養以為鷹犬，名曰『吃白食』；又有熟諳刀筆，設局興波，或此案之詞牽之彼案，或一人之事旁及數人，黨援蠹胥，詭計傾陷，謂之『搭臺』」，另外還有包攬公事的刁生劣監被稱為「白矜」或「破靴黨」。〔註61〕道光年間，江蘇刁健好訟風氣如故，李星沅接任江蘇巡撫時有京控舊案 39 起。他認為除官員怠惰偷安、審斷遲滯外，民眾的好訟風尚也是獄訟繁多的重要推動力，「逞刁翻異，挾嫌妄指，及以田土錢債細故並未在本省各衙門呈告，輒行赴京越訴之案，竟至十居七八。」〔註62〕

　　然而，各地風俗差別很大，如嘉慶年間，山東健訟也是舉國聞名，當時的撫臣程國仁指出「東省民氣勁直，不甘稍受屈抑」，但他同時指出「然其易感亦在於此。……民間詞訟，隨時清釐。查有肆行不法及邪淫兇橫之徒，立加嚴辦，寬猛兼施，官民有親愛之誼，斷不至如前。」為了寬慰皇帝，程國仁指出「地方風氣，斷無不可轉移之理」，他將竭力整頓，挽轉民風。〔註63〕當時的

〔註60〕江西巡撫先福：《奏為清釐詞訟積案情形事》，嘉慶十五年十二月初四日，朱批奏摺，檔號：04-01-02-0142-028。

〔註61〕〔清〕張師誠：《一西自記年譜》，載《北京圖書館藏珍本年譜叢刊》第 126 冊，北京圖書館出版社 1999 年版，第 33 頁。

〔註62〕〔清〕李星沅撰：《李星沅集》第 1 冊，王繼平校點，嶽麓書社 2013 年版，第 232 頁。

〔註63〕山東巡撫程國仁：《奏為瀝陳清釐積案崇教消邪等亟應整飭事宜事》，嘉慶二

臬司童槐也指出「東省風俗雖壞，其實良民千百，莠民不過一二。地方官甚畏莠民，因而不愛良民，於辦案可概見焉。」〔註64〕他也說明了山東好訟之風不算太嚴重。

還應強調的是，習俗的改變也意味著民眾在和官府打交道過程中改變了策略，官員如果疲懦，民眾就相對凸顯刁悍的一面，乃至民不畏官，官反畏民。王鳳生曾言：「習俗移人，積重難返」。浙江嘉興地區多竊賊，「凡屆冬令，生監之家失竊，輒以少報多，以竊報強，藉為挾制官長，輕省錢漕地步。官若允為遷就事主，乃復翻然改圖。此端一開，紛紛效尤，其弊將不可遏。」〔註65〕此話道盡了個中原委，官府的仁愛和遷就有時反倒促成部分民眾一再爭訟乃至挾制官員。

民間訴訟風氣的轉變與官府對於訴訟的態度與應對有直接的關係，民眾往往採取有利於自身的訴訟策略。當官員寬厚待民，尤其是輕縱誣告時，反倒會使刁健之人纏訟不休。道光三年河南巡撫程祖洛指出「豫省民風素稱淳樸，而今年訟獄蝟繁，推原其故，良由從前有司積習，凡遇民間控案，一經審虛，即隨時銷案，輒置原告於不議；又或因刁生劣監慮其反噬，致被參撤，遂爾顢頇延壓，冀圖息事免過；甚有視自理詞訟為無關輕重，一時不加詳察，被其朦混誤斷者。因而奸民得志，輒以詰控為嘗試。地方刁棍復從中播弄，主唆包攬，稍不遂欲，即砌詞省控京控。案牘之繁，未必不由於此。」〔註66〕到了道光八年，巡撫楊國楨因任上京控積案未能全部完結，則給出了完全不同的評價，「豫省民風好訟，往往戶婚田土等細故控經府州縣斷結之後，輒復添砌情節，赴省翻控。其中得實者實無二三，多係刁徒譸張為幻，希圖延案拖累，以致訟牒日繁。」〔註67〕或在一定程度上說明社會風氣的轉變。道光時期李星沅認為民眾刁健多由於官員出於種種因素的考量而從輕議結，「以致健訟之徒肆無忌憚，甚且有以京控為生計者」，出現了訟戶專以京控為由向

十四年閏四月初五日，朱批奏摺，檔號：04-01-12-0336-004。

〔註64〕〔清〕童槐：《今白華堂文集》卷5《山東臬司六事議（申程鶴樵中丞）》，載《續修四庫全書》第1498冊，上海古籍出版社2003年版，第221頁上。

〔註65〕〔清〕王鳳生《戒遷就》，載《官箴書集成》第9冊，黃山書社1997年版，第448頁。

〔註66〕河南巡撫程祖洛：《奏為報豫省清釐上年八月至本年八月積案並現在辦理情形事》，道光三年十二月十二日，錄副奏摺，檔號：03-4027-043。

〔註67〕河南巡撫楊國楨：《奏為清釐豫省積案並查明各屬審理詞訟尚無積壓情形事》，道光八年六月二十七日，朱批奏摺，檔號：04-01-01-0703-026。

富戶勒索；婦女則「稔知犯罪律得收贖，無端混告」。〔註68〕這些因素給地方治理帶來了諸多麻煩。

徐忠明先生也指出明清時期的民間社會似乎盛行「把小事鬧大」的現象。「這既是一種訴訟心態，也是一種行動策略」。〔註69〕民眾通過以小鬧大可以更順利地進入官府受理獄訟的門檻，讓官員知曉自身的冤抑或主張的權利，變相地給官員施壓，討回公道或情理。民間盛行的架詞捏告、譸張為幻等情形與這種訴訟心態有很大的關聯，甚至激發為翻控乃至京控。追根溯源，則是中國傳統社會司法資源有限，通過對獄訟進行細故和重情的區分，設置不同的受理門檻，傾注不等的司法資源，民眾只能採取對應的措施。

不可忽視的是，遣犯也會給發遣地帶去不良影響，道光二十四年在配廢員趙景堂迭次在伊犁教唆詞訟，伊犁將軍布彥泰等請旨將其改發烏什充當苦差。據稱「伊犁地處極邊，從前軍民風氣皆當淳樸，近來詞訟煩多，而捏情妄控之案層見迭出，非挾嫌傾陷，即索詐圖財。……究出兩案呈詞，均係在伊犁充當苦差之已革巡檢趙景堂代為架詞捏控。……質之趙景堂，無可狡賴，當據供認兩次控詞均係伊一人代作屬實。」趙景堂原係江蘇瓜洲司巡檢，因吸食鴉片發新疆充當苦差，永不敘用。道光二十二年十一月到伊犁配所，不知悛改，捏寫呈詞，迭次教唆，實與積慣訟師無異。因而伊犁將軍奏請比照道光二十二年間廢員汪毓全和張梅鶴等在伊犁配所代人寫呈，曾經比例奏准改發烏什、葉爾羌等處充當苦差之案，請旨將趙景堂改發烏什充當苦差，並於到配時酌加枷號兩月以示懲戒。〔註70〕

除了浮收勒折這類嚴重的社會問題外，世風日下也是嘉道時期不可挽救的趨勢，作為國之四維的「禮義廉恥」在生存面前，其對民眾的規勸作用正逐漸式微。宗室中不思進取者日多，甚有寡廉鮮恥，不顧行止之徒，嘉慶二十四年針對宗室犯罪，要求到官後先摘去頂戴，像平民一樣長跪聽審。清廷還通過限制發遣到東北的遣犯數量以儘量維持當地的善良風俗。士子乃四民之首，而生監卻往往不顧廉恥，濫行涉訟。王廷瑄案中涉及 314 名生監包漕滋事，無怪

〔註68〕〔清〕李星沅撰：《李星沅集》第 1 冊，王繼平校點，嶽麓書社 2013 年版，第 232 頁。
〔註69〕徐忠明：《明清訴訟：官方的態度與民間的策略》，載《社會科學論壇》2004 年第 10 期。
〔註70〕伊犁將軍布彥泰、伊犁參贊大臣達洪阿：《奏為在伊犁充當苦差已革巡檢趙景堂教唆詞訟請改發烏什充當苦差事》，錄副奏摺，檔號：03-4003-090。

乎統治者每每斥責生監不守臥碑。名士亦毫不顧惜顏面，作為百士之首的學政不僅收受陋規，甚至任用威刑，造成了不良的影響。有些小民更是形同無賴，刁健異常。嘉慶朝的潮陽械鬥案影響惡劣，革職知縣李樹萱曾供述「該處紳士刁玩，民俗強橫，迥非別處地方可比」。〔註71〕

　　這個時期的倫常和服制犯罪也是考察世風變化的有效途徑，嘉道時期對於這類犯罪有從重從嚴治的轉向。嘉慶二十年爆發了遲孫氏京控案，直隸總督那彥成最終查明遲孫氏不僅潑悍，還很荒淫，不顧倫常，毫無廉恥。她先是逼走了親夫，續又在家同其他男性和姦，還將自己的兩個親生女兒捲入姦情之中，並有傷害夫翁之事。此案被查明後，震動朝野，皇帝下旨「將遲孫氏斬決，以為懼內庸夫之戒」。〔註72〕

　　嘉道時期倫常犯罪為數眾多，其中不乏因案生例之處。顧元指出自清代中期開始，「立法日重名分綱紀，服制命案的司法裁判呈現出責任嚴格化趨向，對主觀犯意和罪過的有意無視和忽略，在某種程度上加重了傳統刑法的結果主義和客觀主義的傾向」。〔註73〕作為社會堤防的法律在維護綱常倫紀方面展示了其局限和無力，整個社會的風氣日趨惡化，導致訴訟量的增加。

　　道光年間的浙江徐蔡氏案也是一起著名的服制犯罪，徐敦誠與其父妾徐倪氏通姦為其妻子徐蔡氏知悉，徐倪氏串通徐蔡氏丫鬟將徐蔡氏勒死。程含章奏明黃兆蕙、慶辰二員「推諉相驗，致徐蔡氏屍骨屢遭蒸檢，尤屬玩視人命」，道光帝在二員姓名處夾批「此等玩視民命之庸吏甚屬可惡」，〔註74〕以表達對這類行為的憤恨。

　　這些史實反映了整個社會形勢的變遷，人們面對的生存條件更為惡劣，大量的新增人口進一步擠佔了原本的生存空間，因此整個社會風氣隨之轉變。

　　嘉道年間的徐飛隴案，徐姓和章姓結怨於乾隆十年，兩姓爭奪山場，至嘉慶二十一年徐飛隴身死將該案推入到更為複雜的層面，案件真凶李象利用兩姓世仇從中誣扳妄供。二十三年京控，發省審辦以圖賴定罪，徐姓並不屈

〔註71〕　無責任者：《呈嘉慶十年七月十三日刑部覆審已革潮陽縣知縣李樹萱匿捏械鬥案原奏單》，〔嘉慶十一年〕，錄副奏單，檔號：03-2286-017。
〔註72〕　《清仁宗實錄》卷307，嘉慶二十年六月丁巳，中華書局1986年版，第5冊第73頁。
〔註73〕　顧元：《名分攸關與夾簽聲請——清代服制命案中的嚴格責任與衡平裁斷》，載《法制史研究》2019年第31期。
〔註74〕　浙江巡撫程含章：《奏為德清縣生員蔡鴻控徐敦誠等謀斃伊任女一案奉旨復驗屍身多有不實事》，道光五年六月十五日，朱批奏摺，檔號：04-01-01-0676-039。

服；二十四年再次京控，仍咨回徽省；直至二十五年第三次京控因自戕而引起朝廷格外重視，最終才查明確情。〔註75〕此後，小民為了使得案件受理，每每作出自戕之類的事情以引起關注，朝廷遂於道光二年制定新例，不許在京控中以自戕為要挾。「好訟」雖是官員的話語構建，但部分反映了社會現實。伴隨著經濟發展，訴訟數量和規模有所增長，也存在刁訟、濫訟之現實。然而，官員也會基於政務所帶來的壓力，將個別現象擴大或泛化為社會習俗，從而給自身樹立政績尋找適當的藉口，為怠職提供合適的理由。這是一種現實與觀念有效互動的表現，從而直接影響到民眾的訴訟策略與官府的應對措施。

（三）從特例看嘉道時期各地風俗的差異

嘉道時期針對地域犯罪制定了大量的特例，雖然有人肯定這種因時制宜、因地制宜和因人制宜的特色，但法律內部結構的協調性和統一性的平衡被打破，司法過程也難免混亂。律學大家薛允升評價：「乾隆年間，添纂條例最多，意在求其詳備，未免過於煩瑣。然俱係通例，尚無各省專條。嘉慶末年以後，一省一例，此何為者也？而亦可以觀世變矣。」〔註76〕特例制定之初尚思「此風稍息」即廢止，然而在社會失序時代，「權宜」竟演化成「常態」。嘉道時期針對一些地區的特別犯罪制定的特例有：嘉慶十六年制定廣東內河盜劫專條和陝甘川等地帶械絡竊之例；嘉慶十七年定河南南陽等五府州以及安徽潁州、鳳陽二府及廬州府合肥縣，結夥三人執持器械傷人之例；二十三年定順天府、五城、直隸和山東等地窩竊之例；嘉慶二十五年定山東兵役通盜之例和在地窖進行賭博、奸拐、窩藏等事加等治罪之例；道光七年定兩湖私鹽和閩粵搶竊加帶鐵杆或石墩、貴州匪徒如有帽頂大五或小五等名號加等治罪、安徽水箱煙主犯罪等例；十四年定臺灣私煎硝黃之例；二十三年定奉天匪徒糾夥搶奪之例；二十五年定山東匪犯執持器械、結撚、結幅之例⋯⋯此外還有針對廣東、福建、廣西、江西、湖南、浙江六省的械鬥，兩廣的捉人勒贖，廣東打單，糧船水手，偷挖金礦，私挖黃芪，鴉片犯罪等特例。這些定例無不宣示了有些犯罪具有地域性，也反映了各地習俗的差異。近人董康也總結清朝各省風氣不同，如江西械鬥或十餘命達百餘命，「刀匪盛於曹兖

〔註75〕石怡、羅東陽：《昂貴的京控：嘉慶朝徐姓自戕案分析》，載《西南大學學報（社會科學版）》2015年第4期。

〔註76〕〔清〕薛允升著；胡星橋、鄧又天主編：《讀例存疑點注》，中國人民公安大學出版社1994年版，第475頁。

沂，哥老會匪熾於川陝；捉人勒贖起於苗人，繼及兩廣。此類不堪枚舉，俱用專條，特別從嚴。」〔註77〕他還指出這是由國家教養之力缺乏導致。王志強曾根據《讀例存疑》統計有清一代地區性特律僅 8 條、特例共 217 條，其中針對京城、奉天、廣東、福建等地的特例數量均在前列。「在實體類地區性特別條例中，有 47 條有對應的一般法可資比較」〔註78〕，其中 36 條都比一般條例量刑更重。經筆者前文列舉，會發現這類加重處罰的特例很多都制定於嘉道時期。嘉慶九年，廣東巡撫孫玉庭說：「積匪滑賊、凶惡棍徒並圖劫未成等五項人犯，粵東辦理最多。」〔註79〕道光二年，已是兩江總督的孫玉庭奏稱「自去年九月至今，南北各卡拿獲私鹽一百二十起，鹽犯二百七十餘名。見在粵川潞三處私犯，雖未能全絕，其蹤然較諸往時大為斂跡。」〔註80〕這些例子都充分說明了各地風俗差異。

第二節　政治制度的設計與運行問題

嘉道時期積案問題與當時的政治制度的設計以及運行有莫大的關聯，行政司法一體化或稱其為行政兼理司法是清代司法運作的結構特徵，在行政組織設置大體不變的情況下，司法資源始終是有限的，而司法官吏的品德和能力對案件裁決的效率與質量有莫大的關係。官員賢愚不一，施政的效果也大相徑庭。清代帝王一再強調清、慎、勤，而「勤」卻放在末尾，說明地方官員若能不魚肉百姓，即使冗闒無能，也不算太嚴重的問題。在專制統治下，皇帝更看重官員的政治忠誠，因此可以容忍官員的冗闒乃至不法。這些政治方面的因素都可能導致案件的積壓遲滯。

一、行政司法一體化架構

清代的督撫成為地方常設官員，掌握一省乃至數省的軍政大權，若屬員有

〔註77〕董康：《前清法制概要：在本校第七屆畢業典禮之演說詞》，載《法學季刊》1924 年第 2 卷第 2 期。

〔註78〕王志強：《論清代條例中的地區性特別法》，載《復旦學報（社會科學版）》2000 年第 2 期。

〔註79〕〔清〕孫玉庭：《延釐堂集·省監人犯壅積陳請疏通疏》，載《清代詩文集彙編》第 438 冊，上海古籍出版社 2010 年版，第 26 頁。

〔註80〕〔清〕孫玉庭：《延釐堂集·查明楚岸銷引情形亟宜催商趕運疏》，載《清代詩文集彙編》第 438 冊，上海古籍出版社 2010 年版，第 77 頁。

違法不職行為,可以題本附參或專摺特參。督撫特參類奏摺中,絕大多數為疏防類案件,即疏防命盜竊雜等類犯罪中的人犯,相較而言,案件積壓或延擱雖然貽誤公事,但通常按照六計中的「不職」加以處分,即降二級調任。若文武官弁在抓捕中獲得成績,還可以被保舉。

在地方司法架構中,按察使司屬於比較專業的審理機構,但若任用不得人,會使一省案件極其難辦。嘉慶晚期,山東按察使張五緯昏聵無能,任上積案累累,吸食鴉片,被革職發往新疆效力贖罪。繼任者溫承惠處理積案數千件,多為前任遺留。皇帝氣憤地諭令張五緯效力贖罪期滿後在軍臺多留幾年,不可驟行放回。

行政司法一體化架構存在以下問題,與積案的形成具有一定的關係。

(一)有限的司法資源與案件積壓

司法資源泛指投入司法中的人力、財力和物力,「司法資源的情況決定了民眾尋求司法救濟的難易程度,也影響著訴訟解決糾紛的速度。」〔註81〕在司法資源各方面因素基本保持穩定的情形下,客觀的人口增加和矛盾增多所帶來的訴訟飽和以及官員主觀層面的延擱怠政給司法造成的不良影響最為顯著。嘉道時期積案繁多,用現代通俗表達即「案多人少」,是司法資源供給關係出現了問題。皋陶曾利用獬豸輔助審斷疑難案件,說明受客觀條件的限制、專業人員的匱乏、檢驗手段或檢查技術落後等因素的束縛,得以依賴的司法資源有限,不得不借助神斷。傳統中國,並沒有完全獨立的司法審判機構,司法實則是官員日常政務或國家大政中的一種,缺乏專業的案件審判人員及其配套設施,這成為制約傳統司法發展的根本原因,也是造成積案問題的重要原因。

1. 缺乏專門的司法機構和辦案人員

司法資源中最重要的是司法機關及司法官吏,然而清代地方衙門中,並沒有專門的單獨負責司法的機構和人員。需要指出的是,按察使司雖是較為專業的司法機構,但同樣兼理其他政務,「按察使掌振揚風紀,澄清吏治。所至錄囚徒,勘辭狀,大者會藩司議,以聽於部、院。兼領闔省驛傳。三年大比充監試官,大計充考察官,秋審充主稿官。知事掌勘察刑名。司獄掌檢察繫囚。經歷、照磨所司視藩署。」〔註82〕按察使屬下有經歷司經歷、知事、

〔註81〕付春楊:《權利之救濟:清代民事訴訟程序探微》,武漢大學出版社 2012 年版,第 27 頁。

〔註82〕趙爾巽等撰:《清史稿》卷 116,中華書局 1977 年版,第 12 冊第 3348 頁。

照磨和司獄各一人，襄辦各項司法事務。另外，布政使的屬下有照磨和理問，「照磨掌照刷案卷，理問掌推勘刑名。」〔註83〕

　　傳統中國的州縣官員更是兼顧多重職能，除錢穀和刑名兩項要務外，勸課農桑、勘災散賑、教化百姓、祈雨護月等事皆須負責乃至親力親為。行政司法一體化意味著行政機關就是司法機關。清制，只有正印官才能接收呈詞，基層州縣中僅知州或知縣 1 人受理轄區內所有的民刑案件，勘察、檢驗、庭審乃至微服私訪等事均要參與，「用現代眼光來看，他的職責包括法官、檢察官、警長、驗屍官的職責總和。」〔註84〕中央集權的制度架構，地方官員受到層層約束。「總督、巡撫分其治於布政司，於按察司，於分守、分巡道；司、道分其治於府，於直隸廳，於直隸州；府分其治於廳、州、縣；直隸州、直隸廳復分其治於縣。而治其吏戶禮兵刑工之事，佐貳而下，皆任其彈壓。」〔註85〕可以說「萬事胚胎，始於州縣」是不容置疑的。有清一代雖綿延 200 多年，但基層州縣官員在數量上並沒有產生太大的變動，全國共有知州 145 人，知縣 1,303人。〔註86〕及至嘉道時代，在行政機構數量基本不變的情況下，人口卻大量增加，意味著人均佔有的司法資源大大減少，李懷印指出按照 1819 年的人口數字計算，每名州縣官「督臨著數百個村莊和平均 250,000 人口」。〔註87〕黃宗智指出清代後半期州縣年均自理詞訟受理量約 150 起，〔註88〕加上命盜等重情，州縣的年均獄訟量大略為 200～250 起。儘管各地政務的繁簡程度不同，訴訟實態也存在區別，但「案多人少」是當時較為普遍的現實壓力。這絕非筆者的憑空臆斷，尤陳俊曾指出同治年間，巴縣每年新控訟案多達 1,000 件至1,400 件。〔註89〕巴縣因地當孔道，商貿繁榮，因而訴訟量比學者們估計的全

〔註83〕趙爾巽等撰：《清史稿》卷 116，中華書局 1977 年版，第 12 冊第 3346 頁。

〔註84〕瞿同祖：《清代地方政府》（第 3 版），范忠信，晏鋒譯，新星出版社 2022 年版，第 163 頁。

〔註85〕參見〔清〕昆岡等修：《大清會典》卷 4，載《續修四庫全書》編纂委員會編：《續修四庫全書》第 794 冊，上海古籍出版社 1996 年版，第 51 頁。

〔註86〕參見〔清〕昆岡等修：《大清會典》卷 4，載《續修四庫全書》第 794 冊，上海古籍出版社 1996 年版，第 53～54 頁。

〔註87〕參見〔美〕李懷印：《華北村治》，歲有生、王士皓譯，中華書局 2008 年版，第 1 頁。

〔註88〕黃宗智：《清代的法律、社會與文化：民法的表達與實踐》，上海書店出版社 2007 年版，第 144 頁。

〔註89〕尤陳俊：《「案多人少」的應對之道：清代、民國與當代的比較研究》，載《法商研究》2013 年第 3 期。

國平均數高。陳志武等人也通過對命案數據的考察，指出從清代立國之初直到道光帝登基，命案率持續增長，至 1821 年達到頂峰，之後逐漸下降。從 1661 年到 1821 年，命案發生率增長了 145%。命案的增多與人口增長、國家的控制能力、地方自治及糧價等因素直接相關。而 1821 年之後命案下降與國家控制能力減弱也有一定的關係。該文也從人口遷移角度指出，隨著大量的移民湧入四川，也造成了當地暴力犯罪逐漸增多的狀況。〔註90〕

2. 辦公經費的制約

清代的地方政府並沒有專項的司法經費，日常政務運轉往往都靠官員捐廉辦公，司法經費更無從籌措。包世臣曾指出，外省公事，除河工、鹽務這些專門性事務外，凡州縣上下文移的紙張、書工、封套和印朱，都由書役捐辦。若遇大案，因限期急促，必須雇覓書手抄寫通詳，「所費官既不認，唯有標賞呈辭，俾資津貼」。〔註91〕如人犯遞解需要花費大量的金錢，通常需要胥役自行籌措和解決，除雇傭人手解送案犯的花費外，還有飯食費等，「一犯所費，總以五七十金為率」。〔註92〕解費由原役賠墊，因此引發需索等弊端。

但事實上，不同於清代中央刑部秋審有專門的秋審辦公經費，訴訟反倒為地方政府收取陋規創造了條件，會增加地方衙門的經濟效益，為政務運轉提供了經費。「案費一直都是清代地方政府的財政基石之一。」〔註93〕包世臣在梳理積案產生的根源時指出「大獄之興，源於小訟之不結；小訟不結，源於胥役之賄擱；胥役賄擱，源於解犯之賠墊；解犯賠墊，源於發審之展扣。」〔註94〕他層層遞進指出很多積案問題的產生與制度設計有莫大的關聯。這並非空穴來風的說辭，嘉慶六年八月，陝西巡撫陸有仁奏請委員赴漢中、興

〔註90〕Zhiwu Chen, Kaixiang Peng, Lijun Zhu, *Social-economic change and its impaction violence: Homicide history of Qing China*, Explorations in Economic History, 2017, 63:8～25.

〔註91〕〔清〕包世臣撰：《包世臣全集》第 3 冊，李星點校，黃山書社 1997 年版，第 376 頁。

〔註92〕〔清〕包世臣撰：《包世臣全集》第 3 冊，李星點校，黃山書社 1997 年版，第 377 頁。

〔註93〕〔美〕白德瑞：《爪牙：清代縣衙的書吏與差役》，尤陳俊、賴駿楠譯，廣西師範大學出版社 2021 年版，第 325 頁。

〔註94〕〔清〕包世臣撰：《包世臣全集》第 3 冊，李星點校，黃山書社 1997 年版，第 377 頁。

安審辦兩府轄區五年內未經審轉的命盜案 150 餘起。除道路遙遠梗阻不便提解外，遞解經費也是重要的因素，「漢屬之寧羌、西鄉至省一千四五百里，興屬之白河、平利至省幾及二千餘里。每案一犯兩解，途次往回盤費皆係各廳州縣自行捐借」，而當時正值軍興之際，地方農事沒落，若將積案照例遠解省城，「不惟無此重貲，且亦無此多役護送」。因此他奏請委員就近審辦以期早為結案。〔註95〕通過這種經濟計算，也不難理解地方官為何會將大事化小，畢竟這些費用和人力都需要各地自行籌措，富庶地方尚能支撐，對於邊窮地方來說卻是不小的負擔。可以說，這也是制約案件不能及時完結的重要因素。

（二）法律知識和經驗的缺乏

清代官員的法律素養也影響案件的審理質量。清代的司法制度較為完善，同時提倡「哀矜」「慎刑」「中罰」等司法理念。這種制度設計和理念提倡應當發揮較為理想的作用，但作為司法主體的司法官吏卻是制度的實際運行者。雖說經學與律學相表裏，但科舉考試更為關注儒家經典，地方官員法律知識的獲得需要日積月累。「由於清代州縣衙門的組織結構與科舉取士造成的外行司法，使司法官員難以勝任繁重複雜的司法任務，影響了司法質量。」〔註96〕加之客觀層面的司法腐敗、偵查手段、檢驗技術、證據規則和刑訊逼供等因素，嚴重降低了司法質量。嘉慶十二年羅山縣爆發了兩起大案，經派欽差才審明，但在問責環節仍然對當時的知縣頗為照拂——「鄧應熊庸闇無能，因係進士即用知縣，甫於上年三月蒞任，吏治本屬生疏，尚訊無別項情弊」〔註97〕，故欽差請旨將其交部嚴加議處。此外，地方官員的頻繁更換也會使得這些人員無法專心研習律例，積累審判經驗。如孫星衍「權臬七閱月，平法數十百條，活死罪誣服者十餘獄，亦不以之罪縣官，云：縣官實不盡明刑律，皆幕僚誤之也。」〔註98〕孫星衍在刑部辦事時多通過經義折獄而獲得上官青睞，外

〔註95〕陝西巡撫陸有仁：《奏為委員赴漢中與安各屬審辦積案事》，嘉慶六年八月十八日，錄副奏片，檔號：03-2431-037。

〔註96〕徐忠明：《清代司法的理念、制度與冤獄成因》，載《中國法律評論》2015 年第 2 期。

〔註97〕光祿寺卿錢楷、東河總督吳璥：《奏為河南羅山縣民范錫爵捏控賄囑其叔被殺案擬杖徒事》，嘉慶十二年八月初九日，錄副奏摺，檔號：03-2289-022。

〔註98〕〔清〕張紹南：《孫淵如先生年譜》，載北京圖書館編：《北京圖書館藏珍本年譜叢刊》第 119 冊，北京圖書館出版社 1999 年版，第 476 頁。

放時「平法數十百條」，可見下屬官員的法律知識過於缺乏。

不可忽視的是，官員法律素質的滑坡與盛行捐納風氣有一定的關聯，正途出身的司法官員大體上具備了較好的「法理」知識，這類群體也有相對自覺的學習習慣以獲得法律知識，「彌補『技術』知識的不足」，加之幕友襄協和實行逐級審轉制度，這類人員的素質基本可以應付日常的審判工作。〔註99〕但異途出身的官員獲取知識的自覺性相對較低，研究這類群體在基層政權中的比重的轉變，對於加深嘉道中衰的理解無疑是一條有效的進路。

此外，傳統的檢驗技術等也制約了重案真相的查明。

二、吏治腐敗與借案斂財

吏治腐敗是影響司法質量的重要因素。通過統計嘉道時期特參案件數量可為考察地方司法生態提供一定的佐證。據中國第一歷史檔案館館藏檔案目錄統計，嘉道時期督撫、都統、將軍、學政等對所屬文武官員和生監舉人進行「特參」的檔案共計 21,702 件，佔據有清一代「特參」檔案的 30%左右，基本是乾隆朝特參案件的 2 倍，達到了清代特參數量的高峰。其中嘉慶朝「特參」檔案 8,311 件（包括題本 6218 件，軍機處 1,148 件，宮中檔 945 件），道光朝「特參」檔案共 13,391 份（包括題本 10,030 件，軍機處 2,233 件，宮中檔 1,124 件等），以軍機處錄副奏摺、宮中檔朱批奏摺和題本為主，其中兩朝有關「特參」題本共 16,248 件以 74.8%的比例佔據絕對優勢。當然，這是對文武官員特參的總數，統觀這類題本，不乏隨案附參州縣官員的例子。

而就大員特參文武官員和生監舉人的不法行為而言，除了在任虧空及其他政務執行不力外，也包括年老衰庸、違令嫁娶、私役兵丁等事宜。不可忽視的是其中有很多參案都涉及地方官員在辦案過程中發生的問題，如疏防劫案／盜案，失察家人／家丁，失察書役／胥吏詐贓，辦案遲延，緝捕不力，非刑，淹禁，濫斃人命，典史疏防犯人在監自盡等種種問題。

據不完全統計，這些特參案件中，與司法或社會治安有關的佔據絕大多數，其中所佔比例最大者為特參文武官弁「疏防」「疏脫」案件，在嘉慶朝 8,311 件檔案中，這類案件共 6,196 件；道光朝 13,391 份檔案中，疏防案件

〔註99〕徐忠明、杜金：《清代司法官員知識結構的考察》，載《華東政法學院學報》2006 年第 5 期。

共 9,422 件，都分別占到了總量的七成以上。若將所有的特參案件中，與司法不直接相關的數據加以剔除，這類疏防案件所佔比重將更大。嘉慶五年五月，宣化縣知縣黃大鵬，人本衰庸，性復玩愒，經前撫臣批審詞訟未結的共有 30 餘案，任意拖延，亦不遵送清冊，經撫臣嚴提，始據造呈，尚多遺漏之案。撫臣謝啟昆奏請將其革職。〔註100〕嘉慶八年閏二月十一日，山西巡撫伯麟特參永濟縣知縣姚泰任意延擱自理詞訟，屢經訓飭，罔知悛改，奏請將其革職。據稱姚泰批准差傳人證，赴城候訊，兩造守候一月有餘，至封印時並未喚審。開印後，原被人等又赴城候質。該縣仍行延壓，以致楊文魁、趙呈麟一併赴府呈控，由知府將案件訊明完結。姚泰對於其餘自理之案亦多延累，民間嘖有煩言。〔註101〕

自乾隆晚期，吏治腐敗，因循疲玩，虧空錢糧在在皆有。王杰曾直陳「各省虧空之弊，起於乾隆四十年（1775）以後，州縣有所營求，即有所饋送，往往以缺分之繁簡，分賄賂之等差。」〔註102〕錢穆也指出自乾隆四十年以後，各省虧空極其嚴重，多為大員侵貪，下屬往往動用公帑賄賂，待離任之時虧空累累。「大吏既餌其資助，乃抑勒後任接收。其後循至以敢接虧空為大員，以稟揭虧空為多事。州縣且有藉多虧挾制上司，升遷美缺。自後地方政治，遂惟有所謂『彌補』。」〔註103〕

洪亮吉《守令篇》言明當時政治雍蔽，指出不過二、三十年，風俗趨向頓改，若新官上任，戚友多以職位所帶來的利益相慰勉，「而所謂吏治民生者，不復掛之齒頰矣！」守令的心思也多在陋規、饋遺、錢糧和稅務的贏餘。稍知自愛並愛護民生的官員不到十之一二，因廉潔持身還往往被譏笑為迂拙或不善籌謀，「大吏之視一二人者，亦覺其不合時宜，不中程度，不幸而有公過，則去之亦惟慮不速。」〔註104〕洪亮吉言明了當時吏治存在的較為普遍的現象，即貪污需索大行其道，官吏漠視民生，貪欺害政。其後雖被遣戍，而

〔註100〕廣西巡撫謝啟昆：《奏為特參宣化縣知縣黃大鵬拖延詞訟請革職事》，嘉慶五年五月十三日，朱批奏摺，檔號：04-01-12-0256-004。

〔註101〕山西巡撫伯麟：《奏為特參永濟縣知縣姚泰審理詞訟任意玩愒請旨革職事》，嘉慶八年閏二月十一日，朱批奏摺，檔號：04-01-12-0263-060。

〔註102〕朱誠如、張力：《嘉慶朝整頓錢糧虧空述論》，載朱誠如、王天有主編：《明清論叢》第 2 輯，紫禁城出版社 2001 年版，第 164～165 頁。

〔註103〕錢穆：《國史大綱》（修訂本），商務印書館 1996 年版，第 868 頁。

〔註104〕〔清〕洪亮吉撰；劉德權點校：《洪亮吉集》第 1 冊，中華書局 2001 年版，第 24～25 頁。

這些言論成為帝王的座右銘，嘉慶帝旋即將其釋回。虧空如此嚴重，為填補漏洞必須籌計橫征暴斂，審理案件乃地方官員聚斂財富的有效方式之一。清代的司法資源比較有限，若吏治再腐敗衰頹，對於國家的影響極其惡劣。包世臣曾指出當時的一些官員辦事拖沓，如江浙各州縣「均有積案千數，遠者至十餘年，近者亦三五年，延宕不結，節經各上司飭屬清釐，塵牘如故。」〔註105〕吏治腐敗並非簡單是官與吏兩大群體集體腐敗，而是整個社會吏治環境的急劇變化。嘉慶帝曾多次在諭旨中指出「因循疲玩」「積重難返」等問題。

（一）怠惰拖沓，能力不足

怠惰拖沓是吏治腐敗的重要表現，地方官員對於詞訟和事件漠不關心，即便是京控奏交或咨交之案，能切實審結的為數不多。嘉慶四年放開京控後，案件數量劇增，而皇帝很快認識到這些案件發回原省辦理後，往往以「審繫虛誣一奏塞責」，而被告審實問罪的案子寥寥無幾。督撫庇護屬員或有意從輕，致使所審案件不可盡信，朝廷只得派欽差前往審理。為了警告各督撫，皇帝下旨「嗣後發審之件，若該督撫不據實秉公審辦，希圖朦混結案，致原告之人稍有屈抑，一經訪得確實，或被人舉發，或欽差覆審，必當將原審之督撫從重治罪，決不姑貸。」〔註106〕

嘉慶十一年十一月，御史陸言指出各省州縣承審事件多懸宕不結，「因循之弊始於州縣，而整飭之法則在上司」。積壓之故，一是上司不考核，二是上司不親提。他奏請上司嚴格稽核屬員的自理詞訟，另外遇有控官控吏之案，概行親提，不得僅委屬員或發原問官審訊。〔註107〕各省外結案件積壓嚴重，發交各督撫審辦的京控案件也同樣積壓。嘉慶十一年，御史蔡維鈺條奏各督撫對於京控發交案件多有延不審辦、未能速結的情形，奏請交刑部查明分案嚴催。嘉慶帝深以為是，並進一步指出，按照承審限期的規定，外省尋常審辦案件都有一定期限，不容逾緩。至於特旨交辦事件，命令各督撫親提審訊，與欽差審案無異，應立即親提研審，迅速奏結。然而陋習相沿，督撫往往將

〔註105〕〔清〕包世臣撰：《包世臣全集》第3冊，李星點校，黃山書社1997年版，第375頁。

〔註106〕《清仁宗實錄》卷65，嘉慶五年閏四月丙寅，中華書局1986年版，第1冊第877頁。

〔註107〕掌山西道監察御史陸言：《奏為請嚴定承審處分以肅吏治而杜積壓事》，嘉慶十一年十一月十七日，錄副奏摺，檔號：03-1629-023。

特交之案件發交兩司，兩司又繼續往下轉發，並未遵旨由督撫親審，滋生無窮弊端，妨礙吏治民生，逾時累月不能審結，其效率遠遠不及欽差審案。「各督撫受朕委任至重，何得泄泄如此。著刑部查明各省發審事件，隨時飭催，如有歷久不結任意延宕者，並著參差。」〔註108〕

十二年四月，因議處江西積案事件中涉案的衡齡等員，皇帝又嚴飭各地隨時審結控案，要求地方官勤理獄訟，以免拖累。上諭中肯定地方官勤能是處理案件的重要因素，若地方官員們認真經理、清釐詞訟案件，「自可無虞積壓」。但積習相沿，官員怠惰偷安，不問民事，「以致小民冤憤莫申，層層上控」；上司衙門又以批發了事，「日久宕延，前任付之後任，塵案堆積，漠不經心」，由此造成京控案件日多，幾乎每日都有發審之件。〔註109〕

而即使是欽差前往各地審案，也出現種種弊端，「不獨沿途需索驛站陋規，竟有收受饋送，屈法徇情之事。」〔註110〕跟隨欽差辦案的其他人員也存在勒索使費、供應，擾累地方等情形。如英和曾前往地方審案，回京後道光帝垂詢「此次地方供頓當不致過費？」英和回答：「雖僑居兩月，地方所費恐不免盈千累萬」。他解釋道：欽差所帶的僕人、馬夫以及司員都不過幾人，「然公館中不能無應役者，加以巡捕、兵丁、書役人等逐日聽候，所有飯食皆地方供應，其費安得不多？」因此他請求皇帝以後除了不得不派欽差審辦的大案外，其他的案子都發交督撫審辦，「上以為然」。〔註111〕有時因欽差迴護地方官員，案件最終還是不能得到妥善審理，又激發新一輪呈控。

嘉慶二十二年，代辦湖北嘉魚縣王知縣關提巴縣移解周光鼎到嘉魚審訊，然而第一次關提後巴縣遲緩不辦，王知縣只能二次關提。〔註112〕嘉慶末期，山東積案高達萬件，京控繁興。當時的山東巡撫和舜武於嘉慶二十三年參奏武定府知府謝天樛對於上司發審案件任意遷延，押斃人命。皇帝將其

〔註108〕《清仁宗實錄》卷159，嘉慶十一年四月丙申，中華書局1986年版，第3冊第58頁。

〔註109〕《清仁宗實錄》卷178，嘉慶十二年四月己亥，中華書局1986年版，第3冊第341～342頁。

〔註110〕《清仁宗實錄》卷65，嘉慶五年閏四月丙寅，中華書局1986年版，第1冊第877頁。

〔註111〕〔清〕英和：《恩福堂年譜》，載《北京圖書館藏珍本年譜叢刊》第133冊，北京圖書館出版社1999年版，第388～389頁。

〔註112〕四川省檔案館編：《清代巴縣檔案整理初編·司法卷·嘉慶朝》，西南交通大學出版社2018年版，第295頁。

立即革職，留在山東交給和舜武差委，訪拏逆犯祝現等人。〔註113〕至道光元年，因其只拿獲另外4名普通盜犯和1名兇犯，被道光帝斥責「留緝亦屬無用，著即押令回籍。」〔註114〕張集馨曾親睹四川仁壽縣令劉鈞貽，「因縣內連報劫案，司中督捕甚急，劉令遂將盜犯十五人解省，皆極口呼冤。」後來正盜在鄰境拿獲，他才明白劉鈞貽辦案有誤。張集馨札調劉鈞貽到省城親審，查出劉是被捕役愚弄，「不料老羞成怒，竟將此發回之十五人概行監斃」。此外，「犍為令段榮恩，金堂令李希鄴、南川令趙旭初，皆以非盜為盜」。〔註115〕可見當時很多官員的確庸劣不堪，而對於杖斃15個良民的劉鈞貽，作為上級的張集馨雖想將之撤任，卻還是姑息了事，也反映了官場的迴護風氣。

此外，因當時官員篤信儒家寬仁、佛教因果輪迴等理念，司法領域盛行「救生不救死」現象。這類現象自乾嘉轉型後逐漸增多，沈家本也指出乾隆朝以後故殺案件「日少」，很多故殺案件被當作鬥殺處理，與盛行的「救生不救死」之說有很大關係。〔註116〕可見當時整個社會環境發生了轉變。張集馨曾言：

> 「救生不救死」之說，乃劣幕邪說，最足造孽。凶徒漏網，死者含冤，獷悍之夫，益無忌憚。余謂鬥殺，乃一時之忿，彼此互毆，未知誰死，代為開脫，情法無妨；至謀殺等案，有何可矜？曲法徇之，獨不念死者之冤耶！辦理盜案，更須持平，若輩強梁，法所不宥，乃辦案者入室搜贓，不過三二人，而把風接贓，轉有七八人，斷然無此情理。余過堂時，反覆詰問，竟有縣中詳為把風，而盜犯供為入室者。發審後，則知縣中故為開脫，並非盜供狡展；更有以已死之犯為盜首，已獲之犯為把風，未獲之犯為入室，詭弊甚多。〔註117〕

吏治腐敗與當時盛行的捐納風氣有莫大的關係。當時的道、府官員，從知縣起家不過十之二三，大部分為部員外放，對地方情形相當不瞭解。而揆諸這些部員的履歷，由進士散館分部的只占一部分，因此錢穆有言：「當時司

〔註113〕《清仁宗實錄》卷343，嘉慶二十三年六月壬申，中華書局1986年版，第5冊第536頁。

〔註114〕《清宣宗實錄》卷21，道光元年七月乙亥，中華書局1986年版，第1冊第390～391頁。

〔註115〕〔清〕張集馨：《道咸宦海見聞錄》，杜春和、張委清整理，中華書局1981年版，第114～115頁。

〔註116〕沈家本：《寄簃文存》，商務印書館2015年版，第57頁。

〔註117〕〔清〕張集馨：《道咸宦海見聞錄》，杜春和、張委清整理，中華書局1981年版，第114～115頁。

員則甚少才望。一則由滿洲廕生太易，一則由漢員捐班太多。」〔註118〕嘉道時期官僚隊伍素質整體呈現滑坡的趨勢，尤其是捐納盛行導致貪贓虧空更為嚴重，當時稍微愛惜氣節之士，要麼入翰林清班，要麼在地方擔任山長，要麼沉滯郎署，要麼擔任地方教官。當時因天災人禍、內憂外患，國家公共財政的缺口不斷增大，助長了社會的捐納風氣。因籌措軍費和治水費用，國家多次開放捐納。道光十九年，侍郎吳璥奏請開捐，戶部核議而潘世恩、盧蔭溥等人意見難以統一，英和進言指出「治國不可言利而聖人不諱理財」，他說大捐是權益之計，清朝已屢次舉行，「嘉慶年間業已五次：川楚例收銀二千一百餘萬，工賑例收銀七百餘萬，衡工例收銀一千一百餘萬，議敘例收銀一百二十餘萬，較之初次開捐只二十分之一，土方例節次展限延至三年，得銀六百餘萬。今距土方例僅止二年，恐尚不及此數，徒有虛名，竟無實濟。」「近來人心機巧，相率觀望，不肯上兌……現在內庫存銀一千二百四十萬，若少為支用，加以各處商捐，又前經奉旨停止各處工程，並暫停巡幸，每歲可節省銀百餘萬，一時足敷辦理」等。英和提倡「開捐不如節用」，經其奏議，開捐例暫被擱置，皇帝還規定嗣後隔年舉行秋獮。〔註119〕道光二十三年因戶部虧空 900 多萬兩白銀，國庫存銀僅剩 200 多萬兩，加之鴉片戰爭帶來的賠款壓力，此後各種名目的捐納大行其道。瞿同祖先生指出 1745 年的知縣由進士出身擔任的比例為 44.6%，至 1850 年下降為 34.7%；從乾隆初期到道光晚期，「由納捐進入仕途者稍有增長」。〔註120〕捐納制度是腐蝕政體的一大弊病，「以貨得官必將以貨取償於民」，〔註121〕上行下效，賄賂公行，政治貪污，必致亡國。

　　嘉慶二十四年，朱鴻奏明當時告訐之風盛行，除訟棍唆使外，還因地方官有心諱飾。地方官辦理命盜案件時，「苟存諱飾之見，則開脫重罪，縱匿要證，刑逼改供，賄通勸息諸弊既在所不免。甚至故意宕延，冀案中人證拖累病亡，事得消弭，其居心為尤。忍屬員商通上司，上司袒護屬員，承審逾限，則改填月日，四參將滿，則派差調開。種種巧計，何所不至。」地方官根本不顧百姓痛癢，致小民深受屈抑，激發訐告。朱鴻請旨革除諱飾之弊，地方

〔註118〕錢穆：《國史大綱》（修訂本），商務印書館 1996 年版，第 867 頁。

〔註119〕〔清〕英和：《恩福堂年譜》，載北京圖書館編：《北京圖書館藏珍本年譜叢刊》第 133 冊，北京圖書館出版社 1999 年版，第 425～429 頁。

〔註120〕瞿同祖：《清代地方政府》（第 3 版），范忠信、晏鋒譯，新星出版社 2022 年，第 31 頁。

〔註121〕吉同鈞：《樂素堂文集》，閆曉君整理，法律出版社 2014 年版，第 13 頁。

官據實秉公速辦命盜案件，不得稍存迴護。〔註122〕

（二）貪污受賄與借案斂財

　　吏治腐敗不僅是官員道德敗壞，怠惰不職，更嚴重的是侵貪挪移、貪污受賄、枉法徇私、出入人罪，有些官吏故意拖延案件以求敲詐勒索。尹會一曾言：「不知事犯到官，原、被、證、佐必有數人，各有生理，訟事一日不結，即一日不能脫身。差役藉此索詐，書吏從中舞弊，土棍構釁生波，莫不由延擱而起。故訟未結而家已破者有之，可為寒心。」〔註123〕值得注意的是，胥役的借案勒索與貪官污吏的放縱包庇有極大的關聯。原被中證等涉案人員多被拘禁或散押，從而成為任人魚肉的對象。普通證人保釋需交納使費，重犯可給錢賣放，官吏擇肥而噬、狼狽為奸。袁守定指出「書差勒贓，多藉大案」。為此，他總結辦理命案時，為了避免事態的嚴重化，正印官須時刻提防吏役，將需要擬抵的命案和不抵的命案區分辦理，通過種種方法杜絕書差染指需索。〔註124〕嘉慶四年，英德縣知縣陳寅因不能隨時完結案件，濫行羈押致斃40餘名人犯。上諭將陳寅革職，進而指出州縣往往有意遲延自理詞訟和案件，上司又任其懸宕，不加查察。

> 推其遲延之故，皆由地方官欲藉案件索贓，多方搜剔。或以一人而牽連眾人，或以一案而旁及他案。輾轉株求，公差四出。而胥役等每至一村，索詐使費，有錢則正犯縱令他逸，無錢則旁人亦被牽連。買票斂差，拘提兩造，得至州縣公堂，已非易易。而州縣又將聽審日期時時更改，以待說合過手之人，必至賄賂已通，欲壑已滿，始肯審結一案。而由縣詳府，由府詳司詳院，各衙門書役，又思從中染指，駁詰稽延。不過一杖責可完之案，而百姓之身家已破，甚至久禁囹圄，長途解送，因此拖斃人命。〔註125〕

皇帝要求各督撫嚴加約束屬員，按限完結案件。之後，陳寅被發往伊犁充當

〔註122〕河南道監察御史朱鴻：《奏為請嚴禁諱訟唆訟以清訟源事》，嘉慶二十四年十二月初三日，錄副奏摺，檔號：03-1589-001。

〔註123〕〔清〕尹會一撰：《健余先生撫豫條教》卷1，載《官箴書集成》第4冊，黃山書社1997年版，第702頁。

〔註124〕參見〔清〕袁守定：《圖民錄》，載《官箴書集成》第7冊，黃山書社1997年版，第427頁。

〔註125〕《清仁宗實錄》卷48，嘉慶四年七月辛未，中華書局1986年版，第1冊第598頁。

苦差，並先在省城枷號三個月，上諭還指出陳寅就算枷斃「亦不足惜」。嘉慶九年，浙江監生陳庸禮呈請為父親陳寅贖罪，經皇帝駁斥，「此時若准令贖罪，是使不肖劣員，以為身罹罪譴，猶可援贖生還。尚復何所懲畏，亦復成何政體」，〔註126〕下旨陳寅一犯永遠不准贖罪，也不准釋回。嘉慶十七年，陳寅的另一個兒子陳榮禮又請替父在戍當差，由晉昌轉奏。皇帝駁斥，「若以陳寅年老可憫，寧不思因彼監斃之四十餘人，獨非民命乎？」〔註127〕他指責晉昌所奏舛誤，將其交部議處，重申陳寅永遠不准釋回。這是嘉道時期懲治審案錯誤的一個典型案例，主要懲罰陳寅監斃40多名人犯，而不是追究其審案遲延，然而審案遲延和監斃人犯兩者之間實有關聯。

　　道光五年十二月，監察御史楊九畹奏稱「州縣每遇詞訟案件，多有規禮名目。該管上司知而不問，馴至婪贓納賄，民多冤獄。及如浙省徐倪氏一案，德清縣知縣黃兆蕙收受和息規禮洋銀一百元，認係刑書於兩造呈遞和息時，將呈詞、洋銀一併送交，並供向來詞訟和息間有致送規禮之語。是外省州縣於人命重案草率和息，借有規禮之名，公然接受，已可概見。至戶婚、田債之案，兩造情願和息者，十居七八，其得受贓銀更無顧忌，不問可知。臣並查聞各省州縣詞訟規禮非特和息而已，凡民間不值放告之期投遞呈詞，又有株纍之案懇求摘釋，皆立有規禮名目，甚至審案則有坐堂規禮，勘驗則有下馬規禮，管押人證暫行釋放則有取保規禮。此種陋習，雖與枉法贓銀有間，然州縣既存心貪鄙，又安望其虛心聽斷，即以和息而論，既有規禮，則凡有案件，勢必務求和息，無怪近來州縣詞訟經年累月懸案不結，大者沉冤莫雪，小者拖累難堪。」〔註128〕道光六年，皇帝指出當時從未有督撫題報道、府、直隸州平反錯案的情形，均因官官相護，因循疲玩，徇庇屬員，「以致各州縣中，多有昏憒不職，顛倒是非，甚或恣意貪婪，肆無忌憚」，要求「嗣後各省道府直隸州，務當激發天良，破除積習，勿徇情面，勿避嫌怨」，如果依舊狗庇，致令冤獄難伸，將加重治罪。〔註129〕道光十九年，吏科掌印給事

〔註126〕《清仁宗實錄》卷137，嘉慶九年十一月辛亥，中華書局1986年版，第2冊第871頁。

〔註127〕《清仁宗實錄》卷254，嘉慶十七年二月癸丑，中華書局1986年版，第4冊第427～428頁。

〔註128〕巡視南城掌河南道監察御史楊九畹：《奏請嚴禁各省州縣收受詞訟規禮陋習事》，道光五年十二月十五日，錄副奏摺，檔號：03-2848-074。

〔註129〕《清宣宗實錄》卷98，道光六年五月甲午，中華書局1986年版，第2冊第593～594頁。

中汪報原奏稱該年八月京控中的 3 起案件,「一稱在本府控告十四次,一稱在本府控告十六次,一稱在本府控告十九次,均未親提。……如此瞻徇闒茸,推原其故,不過受屬員之節壽陋規,情面難卻,或恐其挾制耳。」〔註 130〕

書吏和衙役借案索詐是常有之事,尤其是書吏粗通筆墨和法律,可以通過抽換案卷,肆意援引成案而上下其手。無論是中央法司衙門的書吏抑或地方的書吏都存在這一問題,中央衙門的書吏有時還與地方的串通舞弊。嘉慶六年,喬遠煐上奏指出「各部辦理題咨事件,惟以例案為憑,而書吏既從中勾通,解省串詞舞弊。」官員在面對案件時,出入多端,辦理徇私,意為高下而前後互異,「因而書吏影射苞苴」,隨意援引舊日辦理成案,「有意瞻徇撞騙」,從中多方需索,即使明幹司員也多被欺蒙。喬遠煐建議在修例時應當充分刪汰核實,對於原刊則例及續纂則例沒有採入的遠年成案,一概不許附會援引,從而杜絕書吏朦混之弊。〔註 131〕嘉慶九年六月,御史韓克均再次奏請「詳校例案、以歸畫一、杜絕弊端」。皇帝贊同。〔註 132〕

嘉慶二十五年,陝西渭南縣富人柳全璧等因索債將傭人朱某群毆致斃,後重金賄賂知縣徐潤以朱某自跌身死完結。朱妻不甘,到巡撫衙門上控,改委姚洽審理。據稱柳全璧又多方賄賂,「巡撫朱勳、布政使鄧廷楨,皆有所染」。〔註 133〕姚洽在審案時屢次掌責屍親,鄧廷楨拘泥例文不開檢屍身,朱勳對屬員漫無覺察,案件久久未能審明。屍親不得已赴京呈控,經御史王松年密劾,皇帝命欽差馳驛往訊,才將案件審明。其後,徐潤因故出人罪遣戍伊犁、姚洽杖徒、鄧廷楨和朱勳降革有差。〔註 134〕這是一起典型的吏治腐敗、通同朦隱的大案,初審知縣即受賄捏改案情,上級徇庇迴護,漫無察覺。若非屍親連續上控,此案便作為意外事件而被湮沒。

道光八年,御史常恒昌奏聞「風聞近來州縣審訊詞訟,每遇良善殷實之戶

〔註 130〕 吏科掌印給事中汪報原:《奏為詞訟積壓請嚴定處分事》,道光十九年九月初四日,錄副奏摺,檔號:03-3800-024。
〔註 131〕 參見山東道監察御史喬遠煐:《奏請嗣後各部辦理積案所援成例應指明例文出處以杜書吏舞弊事》,嘉慶六年十一月十二日,錄副奏摺,檔號:03-2174-019。
〔註 132〕 參見《清仁宗實錄》卷 130,嘉慶九年六月庚午,中華書局 1986 年版,第 2 冊第 760 頁。
〔註 133〕 小橫香室主人撰:《清朝野史大觀》第 3 冊,中央編譯出版社 2009 年版,第 279 頁。
〔註 134〕 參見《清宣宗實錄》卷 39,道光二年八月丁未,中華書局 1986 年版,第 1 冊第 698～699 頁。

被人指控者，多不肯迅速斷結，預為將來藉端勒索地步，以致刁民健訟蔓引株連，日久拖累，即審得其挾嫌逞忿實情，不肯執法懲辦，反向被屈之家節外生枝，索瘢求疵，陽被以不韙之名，陰濟其無厭之欲，加以奸胥蠹役百般需索，請託公行，而地方佐貳、教職等官不知檢束者，亦藉此染指分肥，干預公事。遂使奸民日肆其譸張，良民深受其苦累，假摘奸發伏之舉為藉端勒罰之媒，隨其情節之重輕，定其罰項之多寡，濫取苛求，不可堪忍。力詘者不免於蕩產傾家，憤恨者即至於輕生殞命。」〔註135〕

道光十五年八月，湖南澧州人李萬忠等四人聯名京控該州積弊：

> 而詞訟一事，弊害尤甚。每月三八日放告，本為小民伸冤之期，乃至呈詞半月有餘，始睹批示。舊規紙戶狀式，每張錢八文，代書大小戳錢四五十文，承科掛號錢十六文。今則漸增，紙戶每張勒錢四十八文，代書每詞勒小私戳錢五七百或千餘文不等，大公戳定勒二百文，承科掛號錢每詞索六七十文不等。如案經准理，承行科書索紙筆錢五六串、十餘串不等。一票合差正身、頭役或四五名或六七名，夯索差費公項錢十餘千、數十千不等，其正身頭役又私索背手錢或數千、十餘千不等。差房話畢，又索投牌錢，原被告各一千五百文。示期臨審，又索鋪堂檢卷錢各項八百文、千餘文不等。審後又勒結費，名曰規禮，以一千一百文為一個，酌量貧富，貧者自二十三個以至七八十個不等；富者數百個千餘個不等。設經鄉里和息，又勒息費錢亦如結費之數。倘遇鄉市急事，不許叫冤，惟令傳遞，或勒五七個至二三十個規禮不等。由是富豪之徒，或恃勢而生風，或糞金而逃法，貧寒之輩，或無辜而遭枉，或含冤而莫伸者，不知凡幾。故澧州除大禁外，設有班房、保倉、土地祠三處，羈押士民數百人，猶嫌窄小。又將空存漕倉廢廣濫禁。可憐士民刑苦難受，只得傾家求釋。是枷鎖者，取賄之具也；牢獄者，射利之場也。更奇者，去歲署澧王知州不守官箴，貪酷無厭。內有門丁陳二，外有壯頭李太，表裏通姦，賺騙分肥，民遭困虐。一切可訪可查。幸今年四月，登州蒞任，起斯民於塗炭，明決清廉，釋放三所百十餘人，誠斯民父母也，而當謝。州之門丁向四，前已在澧九載，與書

〔註135〕河南道監察御史常恒昌：《奏為外省州縣審理詞訟藉端勒罰營私請敕嚴禁事》，道光八年五月二十九日，朱批奏摺，檔號：04-01-01-0696-061。

差等奸弊熟深，今又聞充登州之門丁，兼管驛號，連眷屬虎踞驛內，勢必內外勾串，復為澧民大害。而佐襍吏目亦自擅理民事，混淆曲直，硬索米錢，以一千四百錢為一石，每案或索五、七石或數十石不等，種種奸弊積怨冤害，敢怒而不敢言。〔註136〕

後經查明，案中所控的前署澧州知州王元鳳確實失察家人藉案勒詐，還有私設班館、濫鎖無辜、門丁差役等乘機索詐等事，皇帝將其發往軍臺效力贖罪。

（三）幕友、書吏、蠹役、門丁等的干預

幕友、書吏和差役作為衙門事務運轉的不可或缺者，門丁作為衙署的服務人員，對司法的干預力量也不可小覷。

1. 幕友干預

嘉道時期不僅一些官員素質存在很多問題，而且襄辦政務的幕友的素質也下降。嘉慶時期有三大著名幕府，即謝啟昆、曾燠和阮元幕府，〔註137〕道光時期則以陶澍幕府最為出名，其中不乏襄辦刑名之人。但官階較低的官員，因面臨高額的脩脯負擔，所延請的幕友質量參差不齊。

乾嘉變革背景下文化變遷也是突出的現象，經康雍乾三朝武功，疆域底定，社會進入平穩的發展期，在耕讀傳家傳統不變的情況下，社會的文化風氣更為濃厚。同時，商業的繁榮使得部分商人有了剩餘的財富可以培植子弟讀書，朝廷開放捐納也能讓一部分人獲得功名，整個社會的競爭更加激烈，很多讀書人自幼浸潤於典籍，卻場屋失利，基本只能靠文字謀生，賣卦算卜、作幕僚、書差乃至訟師等。這是讀書人面臨激烈的競爭機制和殘酷的生存環境做出的選擇。

幕友群體分類很細緻，其中以錢穀和刑名最為緊要，幕友雖不能出席一些正式場合，但卻對事務決策掌握充分的話語權。嘉道以降，幕道日衰，幕友往往把持衙署，舞法弄弊，日漸姦猾。〔註138〕如果劣幕長期佔據把持公務，憑藉對事務的熟稔則工於舞弊、妨害政務。各省幕賓中有盤踞省會、招攬事權的

〔註136〕 湖南澧州民人李萬忠等：《為花戶完錢納漕官吏勒折浮收小民伸冤詞訟書役勒索錢文弊泛怨積冒罪上呈事》，道光十五年，呈文，檔號：04-01-08-0178-014。
〔註137〕 參見尚小明：《學人遊幕與清代學術（增訂本）》，東方出版社 2018 年版，第 200 頁。
〔註138〕 〔清〕歐陽兆熊、〔清〕金安清撰：《水窗春囈》，謝興堯點校，中華書局 1984 年版，第 62 頁。

人，還有布散親友黨羽、倚仗上司聲名圖利的。還有省會幕友強制為府州縣官員推薦屬吏的情形，其中最過分的是將不諳律例之人推薦，官員們礙於上級官長的面子不得不重資聘請，當遇到重案時，就包封送到省裏代辦。「如各員另有延請，遇案件上詳，多方駁飭，或行提官吏，藉圖拖累。」〔註139〕這類劣幕本就是無業游民，盤踞各地，貽害地方。道光七年六月，皇帝批評貴州有駱姓兄弟叔侄等人一併充任幕友的情形，交由撫臣嵩溥查奏，以杜絕結交黨援的弊端。道光七年、十年、十一年、十三年、十六年、十九年等年份，都發生驅逐「劣幕」的運動，但這種問題並未根絕。其根原則是傳統中國從未孕育出獨立的司法機構、專職官員與運作程序，並不存在獨立的司法實踐。精明能幹、能力充沛的官員面對繁雜的政務尚需延請幕友幫辦，遑論庸碌無能之輩。

2. 書吏

衙門裏充斥的大量的書吏也十分影響案件的審理過程和裁判結果。書吏即胥吏，乃衙署中的辦事人員的通稱。嘉慶初期「州縣之大者，胥吏至千人，次至七八百人，至少亦一二百人。」胥吏不事耕種，仰食於民，十家之民不足供養一吏，官府營求有數，胥吏貪得無厭，以至於吳越俗語「有可避之官，無可避之吏」。嘉慶初期洪亮吉聲稱：「今日之勢，官之累民者尚少，吏胥之累民者甚多。」〔註140〕嘉慶十三年十月，陝西巡撫方維甸特參署漢陰廳通判耿佐以「自理詞訟任聽書役審斷不公」等事奏請將其嚴辦。〔註141〕

清代的書吏和差役都有額定的人數，書吏還有固定的服務年限。《大清會典事例》對各衙門的書吏有額定人數規定，但基本屬於具文，各地吏役往往數十倍於額定數目。劉衡任職巴縣期間，裁革多餘的書吏和差役，以減少對民間的滋擾。

地方往往突破制度規定，使得這類人員得以長期服役，道光朝晚期，四川按察使司署中「有老吏孫姓，年將九十，看秋審幾五十年，最為穩洽，若輩中亦不可謂無人。」〔註142〕書吏還可在役滿之後改換姓名繼續充任，道光時

〔註139〕《清宣宗實錄》卷118，道光七年閏五月戊申，中華書局1986年版，第2冊第986頁。

〔註140〕以上見〔清〕洪亮吉撰：《洪亮吉集》第1冊，劉德權點校，中華書局2001年版，第25～26頁。

〔註141〕陝西巡撫方維甸：《奏為特參署漢陰廳通判耿佐擅自詞訟縱容書役索詐累民請革職嚴審事》，嘉慶十三年十月初九日，錄副奏摺，檔號：03-2394-046。

〔註142〕〔清〕張集馨：《道咸宦海見聞錄》，杜春和、張委清整理，中華書局1981年版，第115頁。

期,河南省何春來兩次改換姓名投充書吏,第一次花費 45 兩銀子得以承充。後因誤差除卯,改名春來,投張天亮為師,復充司書。〔註143〕有些胥吏甚至讓子侄戚友並充,世代把持公務。書吏用事是清代的弊病之一,其選任以捐納為主,從而多行貪婪需索之事。地方官為規避司法責任,往往通過佐雜與上級衙門乃至中央法司串通聲氣,如「四川秋審部費,向例給以六百金,部書於五六月間專人將秋審實緩底折送署,守取部費。司中不與交通,皆在省佐雜有部辦出身者網羅其事,彼及於中取利。」〔註144〕

清代書吏沒有法定的報酬,這類人員往往作為最基層的協辦公務人員,借託案件滋擾百姓,需索費用,為害地方。吏胥為害司法早為前人所洞見,「大抵官不留意政事,一切付之胥曹,而胥曹之所奉行者,不過已往之舊牘,歷年之成規」。〔註145〕顧炎武此言道出了官員任用胥吏處理政事漸為常態。一切政事活動中都可以找到吏役的身影,其對司法的干預程度不容小覷。就吏役而言,地方吏役對司法系統的破壞,主要包括詞訟中的弊端、捕役差事滋弊以及危害社會治安三大方面。〔註146〕包世臣說:「蓋聽斷之權在官,而勾攝之事在役。」涉訟雙方往往都要通過賄賂書役以方便行事,若未能滿足書役需索,他們會設置各種障礙為難案件當事人,致使案件輾轉稽延。「然各州縣中,豈無不與胥役為市,而力振積弊者乎?實由書役承辦案件,皆有賠墊,長官習知其苦累情形,不得不量予假借,以為調劑。」〔註147〕

3. 蠹役

地方衙門的差役也是滋擾百姓、干預司法的一大群體。差役的工食銀比較少,一般在六、七兩間,而陋規才是他們的主要收入來源。嘉慶二十五年五月,御史余本敦曾言「臣聞衙蠹之弊,大則勾通門丁幕友招搖納賄,擅作威福;小亦舞文延擱,應提者不提,應解者不解,朦官朦詳,無所不至,即如

〔註143〕 參見〔清〕李鈞:《判語錄存》,載楊一凡、徐立誌主編:《歷代判例判牘》第10冊,中國社會科學出版社 2005 年版,第 101～102 頁。

〔註144〕 〔清〕張集馨:《道咸宦海見聞錄》,杜春和、張委清整理,中華書局 1981 年版,第 115 頁。

〔註145〕 〔清〕顧炎武撰:《日知錄》,嚴文儒、戴揚本校點,上海古籍出版社 2012 年版,第 362 頁。

〔註146〕 周保明:《清代地方吏役制度研究》,上海書店出版社 2009 年版,第 448～536頁。

〔註147〕 〔清〕包世臣撰:《包世臣全集》第 3 冊,李星點校,黃山書社 1997 年版,第 376 頁。

案莫重於盜，而或縱令遠逸，或串囑誣攀，案結無期，日滋拖累。則事主幾於不敢報官，而盜賊之風日益熾矣。……凡其顛倒播弄，莫可如何，風俗人心所關匪淺。州縣之無能者既易為其蒙蔽，而不肖者又且倚為爪牙，以致被屈者多，訟無了日。」〔註 148〕差役滋擾需索是比較常見的，嘉慶二十五年八月，祿豐縣民潘文華呈控縣差將他和馬立綱鎖押土地祠，羈勒需索。後經吏大人批示，仍由按察司飭昆明縣查明。〔註 149〕道光四年刑部辦理了山西捕役白碌的案子，據稱因安進財懷疑賀幅管行竊，向賀索詐不遂，於是將賀呈控，白碌令賀出錢和息，並妄圖從中分潤。賀因無錢可籌遂自縊身死。之後朝廷將白碌照蠹役詐贓致斃人命例減等問擬。〔註 150〕道光十九年，曹履泰指出「保歇之包庇，訟棍之愚弄，蠹役之騷擾，三者相為倚伏」，造成了民眾受擾，案件積壓。〔註 151〕程伯鑾也說：「顧思積案之由，其於官員之玩延者猶少，成於差役之操縱者尤多。而操縱之弊，莫若漏規一項尤為可恨！」〔註 152〕

　　蠹役妄拏無辜以及教唆誣扳良民是訴訟活動中最為直接的弊端。差役一般是本地人投充，出身低微，對地方風俗人情熟悉，其中一些反倒利用這些信息滋擾良善。嘉慶年間，江西發生了張家嶺戕官案。當時的江西按察使等員，「添派官役幫拿」嫌犯，而嫌犯四散隱匿，差役一無所獲。長官為了敦促差役們認真緝捕，下令將他們的家屬收禁。差役們也轉將嫌犯們的家屬，無論親疏，一齊送縣收監，「一時四處搜捕，蠹役藉端滋害，宰殺雞豬，毀壞門牆，環圍三十里內，棄家而逃者無數。其地多山，夜奔遇虎者不少。」〔註 153〕

　　道光四年十一月，張師誠「奏失察丁役串訟詐贓幾成冤獄一案」，即豐縣

〔註 148〕京畿道監察御史余本敦：《奏為請除州縣衙役積弊以免訟蔓事》，嘉慶二十五年五月十三日，錄副奏摺，檔號：03-2406-023。

〔註 149〕參見楚雄彝族文化研究所編：《清代武定彝族那氏土司檔案史料校編》，中央民族學院出版社 1993 年版，第 15 頁。

〔註 150〕〔清〕許槤、熊莪纂輯：《刑部比照加減成案》，何勤華、沈天水等校，法律出版社 2009 年版，第 696 頁。

〔註 151〕陝西道監察御史曹履泰：《奏為敬陳清積弊安閭閻事》，道光十九年八月初三日，錄副奏摺，檔號：03-2810-001；陝西道監察御史曹履泰：《奏為涮除擾民包庇訟棍蠹役之積弊以清案牘事》，道光十九年八月初三日，朱批奏摺，檔號：04-01-01-0788-008。

〔註 152〕〔清〕謝必鑒修；李炳靈纂：《光緒墊江縣志》，載中國地方志集成編委會編：《中國地方志集成·重慶府縣志輯》第 19 冊，巴蜀書社 2017 年版，第 533 頁。

〔註 153〕張五緯：《未能信錄》卷 1，載楊一凡、徐立誌主編：《歷代判例判牘》第 9 冊，中國社會科學出版社 2005 年版，第 520 頁。

丐婦徐朱氏因病身死,經段泳幅投保看明掩埋,而與段姓有嫌隙的安鳳閣則誣賴丐婦是由段于氏推跌被紡車木綻戳傷而死,希圖詐贓,段于氏無奈誣服下獄。經查明「皆由縣差圖財所致,縣令毫無覺察」,張師誠將知縣褫職後才審明確情。〔註154〕

「捕役承票緝賊,往往皆票內無名之人,捉影捕風到處嚇詐」,甚至豢養匪賊,商令假報竊案,誣扳良善,輾轉波連,層層剝削,「良善破產傾家不可勝數」。〔註155〕劉衡初到巴縣時,該縣有衙役 7000 人左右,經他退散只存百餘人。道光十四年十一月,四川蠹役橫行、互相勾結、擾累地方的情形又讓皇帝大為關切。〔註156〕御史奏明「大州縣或千餘人,小州縣亦數百人、百餘人不等。遇有民間詞訟事件,官准一案,差派數役往傳,以致差役勒索多方,動輒破產。」蠹役緝捕竊盜時,向事主索發腳錢,還誣扳有隙之家,逐戶礚索。四川省的差役遠遠超過額定的人數,在詞訟事件以及緝捕竊盜等事中上下其手,需索錢財。更重要的是「此等差役,相繼承充」,儼然已經把持這一差務作為他們的世業,同時從事一些不法行為,與地方黑惡勢力相互依附。針對這一奏報,皇帝諭令嚴行查禁,設法汰除,痛加懲創。著瑚松額和鄂山將各項情弊逐一排查,並設法妥立章程具奏。其後,四川總督鄂山奏報,四川因遞解人犯、護送銅鉛船隻等差事繁雜,不得不額外多設差役,已經過前督臣全行裁撤,現只在額設之外酌量添加幫役,「大缺不得過二百名,小缺一百五十名。嚴定稽查章程,恪遵辦理。」另外,他還查明並無差役開廳聚賭等事。皇帝諭示「立法何難?患在不能實力奉行耳!當勉之又勉!」〔註157〕鄂山此奏很可能因顧忌考成而諱飾,道光晚期,張集馨任四川按察使時,蠹役橫行的情形仍舊存在。

道光十九年御史曹履泰也指出差役干預司法活動、擾害地方的問題不可輕視,「每有案情微細,任意延擱輾轉拖累,自數年至十餘年,地方官亦不能催結。若事關人命,州縣未經踏勘,而主凶之家抄掠一空,倘無力設措,即波

〔註154〕 〔清〕張師誠:《一西自記年譜》,載北京圖書館編:《北京圖書館藏珍本年譜叢刊》第 126 冊,北京圖書館出版社 1999 年版,第 195 頁。

〔註155〕 〔清〕劉衡:《庸吏庸言·嚴禁捕役妄拏告示》,載《官箴書集成》第 6 冊,黃山書社 1997 年版,第 178 頁。

〔註156〕 山東道監察御史陶福恒:《奏請嚴飭四川大吏設法嚴禁地方積弊等事》,道光十四年十一月二十四日,錄副奏摺,檔號:03-2632-076。

〔註157〕 《清宣宗實錄》卷 260,道光十四年十一月丙戌,中華書局 1986 年版,第 4 冊第 970~971 頁。

及族鄰。而受拖累者，求免株連，不得不甘心隱忍。」〔註158〕積案的形成或與胥役索詐有密切的關聯，如張集馨曾言「地方官沾潤稅契銀兩，以肥身家，數日無契請印，州縣提糧差追比，是以茶坊酒肆，每講論田土，差役必從中百計慫恿，甚而講論未定，差役即報官勒稅，稍涉辯爭，即押入卡房，其風由來久矣。」〔註159〕

嘉慶初年，上諭中也載明了差役需索誣扳之情狀，足見這一時期的吏治生態極其惡劣。嘉慶末年，御史程伯鑾知曉四川有「賊開花」和「洗賊名」等名目，後向朝廷奏請禁革病民陋規，裁汰冗役。道光十七年，安徽宿松也發生了差役誣陷失主鄰居而索詐之事。〔註160〕經濟發達的江浙地區亦有誣扳索詐的情況。可見蠹役在司法中的危害不容小覷，牽連需索也導致案件積滯拖延。

訟師往往與差役之間有合作關係，使得案件輾轉蔓延，以便從中取利。道光十九年八月，監察御史曹履泰奏請「地方官蒞任之初，廉明正直，密拿暗訪，勿徇情面，勿畏強禦，使唆訟之徒有所斂跡。庶不寒而凜，而蠹役亦無所施其伎倆矣。」從而達到政平訟理、不勞而治的理想狀態。〔註161〕

需要指出的是，差役是衙門不可缺少的承差人員，得以維持各項事務的正常運轉，他們並非都是為非作歹之徒，也有一部分良善群體。

4. 佐雜擅受詞訟

另外，佐雜擅受詞訟也是審判拖延的重要原因。佐雜與正印官分署辦公，分管專門事務，禁止染指詞訟，「遇有控訴到案即呈送印官查辦者無庸議，如擅受而審理者降一級調用，失察之印官罰俸一年。」〔註162〕如果正印官把地方詞訟批發給佐雜辦理會被降三級調用，佐雜人員直接審理案件的降二級留任，府州和道員不進行揭報的話也將面臨降一級或罰俸一年的處

〔註158〕陝西道監察御史曹履泰：《奏為渐除擾民包庇訟棍蠹役之積弊以清案牘事》，道光十九年八月初三日，朱批奏摺，檔號：04-01-01-0788-008。

〔註159〕〔清〕張集馨：《道咸宦海見聞錄》，杜春和、張委清整理，中華書局1981年版，第116頁。

〔註160〕〔清〕段光清：《鏡湖自撰年譜·道光十七年》，載沈雲龍主編：《近代中國史料叢刊》784《鏡湖自撰年譜》，文海出版社1973年版，第2頁。

〔註161〕陝西道監察御史曹履泰：《奏為渐除擾民包庇訟棍蠹役之積弊以清案牘事》，道光十九年八月初三日，朱批奏摺，檔號：04-01-01-0788-008。

〔註162〕〔清〕文孚纂修：《欽定六部處分則例》卷47，載沈雲龍主編：《近代中國史料叢刊》第34輯332，文海出版社1969年版，第973頁。

分。〔註163〕一般來說州縣為了讓佐雜獲得案費以及減輕正印官的訟累，會把案件批交佐雜辦理。道光十四年十一月，御史奏明四川省佐雜等官竟然也設有書役多人，從事串唆擅受等活動，當地流行諺語「佐雜官為買賣衙門」等語。其後，四川總督鄂山對於佐雜人員擅受詞訟之風通檄飭禁，申明例禁。〔註164〕道光二十六年七月，湖廣總督裕泰和湖北巡撫趙炳言奏報枝江縣江口巡檢鄧承恩於雷大瀚誣告雷大潰和朱氏通姦之案，並不照例送縣，擅自審理杖責完結。當楊明道與雷大瀚彼此爭鬧時，該員巡緝路遇，又自行刑訊，將雷大瀚帶至衙門，未能妥為防範，致雷大瀚逃出，因被刑責不甘，投繯殞命。「雖訊係依法決責，死由自盡，實屬違例擅受致釀人命。」〔註165〕

5. 門丁需索

一些新上任的地方官員因貧窮需要借貸，債主往往派人跟隨其上任，任用為門丁，有些門丁本身素質即存在問題，因而門丁對司法也帶來一定的消極作用。道光十年，御史梁萼涵參奏山東海陽知縣張兆祥任用債主王三和程四為門丁，骫法詐贓。後經欽差王鼎查明「張兆祥係直隸進士選補山東萊陽縣知縣，因人地不宜，於道光三年間撤任，留省學習，每遇日用缺乏，俱係家人程四代為賒取貨物，並借給銀錢，共計銀四百餘兩。至七年十二月間，張兆祥復補海陽縣，程四又引薦素好之王三服役，張兆祥到任後，即派程四、王三為門丁，經理稿案。」道光九年十二月，王三借捐職從九品王士灤族弟妻翟氏自縊身死私埋匿報案，與王漣亭等商允指撞王士灤之子王曧銀四百五十兩，得現銀二百兩，並有作銀五十兩的四畝地，其中王三分銀七十兩。另外，程四還想借孫良才案索銀二百五十兩未遂。〔註166〕經孫良才和王曧先後京控，派下欽差才查明這些案情，擬將程四發新疆給官兵為奴。之後皇帝又將張兆祥發往軍臺效力贖罪。

〔註163〕〔清〕文孚纂修：《欽定六部處分則例》卷47，載沈雲龍主編：《近代中國史料叢刊》第34輯332，文海出版社1969年版，第973～974頁。

〔註164〕《清宣宗實錄》卷260，道光十四年十一月丙戌，中華書局1986年版，第4冊第970～971頁。

〔註165〕湖廣總督裕泰、湖北巡撫趙炳言：《奏為審擬枝江縣江口巡檢鄧承恩違例擅受詞訟釀人命案事》，道光二十六年七月初二日，錄副奏摺，檔號：03-3903-051。

〔註166〕戶部尚書王鼎：《奏為遵旨赴山東查明海陽縣知縣張兆祥審理詞訟不知慎密濫加責押各情按律定擬事》，道光十一年二月初四日，朱批奏摺，檔號：04-01-01-0730-040。

（四）浮收勒折與生監包漕

利益衝突是官民衝突的首要原因，以錢糧稅賦最具代表。清代一些地方官員與地方紳衿聯合，通過胥役遊走其間聯絡串通，依靠浮收勒折等行為謀取不法收入。「雙方爭奪之下，處于競爭劣勢的生員便會越級上控，有的以控告書吏浮收為名，實則隔山震虎，目標指向的是幕後指使的州縣官，希圖借上層政權的力量抑制基層政府對其利益的侵奪。」〔註 167〕19 世紀初期，士紳階層家庭人口大約有 550 萬，占全國人口 1.5%。〔註 168〕士紳階層是社會的中堅力量，是官僚隊伍的基礎和休致官員，依靠其地位和名望在基層中發揮重要作用。嘉道時期生員赴京告漕之案層見迭出。道光十八年，江西新喻縣監生萬國彩等包漕漁利，為縣官所打壓，新喻民眾先後 5 次京控知縣浮收勒折，最後演變到聚眾抗官地步。〔註 169〕署理知縣包世臣因「延不拘解」京控要證被撤任。〔註 170〕「新喻漕案是嘉道社會危機總爆發的前奏。該案對於解析清代中葉官民衝突具有典型意義。」〔註 171〕

官員的浮收勒折和生監包漕往往成為訴訟的導火索。賦稅甲天下的江南地區，也是鬧漕最嚴重的地帶，倪玉平指出，浮收和勒折是嘉道時期兩大典型的社會問題。浮收勒折「始於乾隆，甚於嘉慶，極於道光」。〔註 172〕漕政首禁浮收，浮收則來源於層層需索。每船之長的旗丁索加幫費，「及通倉胥役，催趲員弁，索費於旗丁」。〔註 173〕這些需索的銀錢最後全從糧戶手中榨出，小民

〔註 167〕周葆：《清代基層社會聚眾案件研究》，大象出版社 2013 年版，第 206 頁。

〔註 168〕參見〔德〕於爾根·奧斯特哈默：《中國與世界社會：從 18 世紀到 1949》，強朝暉譯，社會科學文獻出版社 2019 年版，第 101 頁。

〔註 169〕麟魁：《奏為請飭令江西巡撫審訊萬國彩胡尚友鬧漕案事》，道光二十一年二月初一日，朱批奏摺，檔號：04-01-35-0275-054；江西巡撫錢寶琛：《奏為遵旨審明萬國彩胡尚友等鬧漕案事》，道光二十一年二月十二日，朱批奏摺，檔號：04-01-35-0275-056；麟魁：《奏為遵旨審辦江西新喻縣已革監生萬國彩等鬧漕案事》，道光二十一年閏三月初十日，朱批奏摺，檔號：04-01-35-0276-023。

〔註 170〕《清宣宗實錄》卷 332，道光二十年三月辛亥，中華書局 1986 年版，第 6 冊第 39～40 頁。

〔註 171〕林乾：《新喻漕案與包世臣罷官——探究文獻背後的真相》，載徐世虹主編：《中國古代法律文獻研究》第九輯，社會科學出版社 2015 年版。

〔註 172〕〔清〕歐陽兆熊、〔清〕金安清撰：《水窗春囈》，謝興堯點校，中華書局 1984 年版，第 75 頁。

〔註 173〕孫靜庵、李岳瑞：《棲霞閣野乘》，張明芳點校，山西古籍出版社 1997 年版，第 138 頁。

面臨極其艱難的生存環境。就繳納本色而言,斛面浮收尚且有限,隨之而來的折扣更為苦民。對漕米的品質和重量的衡量都掌握在收漕官員手中,他們往往以米石的乾燥程度不合要求為辭而折扣計算,「始而每石不過折扣數升,繼乃五折、六折不等」。〔註174〕收兌官員和吏役在收糧時刁難糧戶,即便大米潔淨乾燥、顆粒飽滿,也會嫌大米品質不佳,要求糧戶換米再繳,再三刁難,糧戶只得自請折扣繳納,此外,淋尖、撒地、踢斛、抄盤等手段並用,給糧戶帶來了極大的壓力。更有甚者,在計算田畝面積時以零作整,使得農民實際完繳的糧食往往數倍於額定糧食。此外,為了保證能夠及時足額繳納糧食,糧戶還要向吏役交納使費,以期他們能盡快收繳自己的糧食,否則將在縣城稽留,不僅耽誤農事,還需更多的花費。

折色繳納也面臨重重弊端。地方官吏為了從中漁利,經常甫一開徵便藉口倉廠已滿而要求繳納折色,糧戶們只能變賣糧食,再將銅錢換成銀兩上繳。這些過程往往會讓小民面臨財物折損。

社會風氣的轉變與生矜群體有莫大的關聯。清代漕糧徵收實行雙軌制,對於不同身份的主體繳納標準完全不同。「不惟紳民不一律,即紳與紳亦不一律,民與民亦不一律」,就折銀完繳而言,「於是同一百畝之家,有不完一文者,有完至百數十千者,不均孰甚焉。」〔註175〕相對於普通民眾來說,所謂的「矜米」「科米」和「訟米」則成了徵收需索的例外。有功名的群體具有較強的賦稅優勢,「其刁生劣監、好訟包攬之輩,非但不能多收,即升合不足、米色潮雜,亦不敢駁斥。並有無能州縣,虛收給串,坐吃漕規,以圖買靜就安,遂致狡黠之徒,視為利藪,成群包攬,訐訟不休。州縣受制於刁衿訟棍。」〔註176〕這就使得縉紳包漕有了得以操控的空間,並且以「告漕」為由,向官府勒索「漕規」。積少成多,包戶往往還有盈餘,縉紳都樂意從之,一般糧戶也省卻了長途跋涉和面對官差的困擾和繁瑣。是故包戶日多一日,「不特刁民群相效尤,即良民亦漸趨於莠」。〔註177〕這種情況在嘉道時期十分普遍,有

〔註174〕〔清〕姚文田:《論漕弊疏》,載〔清〕賀長齡、魏源等編:《清經世文編》卷46,中華書局1992年版,第1095~1097頁。

〔註175〕〔清〕馮桂芬:《校邠廬抗議》,劉克輝、戴寧淑注,河南大學出版社2017年版,第264頁。

〔註176〕〔清〕蔣攸銛:《擬更定漕政章程疏》,載〔清〕賀長齡、魏源等編:《清經世文編》卷46,中華書局1992年版,第1099~1101頁。

〔註177〕〔清〕蔣攸銛:《擬更定漕政章程疏》,載〔清〕賀長齡、魏源等編:《清經世

錢有勢的大戶大多從事包漕行為，一部分生監盤踞鄉里，憑藉身份優勢和文化水平而成為包漕或攬訟之人，淪為所謂的「刁生劣監」。此外，地方官得受漕規主要是為逢迎上司以求仕途穩固，嘉慶四年，上諭指明浮收勒折「總由地方官得受漕規，以為賄賂權要，逢迎上司之用……層層剝削，錙銖皆取於民，最為漕務之害」。〔註178〕

嘉道時期為京控的高發期，其中以有身份群體涉訟又是一大典型，江蘇士習每有包漕訐訟之弊。嘉慶十四年，吳璥奏明江南漕賦為全國之最，「歷年告漕者，不一而足。是皆由地方官於收漕時，弊端叢生。以致刁生劣監，挾制把持，告訐成風。」嘉慶帝認為，實則自總漕、巡撫、藩司、糧道、倉場、各衙門以及沿途文武各員並書吏、經紀等處，向來存在陋規。〔註179〕

嘉慶十年，吳江縣以吳景修為代表的 314 名生監包漕索規，縣令王廷瑄被革職。據查，原吳江縣知縣王廷瑄虧空兩萬多兩白銀，嘉慶十年五月初二日，兩江總督鐵保等將王廷瑄案定擬具奏。〔註180〕其後，嘉慶帝明發上諭「嚴飭生監把持漕務」，將矛頭直指江南把持漕務的生監群體。皇帝沒有反思漕政的弊端和官員的闒茸無能，將此案歸責於「刁生劣監等在倉吵鬧勒索陋規所致」，令將吳景修等 314 名，一併飭提責處，批評他們類同無賴棍徒，並指出「各省劣衿，往往出入公門，干與非分。以收漕一節，持地方官之短長，而江蘇為尤甚。」每當開徵漕糧時，劣衿「動即以浮收漕糧列名上控」。吳江一縣涉及分享漕規生監已有 300 多人，「其餘郡縣，可想而知！」最後皇帝下旨將吳景修等 314 名從寬免處，由地方大員嚴切教導，「務使該生監等痛滌前非，安分守法」。為矯正士風，挽回積習，清廷從而規定，「此外刁劣紳衿，有把持漕務訛詐陋規等事。砌詞控告，審屬子虛者，一經查出，即當奏明從嚴治罪，決不寬貸。」〔註181〕五月此案被審結，當年十一月，這

文編》卷 46，中華書局 1992 年版，第 1099～1101 頁。

〔註178〕《清仁宗實錄》卷 49，嘉慶四年七月丙子，中華書局 1986 年版，第 1 冊第 605 頁。

〔註179〕參見《清仁宗實錄》卷 220，嘉慶十四年十一月戊午，中華書局 1986 年版，第 3 冊第 965～966 頁。

〔註180〕兩江總督鐵保：《奏為審明吳江縣勒休知縣王廷瑄虧缺庫銀並生監王雲九等勒索漕務陋規案按律定擬事》，嘉慶十年五月初二日，朱批奏摺，檔號：04-01-08-0117-014。

〔註181〕《清仁宗實錄》卷 144，嘉慶十年五月己酉，中華書局 1986 年版，第 2 冊第 973～974 頁。

道上諭就被刊刻,即《兩江總督鐵保審定王廷瑄等辦漕虧缺案碑》,〔註182〕以警告廣大的生監群體,也從實物角度為嘉道時期社會的難以為治提供了生動的文物資料。從上諭內容可知,這個案子雖以生衿告漕為起點,但結果卻是知縣和生衿兩敗俱傷,還給其他官紳以足夠的警示,而鐵保、汪志伊和莫晉之所以花費精力勒碑刻石,即反映了兩江一帶漕務問題的嚴峻,也反映了專制體制對鬧事生監群體的壓制。嘉慶二十年,皇帝欽定不守學規、好訟多事的生員,斥革後按律處罰,不得納贖。〔註183〕

　　相較於普通民眾而言,生監群體通曉國家法度,可據法為憑與官員對峙甚或要挾,其中的訟師群體更為地方官員所深惡痛絕。1820 年,嘉慶帝指出:「東省訟獄繁多,其弊源在於訟棍之把持……其勢與南省包漕之刁生劣監,同一伎倆,大意專為從中牟利。」〔註184〕如南匯縣,道光六年四月至道光七年三月,呈控浮收勒折就有華鳳岐等六案。道光七年,又有監生凌培賢呈控該縣漕書沈念曾等人「剋減災蠲分數,勒折錢糧漕米」等事。〔註185〕四月二十三日,上諭將凌培賢案交由江蘇巡撫陶澍審明具奏。經陶澍查明凌培賢京控案與葉墉包訟有一定的關聯,當葉墉包訟聲名鵲起時,凌培賢等五人曾結伴前去拜望葉墉。之後凌培賢等人在京控後遞解回江蘇時,「葉墉本欲具保謀利,因為金炳裕包去,未經入局」。〔註186〕隨著京控增多,朝廷對案件進行了細分,控告浮收勒折的京控案件一般通過咨交的方式處理,地方官員為了迴護,往往責處民眾,斥其誣告,「當原告大多成為被懲治的對象,法律的天平更多向權力一方傾斜時,累積的官民二元社會問題也就有了全面撕裂之虞。」〔註187〕道光十八年二月,江蘇學政祁寯藻即奏稱三個多月「迭據詳革文武生員已有九案,內有昭文縣文生湯金誥等一案,即係干

〔註182〕 這道上諭碑即《兩江總督鐵保審定王廷瑄等辦漕虧缺案碑》,嘉慶十年十一月,見上海博物館圖書資料室編:《上海碑刻資料選輯》,上海人民出版社1980 年版,第 150～151 頁。

〔註183〕 張榮錚、劉勇強、金懋初點校:《大清律例》,天津古籍出版社 1993 年版,第92 頁。

〔註184〕 《清仁宗實錄》卷 370,嘉慶二十五年五月己巳,中華書局 1986 年版,第 5冊第 896 頁。

〔註185〕 《清宣宗實錄》卷 116,道光七年四月戊辰,中華書局 1986 年版,第 2 冊第960～961 頁。

〔註186〕 〔清〕陶澍:《陶澍全集》第 2 冊,嶽麓書社 2010 年版,第 45 頁。

〔註187〕 林乾:《從葉墉包訟案看訟師的活動方式及特點》,載《北大法律評論》2009年第 1 期。

預漕務」。〔註 188〕而京控案件又被發回地方分別奏咨，審判權基本還在地方掌控之中，對於官僚體制中的弊端也大多掩蓋。也有學者指出「在陶澍清理措施展開前，蘇松地區生員一直參與當地漕項徵收包攬，並同州縣官、漕運運丁共同分享漕項徵收『浮收』的收益。」州縣官分潤七成，包攬生員所分不足兩成，〔註 189〕但出於一定的政治考量和利益因素，在位者對生監群體賦予了太多消極的敘述和評判，實則有將之妖魔化的趨勢。〔註 190〕

除此之外，生監群體還慣於聯絡或組織，在冒賑活動中也十分踊躍。道光十三年十一月，林則徐說生監除了包攬外，還寫具災呈邀約多人赴官報災，倘被有司駁斥，就架詞上控。當聽聞查賑時，帶頭捏冒戶數，勒索賑票。「只要遂伊所欲，便可無事。否則挾制官吏，訐告不休。京控之案，往往若輩為之。」〔註 191〕

道光二十七年，江蘇學政李煌即密札各府州縣令其將生員涉訟各案或學政衙門批發之件或督撫司道衙門批發之件，及在該府州縣控案勿論已結未結，均逐一摘敘事由，造具清冊，先行申送備查。「如此則屢次滋事之生，臣將按冊周知，於考試時當堂當眾面加戒飭。庶刁劣者斷知收斂，不至浮薄之風日甚一日。」〔註 192〕

三、縱向集權與監察缺陷

中國政治發展到明清時期已經是高度集權，這種架構呈現權力漸次遞增積聚到中央，在司法層面亦然，是故統治者根據獄訟情罪輕重，將不同類型的案件的最終判決權加以區分，其中威脅皇權統治、政治穩定和侵犯重要法益的命盜案件均需報告到中央。這類案件的處置與地方官員的考成直接掛鉤，而督撫則掌握基層官員的大計或軍政。對地方而言，除做好本職工作外，處理好與上級的關係也非常重要。清代的處分則例中有禁止下屬擔任上級的

〔註188〕江蘇學政祁寯藻：《奏為查辦文武生員詞訟章程事》，道光十八年二月十二日，錄副奏片，檔號：03-3668-013。

〔註189〕參見趙思淵：《從「包漕」到「告漕」——道光初年「漕弊」整頓進程中蘇松士紳力量的演化》，載《清史研究》2011 年第 3 期。

〔註190〕參見馬俊亞：《被妖魔化的群體——清中期江南基層社會中的「刁生劣監」》，載《清華大學學報（哲學社會科學版）》2013 年第 6 期。

〔註191〕來新夏編著：《林則徐年譜長編》，上海交通大學出版社 2011 年版，第 194～195 頁。

〔註192〕江蘇學政李煌：《奏為查辦文武生員詞訟章程並報起行按試日期事》，道光二十七年正月十六日，錄副奏片，檔號：03-3680-005。

幕僚以及禁止地方官員派駐坐省家人等條，嘉慶整飭吏治後，對於官員之間的迎來送往以及省城官員每日齊集至督撫衙門請安等現象進行了規制。地方官員奔走逢迎之象屢禁不絕，而用於公務的時間和精力則要大打折扣。這種逢迎與政務積壓有莫大的關係，官員之間的交結除時常謁見外，詩酒唱和及遊冶亦是重要內容，官員白天耽於俗務耗竭精力，勤勉者尚可秉燭辦案，怠惰者一任遷延。嘉慶十一年，監察御史陸言指出「州縣每日自辰刻赴上司衙門輾轉伺候，至午後回署，復有同寅往來，佐貳接見，直至夜分秉燭審案。即有精明強幹之員，其精力半耗於奔走伺候之間，草率因循，勢所不免。查下屬與上司原有稟商事件，嗣因外省督撫偷安晏起，不知體恤屬員以致守候需時，遺誤公事。」是故他請旨「敕下各省督撫每日接見屬員務於清晨隨到隨見，即令早回公署辦事。」〔註193〕凡此種種，都說明傳統官僚政治縱向集權的特徵以及監察的缺失。還有御史上奏禁止屬員擔任幕僚、禁止州縣官員非因公事滯留省城等，也說明這種現象無法杜絕。

督撫保舉具有一定的或然性。各省督撫揀選州縣人選時經常將與例不符人員奏補，雖經吏部照例議駁，而皇帝往往鑒於「人地實在相需，往往特旨准行，並將該督撫等應得處分，加恩寬免」。久而久之，各督撫習為故常，違例奏請。嘉慶十五年六月，山東巡撫吉綸奏請將魚臺縣知縣俞士元升補東平州知州，俞士元本內的參罰案件多至十餘起，且有重大的案件未能妥辦，吉綸卻稱讚俞士元「老成歷練，辦事克勤」。皇帝駁斥了吉綸的奏請，並追究吉綸的違例奏請處分。從而更定成例：「嗣後遇有州縣要缺，例應在外揀選升調者，先盡合例人員。如無合例之員，方准揀員保奏，著將所保之員平日居官實跡敘入，不得以含混考語率行奏請干咎。」〔註194〕這也算是整飭濫行保舉的有力措施。

地方督撫規避處分的有效方式還有頻繁調員署理州縣印篆，並不實任。嘉慶十九年，御史賈聲槐奏請飭禁實缺州縣轉相委署以杜規避。上諭指出，「通諭直省督撫，遇有調署州縣等缺，務須秉公慎選，期於有裨地方。若參以私見，聽受屬員夤緣趨避，一經發覺，定行嚴懲不貸。」〔註195〕

〔註193〕掌山西道監察御史陸言：《奏為請嚴定承審處分以肅吏治而杜積壓事》，嘉慶十一年十一月十七日，錄副奏摺，檔號：03-1629-023。

〔註194〕《清仁宗實錄》卷231，嘉慶十五年六月壬寅，中華書局1986年版，第4冊第102頁。

〔註195〕《清仁宗實錄》卷296，嘉慶十九年九月庚寅，中華書局1986年版，第4冊第1058頁。

　　嘉慶二十二年，兩江總督孫玉庭奏請將丹徒縣知縣李景嶧調補元和縣知縣。皇帝披閱李景嶧參罰處分單多至 36 案，且「多係承審遲延及疏脫罪犯事件」，不禁指出「該縣現任丹徒，已不能辦理裕如。豈復能勝省會首邑劇任？」他駁斥孫玉庭之請，並傳旨申飭孫玉庭等人率行保奏的過錯。〔註 196〕

　　最誇張的還有官員參罰單中多至 100 餘案仍被保奏的事例。嘉慶二十二年，安徽巡撫康紹鏞奏請將全椒縣知縣楊國棠調補宣城縣知縣。〔註 197〕皇帝亦指出楊國棠參罰處分共有 100 餘案，「多係詳審遲延及疏脫罪犯、并承緝催徵不力等件」，楊國棠不堪勝任繁要之任，駁回康紹鏞的奏請。〔註 198〕楊國棠的參罰案件中多與刑名有關，但安徽巡撫依舊奏請將其調任繁缺要缺，由此可見地方玩視公務已為常態。同年，直隸總督方受疇等奏請以玉田縣知縣黃克昌升署大興知縣，而黃克昌參罰單開載共 60 餘案，「多係經徵不力，緝捕未獲事件」。皇上駁回了奏請，並將方受疇、章煦、汪如淵一併交部議處。〔註 199〕

　　這些都說明督撫未能充分發揮監察作用，濫行保薦，難怪地方積弊叢集。實際上，自乾隆時期京控逐漸增多，暴露了清代政治架構中的缺陷，亦即督撫從監察官逐步穩固為地方首長後，與朝廷形成了一定的離心力，中央對地方的監督有所缺失。實際上，這與巡按御史的廢除有莫大的關係，「外省刑名，遂總匯於按察使司，而督撫受成焉。」〔註 200〕就明代和清初實行的巡按御史制度而言，其在參與地方司法方面的作用有「既可受理司法訴訟，又可單獨或會同審理司法案件，還是地方司法的覆審和終審機構，這是顯示其司法地位的核心內容。」〔註 201〕這種可以劾舉地方大員過誤的機構缺失，導致地方形成了以督撫為中心與朝廷抗衡的力量，雖然清廷有意讓總督和巡撫、前後任督撫乃至跨直省的督撫之間互相監督，抑或通過學政或欽差瞭解下

〔註 196〕《清仁宗實錄》卷 329，嘉慶二十二年四月癸未，中華書局 1986 年版，第 5冊第 332～333 頁。

〔註 197〕安徽巡撫康紹鏞：《奏請以楊國棠調補宣城縣知縣事》，嘉慶二十二年四月初九日，朱批奏摺，檔號：04-01-12-0321-061。

〔註 198〕《清仁宗實錄》卷 329，嘉慶二十二年四月丙申，中華書局 1986 年版，第 5冊第 338 頁。

〔註 199〕《清仁宗實錄》卷 335，嘉慶二十二年十月己亥，中華書局 1986 年版，第 5冊第 427 頁。

〔註 200〕趙爾巽等撰：《清史稿》卷 144，中華書局 1977 年版，第 15 冊第 4212 頁。

〔註 201〕陶道強：《明代監察御史巡按職責研究》，中國社會科學出版社 2017 年版，第119 頁。

情，但這種監察效果並不顯著。各直省審轉類案件彙集省城，由臬司主辦、督撫指導的體系形成。廢除巡按御史制度後，不僅削弱了中央對地方的監察權，還使部分案件湧向中央，給中央法司帶來了較大的負擔，「清代中期積案繁多、督撫徇庇屬員等現象的產生與停止御史巡按有著密切的關係」。〔註202〕

四、開放言路與控案增多

嘉慶登基後，為糾正乾隆晚期的政治壅蔽，廣開言路，力圖下情上聞，民眾上訴情形漸漸增多。嘉慶曾指責和珅罪狀中貪墨事小，「實為其貽誤軍國重務」，另外指出「和珅任事日久，專擅蒙蔽，以致下情不能上達。」而此前，發生了著名的洪亮吉上書事件，洪亮吉言明由督撫和欽差審辦的京控案件往往不能被審明，百姓蒙冤受屈往往發生激變。不久後，皇帝諭令對於京控一律接准，不許都察院和步軍統領衙門駁斥，而要分別奏咨，對於咨交的京控案件應一兩月彙奏一次以便稽查。〔註203〕開放言路雖是瞭解地方的重要渠道，但同樣為有限的司法資源帶來了巨大的壓力。施行不久後問題便接踵而至，升斗小民為細事妄遞封口，讓皇帝大為苦惱。但自嘉慶朝開始，皇帝不再南巡，無從瞭解下情，因此對京控雖設置層層壁壘，但終究沒有將這條路堵死，給了小民一定的希望。除此之外，嘉慶帝還擴大了地方奏事官員的範圍，嘉慶四年三月，制定道員密摺封奏例。〔註204〕為祛除雍蔽，他一再發布上諭，要求王公大臣以及內外臣工對於「關係政治，糾劾貪污要務」，隨時具奏，但不可懷挾私見，妄行陳奏。

嘉慶皇帝這一系列革新也影響了國家的走向，成為國家與社會變動的重要原因之一。尤其是開放言路、放開京控，「改變了國家官僚與社會菁英的互動模式」。〔註205〕以前那些潛滋暗長的力量逐漸顯露，在光怪陸離的現實面前，統治者、官員和底層民眾對於訴訟亦表現出不同的態度和應對策略。

〔註202〕阿風：《清代的京控——以嘉慶朝為中心》，載〔日〕夫馬進編：《中國訴訟社會史研究》，范愉、趙晶等譯，浙江大學出版社 2019 年版，第 335 頁。

〔註203〕參見《清仁宗實錄》卷 50，嘉慶四年八月甲寅，中華書局 1986 年版，第 1 冊第 642～643 頁。

〔註204〕《清仁宗實錄》卷 40，嘉慶四年三月戊辰，中華書局 1986 年版，第 1 冊第 480 頁。

〔註205〕張筱梅：《嘉道時期國家權力與社會秩序的重整——以道光七年南匯京控案為主》，載《史匯》2019 年第 22 期。

第三節　法律層面的缺陷與問題

積案問題的產生和未能及時妥善應對，也有深刻的法律原因，具體表現在立法、司法、法律教育、專業法律人士推動等方面。

一、立法層面

就立法而言，清朝的法條之間存在衝突與競合，使得法律在適用方面存在問題；清律為官員規定了嚴格的連帶責任，促使地方官員之間連成一氣，不利於案件真相的審明；清朝在立法過程中，對於審限一再壓縮，也使案件未能在限內及時解決而成為積案。

（一）法網繁密，法條之間存在衝突與競合

從經濟學角度分析，爭訟不已也說明民眾維權成本變低且成功率變高，意味著法制清明，與法律完備程度正相關。《清史稿·刑法志》載：「乾隆一朝纂修八九次，刪原例、增例諸名目，而改變舊例及因案增設者為獨多。」〔註206〕這說明嘉慶朝的法制已極其完備。且清代統治者要求恪遵成憲，從州縣到中央各衙門辦事均有規條，嚴格遵守法式而非擅斷使得民眾對訴訟結果有所預期，因而完備的法制也成為一種激勵訴訟的機制。

清代律例修纂頻繁，這是由社會情勢的變遷引發的，律例也隨著社會實際的日益複雜化而漸趨繁雜。立法上的變化固然可以解釋，而由此帶來的法律適用上的困境卻難以突破，法律之間存在衝突和競合的情形，就司法審判而言，明清律典規定「凡本條自有罪名，與名例罪不同者，依本條科斷。」〔註207〕這說明清律中存在法條競合的情形，因此對於一般法和特別法的適用進行規制。

「蓋清代定例，一如宋時之編敕，有例不用律，律既多成虛文，而例遂愈滋繁碎。其間前後牴觸，或律外加重，或因例破律，或一事設一例，或一省一地方專一例，甚且因此例而生彼例，不惟與他部則例參差，即一例分載各門者，亦不無歧異。輾轉糾紛，易滋高下。」〔註208〕此說雖不盡精確，但也表明了清律繁雜的現實。清朝一方面要求官員據法定罪，另一方面繁雜的

〔註206〕趙爾巽等撰：《清史稿》卷142，中華書局1977年版，第15冊第4186頁。

〔註207〕〔清〕剛林等纂修：《大清律集解附例》卷1，康熙三年增補版，哈佛大學漢和圖書館珍藏本，第40a頁；張榮錚、劉勇強、金懋初點校：《大清律例》，天津古籍出版社1993年版，第135頁。

〔註208〕趙爾巽等撰：《清史稿》卷142，中華書局1977年版，第15冊第4186頁。

法律之間存在大量法條競合的情形，這就使得複雜的案情有了多於一種以上的裁判的可能。除定例本身存在適用問題外，更重要的是傳統司法稟求理法情相統一，也就意味著，在進行個案裁判時，為達到情罪允協的目標，司法官吏或皇帝往往運用自由裁量，從而形成了大量的成案，有的被禁止適用，有的卻可用於比照。這使得胥吏在司法審判中上下其手，因緣為奸。

嘉慶十六年，陸言建議「斷罪宜引本律」。其在奏摺中引述嘉慶四年改定「加減罪例」的上諭而指出，「近來問刑衙門雖不敢顯用『不足蔽辜』等字，而讞辭輒以未便僅照本律致滋輕縱，應請照某律定擬用示懲儆。各等語。」其指出「法者，天下之平也，必確核案情，刑當其罪，不得以私意為重輕，若意主於寬則失之疏縱，意主於嚴則失之苛刻，皆不可謂之平。且律既有專條，苟其罪僅止於是，即杖責、枷號亦不可私意增加，若有意從嚴而於本律之外抑揚其詞，致仍有從重加等之處，是任意而不任法，深文曲筆，何以昭刑罰之平。」他奏請重申諭旨，敕下內外問刑衙門，嗣後斷罪惟當專引本律，凡一切抑揚字句概不准用，其情節較重之案，均應恭候睿裁，隨案酌定，務使輕重悉依於法而不致稍有偏倚。〔註209〕

嘉慶十八年四月，山西道監察御史夏修恕就在京問刑衙門審斷存在的問題進行奏陳，〔註210〕一般在京案件情節稍重均由刑部參與審理，責任綦重，但「五城及步軍統領衙門，於尋常訟案罪止杖笞以下者，往往不察事理，概以送部了事，以致刑部現審之案，日積日多，不能速為斷結。」因拖延又帶來了胥役需索、拖累無辜等事。皇帝當天諭令，明確五城、步軍統領衙門和刑部的審案範圍，對於刑部收禁人犯，亦要求審度案情，區分對待，毋稍稽滯。另外，再行申禁斷案援引正條，不得「改引他條，意為重輕，文致人罪」。就刑部派審一事，皇帝也諭令「嗣後除實有疑難重案，仍准遴派幹員會審外，其尋常案件，總責令承辦之司細心推鞫，俾令各舉其職，以杜諉卸。」〔註211〕

〔註209〕工部掌印給事中陸言：《奏為奉旨清理庶獄事》，嘉慶十六年四月二十六日，錄副奏摺，檔號：03-2412-045。

〔註210〕山西道監察御史夏修恕：《奏為清理刑獄以省拖累特上條陳事》，嘉慶十八年四月二十四日，錄副奏摺，檔號：03-2225-039；山西道監察御史夏修恕：《奏為清釐刑獄以省拖累以申功令事》，嘉慶十八年四月二十四日，朱批奏摺，檔號：04-01-01-0551-020。

〔註211〕中國第一歷史檔案館編：《嘉慶道光兩朝上諭檔》第18冊，廣西師範大學出版社2000年版，第126～127頁；《清仁宗實錄》卷268，嘉慶十八年四月辛酉，中華書局1986年版，第4冊第637～638頁。

嘉慶十八年十一月三日，清廷裁減吏兵二部處分則例，明確指出「近來吏兵二部所定則例，科條太繁，動多窒礙。地方文武員弁，遇有應辦事件，往往顧惜處分，憚於舉發。賢者困於成法，不敢變通。不肖者工於舞文，巧為規避，以致積漸因循，釀成巨案。」定例屢經增改，「條目滋多，日趨苛細，書吏因緣為奸」，皇帝指出應將無關政治的一切處分，奏明大加刪減，「務使簡而易遵，信而可守，賢員不致掣肘，不肖者無所施其伎倆，書吏不能高下其手。庶地方文武各官，少所牽礙，得以展布謨猷，盡心職守。」〔註212〕

（二）官員之間的連帶責任綦重

清代法制完備，科條繁密，君主通過法律約束臣僚，以致「一聽於法度，而事功日墮，風俗日壞」〔註213〕，極大地壓制了官員的能動性。

「加減罪例」是司法審判量刑環節適用的基本準則，其中條例之一為雍正八年確定的「議處、議罪，俱照本條律例定擬。……不得擅用『加倍』字樣。」嘉慶四年將其進行了大幅度修改以規制官員任意進行加罪、減罪的行為，確定問刑衙門定擬時應專引本律，「不得於律外又稱『不足蔽辜』及『從重』字樣」，也不准用「雖」「但」抑揚文法，只能在上讞後，由皇帝酌加增減。〔註214〕這一方面說明了皇帝進一步收緊自身對於司法權的控制，另一方面這也是宣揚個人權威的有力方式。〔註215〕嘉慶十七年又進行了小幅度修改使得例文內容得以確定化。可見，官員在量刑環節受到重重約束。

另外，「刑律」部分「斷獄」門，載有29目律例，對於官吏審判中的所有活動均進行了細緻的規定。其中「斷罪引律令」規定「凡（官司）斷罪，皆須具引律例」，〔註216〕以限制官僚隊伍對於重情的自由裁量權。「官司出入人罪」律例至道光六年，除本律外，共計7個條例以對官員出入罪行為進行追責。清代在律典編纂上採用「絕對刑」主義，每一類具體的犯罪對應相

〔註212〕《清仁宗實錄》卷278，嘉慶十八年十一月丙寅，中華書局1986年版，第4冊第791～792頁。
〔註213〕〔清〕顧炎武撰：《日知錄》，嚴文儒、戴揚本校點，上海古籍出版社2012年版，第364頁。
〔註214〕《清仁宗實錄》卷38，嘉慶四年正月甲戌，中華書局1986年版，第1冊第430～431頁。
〔註215〕〔清〕吳坤修等編撰；郭成偉主編：《大清律例根原》，上海辭書出版社2012年版，第208～209頁。
〔註216〕張榮錚、劉勇強、金懋初點校：《大清律例》，天津古籍出版社1993年版，第648頁。

應的懲罰，並且通過特例將特殊情形加以規制。縱使有非常嚴密完備的法律規定，卻並不能將新問題均囊括在內，「照」和「比照」的情形便大量存在，但案件上達至中央層面，會有被駁回的可能，更有甚者被皇帝斷定為任意輕重。

清代官員問責制度設計上存在缺陷。清律對官員約束過多，反而造成了官吏的因循和上下相蒙。法律在因革損益中，對辦案官員層層加碼，但並不能杜絕司法腐敗。「同僚犯公罪」律是針對文武官員觸犯公罪承擔連帶責任的總括性條款，即對於官吏中個人所犯的私罪，其他同僚也要連坐以公罪論。「事應奏而不奏」律也規定文武職官「有所規避，（如挾嫌故勘，出入人罪之類，）從重論。」另有「官司出入人罪」例明確規定地方上下級之間承擔連帶責任。地方官因審擬錯誤「動輒得咎」的可能性大大增加。除前述地方官員承擔連帶責任外，清代的逐級審轉覆核制使得上下級官員形成了一個利益紐帶，因此京控的成功率和翻案的可能性微乎其微。同時，清代法制體系成熟，在律例之外還有大量則例的存在。清朝的駁案在次數限制方面一再加緊，只能使地方上下級官員發出的意見更為一致。同樣是司法不公的行為，但清代對故出和失出的認定和處罰完全不同，「失出」成為司法人員常犯的錯誤。如「救生不救死」現象自嘉慶以降較為普遍，這就是一種出罪現象。

（三）審限的規定不盡合理

清代秉持嚴格的承審期限，但鮮有人指出這一制度的不合理之處，凡事追求過速，反倒使得質量不能保證，激發新一輪控訴。「承審限期」雖然是督促地方官員及時審理案件的有效規定，也同樣存在弊端。就嘉慶中晚期情形而言，外省案件，以州縣為承審官，府司為勘轉官，普通命案統限六個月，州縣分限三個月，府司院各分一個月。盜案及尋常案件統限四個月，州縣分限兩個月，府司院各分二十日。包世臣曾言：「解審一案到省，略無留難，加扣一日五十里之程限，往返已須百日。……正限之外，可以發審、駁審等名目，展加限期，幾逾正限。雖例有任意扣展嚴議之條，而外省總得以委審駁審挪移遷就。故一案招解到省，往返總以半載為期。」〔註217〕他說明承審限期設置與現實不符。命案「例限六個月審結，待各憲批回州縣，三個月分限

〔註217〕〔清〕包世臣撰：《包世臣全集》第3冊，李星點校，黃山書社1997年版，第376～377頁。

將屆，即為覆審。」〔註218〕各上級只能在州縣初審基礎上將文牘略作修飾而上報。包世臣條分縷析地道出了審限與案件審理之間的矛盾和衝突，過速求快使得案件多有不確不盡之處，從而面臨駁審和展限，官員也有相應的處分。

揆諸「盜賊捕限」例，數經更迭，康熙時期規定京城內有強賊劫財傷人者，限一年緝拿賊犯。〔註219〕雍正三年定命案限六個月承緝，勒限一年緝拿。〔註220〕乾隆朝以前規定「直隸各省審理人命事件，定限六個月，盜案定限一年。」按察司自理事件限一個月完結，府州縣自理事件俱限二十日完結；上司批審事件，限一個月審報。至乾隆初期，將搶奪、發掘墳墓事件也限六個月審結。〔註221〕乾隆以前的條例還規定「如一年限者，州、縣限七個月解府、州，府、州限兩個月解司，司限半個月解督撫。」〔註222〕至乾隆十五年，經傅恒奏明，朝廷將盜案改為定限十個月，搶奪、發掘墳墓事件限四個月。〔註223〕嘉慶初期經吏部咨明刑部，清廷於嘉慶六年，將這一條進行完善：「尋常命案限六個月，盜劫及情重命案、欽部事件，並搶奪、發掘墳墓一切雜案，俱定限四個月。」〔註224〕這裡發生了兩個重大轉變，第一是區分尋常命案和情重命案，第二是將盜案從十個月直接壓縮到四個月。這些變化無疑給地方官吏帶來了極大的難題，也是特參疏防比重佔據七成以上的重要原因。

州縣責任綦重，自理詞訟限 20 日審結，有時還要應付上級的稽查。在農忙時間一般只受理重大的刑事案件，而其他民詞概不受理。〔註225〕此外，官定各令節、壇廟祭饗、齋戒等時節以及封印日，也不受理刑名。非農忙時節一

〔註218〕〔清〕王植：《命案》，載《官箴書集成》第 7 冊，黃山書社 1997 年版，第 424 頁。
〔註219〕參見〔清〕吳坤修等編撰；郭成偉主編：《大清律例根原》，上海辭書出版社 2012 年版，第 1732 頁。
〔註220〕參見〔清〕吳坤修等編撰；郭成偉主編：《大清律例根原》，上海辭書出版社 2012 年版，第 1733 頁。
〔註221〕〔清〕吳坤修等編撰；郭成偉主編：《大清律例根原》，上海辭書出版社 2012 年版，第 1734 頁。
〔註222〕〔清〕吳坤修等編撰；郭成偉主編：《大清律例根原》，上海辭書出版社 2012 年版，第 1735 頁。
〔註223〕〔清〕吳坤修等編撰；郭成偉主編：《大清律例根原》，上海辭書出版社 2012 年版，第 1740 頁。
〔註224〕〔清〕吳坤修等編撰；郭成偉主編：《大清律例根原》，上海辭書出版社 2012 年版，第 1743 頁。
〔註225〕參見田濤、鄭秦點校：《大清律例》，法律出版社 1999 年版，第 479 頁。

般每月也只有幾天受理詞訟，刑事案件則有所區別。〔註226〕就各督撫對積案情形的奏報而言，多集中於省城層面的積案，而對於州縣的自理詞訟缺乏應有的掌握。只有少數特參案件，會羅列州縣官員積壓詞訟的情形嚴重。如嘉慶十八年青陽縣知縣陳斌參罰清單內共載明8件事情：

> 已參未議四件事：一、署懷寧縣任內，十六年分鹽引未完，不及一分一案；一、署懷寧縣任內，程光烈店內被竊，更夫陳太追捕拒傷，二參接任，詳參遲延一案；一、因旌德縣賊犯呂喜等聽從逸犯汪來求行竊事主汪士馬家贓物逾貫，委審遲延一案；一、因南陵縣民王恭糾同戴學中等挖匿萬世凱之母童氏已葬骨包並王恭在省監病故，委審遲延一案。

> 已議未完四案：一、署懷寧縣任內，銅陵縣、無為州先後拿獲匪犯李太等結盟並糾竊行兇一案，委審遲延，罰俸一年；一、青陽縣任內，承審民人劉算推跌張坎伶身死一案遲延，罰俸三個月；一、署懷寧縣，接徵未完降俸等銀一案，降俸二級，戴罪督催，業經全完，題請開復；一、青陽縣任內，十六年分契襍稅銀未完一案，降俸二級，戴罪督催；又署懷寧縣任內，未完應再降俸二級，戴罪督催，均已趕報全完。題請開復。〔註227〕

及至道光朝，有官員的參罰單中涉及一百多項事宜，除徵收稅賦錢糧不力外，多與督捕不力、審斷錯誤、斷案延擱有莫大的關係，而這些不法與積案的產生有很大的關聯。

二、司法層面

司法層面在於對既有的法律規定執行不力。以盜案而言，盜犯逃逸往往以疏防為名特參有關文武員弁，儘管有參限規定，很多大員為祖護屬員，在限期將至時將其調任，使得緝捕期限得以延長。一延再延，久久無法審結。而江洋大盜流竄各地改名換姓，潛蹤匿跡，難以緝捕到案。嘉慶二十四年，福建洋盜案因抓捕無門，最終只得將嘉慶元年到十五年的一千多件盜案職名一銷了事。「閩省洋面盜匪，久經悉數殄平，其劫案疏防承緝文武職名，共

〔註226〕 參見瞿同祖：《清代地方政府》（第3版），范忠信、晏鋒譯，新星出版社2022年版，第165～173頁。

〔註227〕 無責任者：《呈安徽青陽縣知縣陳斌參罰清單》，嘉慶十八年，錄副奏單，檔號：03-1553-119。

計一千餘件，事隔二十餘年。此時即輾轉行查，官經屢易，一切地方情形，均無從指證，徒勞案牘，終於不能核實。所有嘉慶元年至十五年該省海洋被劫各案，應參文武職名，著加恩全行寬免。毋庸查參。」〔註228〕

　　清代對於自理詞訟開始並沒有明確審限，康熙年間始定其審理期限，後又缺乏行之有效的稽查制度。乾隆八年十月，署湖南巡撫蔣溥奏明外結案件因沒有審辦定限，所以州縣任意遲延，胥吏又利用懸案不結漁利為害，奏請嚴立定限辦理。〔註229〕後來詞訟漸多，立定自理詞訟審限，州縣自理詞訟審限從一個月也壓縮到 20 日，但執行效果不佳，有旋用旋止的可能。但即便對審限進行了規定，但隨著案件量增多，地方壓力過大依舊會積壓詞訟。嘉慶時期，總督那彥成曾就直隸情形而言：「自理詞訟，月計不下數千案。積至三月，彙奏一次，累牘甚至萬有餘件。」〔註230〕當時的直隸省還不算是積案最為突出的區域，按照這個數據估算，每個州縣每年平均審理 300 多件詞訟案件，存在一定的壓力。再者，輕微的自理詞訟不同於層層上轉的命盜重情，和官員的考成並不直接掛鉤。尤其是清代早期，一系列制度尚在建構，如雍正時期貴州安籠總兵官蔡成貴提到：「俱係外結，例無考成，是以遲延未結。」〔註231〕可見，依靠三令五申對自理詞訟進行按月彙報和按季彙奏的辦法，尤其是這類循環簿只停留在省域範圍內、督撫大員擁有絕對的話語權，對於徹底清理積案的作用是比較有限的。能夠在省域內得以解決的案件，一般稱為「外結」案件，但州縣自理詞訟一般上升不到督撫解決的層面。而其他的獄訟一般都在督撫的控制範圍之中，各級官員之間承擔連帶責任，為規避中央處分，通常通同作弊，在既有的程序規定下，司法檔案也存在「制作」乃至「虛構」的可能。

（一）技術手段的限制

　　傳統中國的檢查、勘驗、緝捕手段雖歷經革新，仍具有很多的不足，而這

〔註228〕《清仁宗實錄》卷 356，嘉慶二十四年四月辛巳，中華書局 1986 年版，第 5
　　　　冊第 698 頁。
〔註229〕參見《清高宗實錄》卷 203，乾隆八年十月己卯，中華書局 1985 年影印版，
　　　　第 3 冊第 621 頁。
〔註230〕〔清〕那彥成：《那文毅公奏議》卷 70，載《續修四庫全書》編纂委員會編：
　　　　《續修四庫全書》第 497 冊，上海古籍出版社 2002 年影印版，第 531 頁。
〔註231〕《清世宗實錄》卷 54，雍正五年三月庚寅，中華書局 1985 年影印版，第 1
　　　　冊第 815 頁。

些直接影響了訴訟質量,是故案件稽延甚或出現冤假錯案。比如,清代的命案檢驗制度看似嚴密但也有漏洞。《大清律例》中「檢驗屍傷不以實」律例,對檢驗人員、免檢範圍、檢驗方式、檢驗程序等細節問題進行規定以保證檢驗有序開展。命案審理以屍格為憑,清代的檢驗制度遵循固定的程序:「凡檢驗,以宋宋慈所撰之《洗冤錄》為準,刑部題定驗屍圖格,頒行各省。人命呈報到官,地方正印官隨帶刑書、仵作,立即親往相驗。仵作據傷喝報部位之分寸,行兇之器物,傷痕之長短淺深,一一填入屍圖。若屍親控告傷痕互異,許再行複檢,不得違例三檢。如自縊、溺水、事主被殺等案,屍屬呈請免驗者,聽。」〔註232〕雖規定「檢驗不以實者有刑」,但在實際操作中胥吏等往往上下其手,屍傷檢驗多有岐誤。作為收集初始資料的檢驗環節是弄虛作假的關鍵之處,有許多弄奸舞弊之道,如仵作貪利受賄捏造、官員並不親臨監督、死者家屬爭鬧、兇犯親人試圖隱匿等原因,都會造成檢驗結果的失真。仵作造假較為常見,以命案為例,「檢屍之弊多端,難更僕數。其顯而易見者,備載洗冤等錄,人所共知。另有一種奇弊,謂之買屍造傷,不惟傷假,並屍亦假,令人莫可測識。⋯⋯賄通仵作,以此陷害仇家,或竟出仵作一人之手取獲重利,檢官不能覺察,曾有誣成大獄者。」〔註233〕

嘉慶年間的山東徐文誥案,對於栢永柱的屍身在屍格中載明仰面、合面均有槍傷,而初審官員不曾據之審斷,直到案卷報送刑部經刑部官員看出,最後成為破案的重要根據。道光初期,山西榆次縣發生了轟動全國的閆思虎強姦趙二姑案,不僅存在知縣當堂逼令趙二姑承認和姦之事,還在驗身時有捏報情節。浙江德清縣徐蔡氏案在屍檢環節同樣存在檢驗不實的情形以致案情撲朔迷離。道光十七年間,山西「竇計小子」被毆身死,「此案原訊楊穩主使楊張保抓傷竇計小子腎囊身死,業將楊穩擬絞處決。」而後據御史黃銘先奏明真正的竇計小子竟然存活在世,經皇帝指派,山西巡撫梁萼涵審擬平定直隸州知州慶霖等於審擬竇計小子被毆身死一案相驗不實,失入死罪,對相應官員懲處有差。〔註234〕這是一起震驚朝野的失入大案,當刑部議覆後,皇帝又指出「生死罪名,所關甚巨,此案從前審辦錯誤,致將罪應擬軍之犯擬

〔註232〕趙爾巽等撰:《清史稿》卷144,中華書局1977年版,第15冊第4213頁。
〔註233〕〔清〕李漁:《論命案》,載《官箴書集成》第7冊,黃山書社1997年版,第426頁。
〔註234〕參見《清宣宗實錄》卷386,道光二十二年十二月乙酉,中華書局1986年版,第6冊第941頁。

絞已決，實出情理之外。事經數載，若非黃銘先訪聞得實，奏請查辦，幾令冤獄莫伸。」〔註235〕可見，檢驗能否真實詳盡對於定罪量刑影響巨大，也成為案件積壓的重要原因之一。

（二）證據規則的制約

除了吏治腐敗外，當時的證據規則和刑訊逼供也是造成積案乃至錯案的重要原因。如嘉慶年間，浙江某縣的「六指人冤獄」，人犯在黑夜作案，不僅在廁所殺害新郎，還冒充新郎玷污新娘，偷走新娘的嫁妝。因「燈影朦朧，未能諦視」，新娘無從辨析他的容貌，只看見他的右手有六指，「是時村中有一六指人，素無行，為眾所不齒。家人聞新人之言，以為必此人矣，遂鳴之官。捕六指人，加以刑訊，遂自誣服，獄既具，論如律。」其後，新娘「以新郎既死，復遭污辱，遂自縊」。其婆婆只有一個兒子，「見子、婦俱亡，亦自縊」。〔註236〕這個案件的破獲也純屬偶然，事過幾年後，同郡的鄉民到福建經商，在旅館中遇到一個同鄉，對於六指人案頗為關切，聽到案件早就定擬完結而面露喜色，當他洗手時藏起自己的右手，被鄉民瞥見為六指，「郡人覺有異，因窮詰之，且告以有人抵死，今雖告我何害，賊具吐其實。」他才知道原來是相隔一村的賊人殺掉新郎後遠逃到福建，郡人遂即悄悄地遣人報福建本地有司，抓住賊人，一訊即伏。最後由「閩省督撫為之具奏，移案至浙江核辦，論賊如律。於是知縣以失入抵罪，自巡撫至知府皆照例議處。」〔註237〕

如前文所述，在技術手段有限的情況下，傳統社會尤其重視口供，為使當事人吐供，出具輸服供詞，刑訊逼供亦大量存在，各式刑具和黑牢層出不窮。清代為了取供往往採用刑訊，比如訊囚用杖每日控制在三十以內是被允許的，訊問時還可以掌嘴、跪鏈、夾棍、拶指。然而，地方有各種各樣的非刑名目。本書第二章提到的葉泳喜案中，葉泳壽之死即與熬審後中暑有極大的關係，案件重要人證死去，從而輾轉遷延，不能速結，後來費盡心思才獲得葉泳喜輸服供詞。清律雖有「眾證明白，即同獄成」之文，「然非共犯有逃

〔註235〕《清宣宗實錄》卷387，道光二十二年十二月戊戌，中華書局1986年版，第6冊第956頁。

〔註236〕小橫香室主人撰：《清朝野史大觀》第3冊，中央編譯出版社2009年版，第279頁。

〔註237〕小橫香室主人撰：《清朝野史大觀》第3冊，中央編譯出版社2009年版，第280頁。

亡，並罪在軍、流以下，不輕用也。」〔註238〕但實際上，很多犯人十分狡詐，要麼堅不輸服，要麼旋供旋翻，尤其是共同犯罪往往因證佐不齊，一時無法裁斷，延宕多年。葉泳喜案中為了得到他的口供頗費周章，第一，進一步審訊葉黃氏得知葉黃氏才是真正的主謀；第二，捉拿訟師和他的眼線，切斷葉泳喜各項信息的來源；第三，從葉泳喜所篤信的佛教入手，講解因果輪迴等理論，最終才得到他的親筆供詞。不可忽視的是，檢驗技術和得到的證據之間有密切的關聯，如有人偷盜新屍做成假傷賣給誣告之家以營利，賄買仵作後，得到的便是虛假的屍檢報告。如浙江德清徐蔡氏案，在蒸檢環節不但遺失了部分骨殖，竟然還用男性的尾椎骨混冒，使得被害人的死因久久難以查明。

（三）私設班館

另外，私設班館和淹禁也會導致積案的產生，所謂「監獄與刑制相消息」。監獄雖有一套嚴格的管理體系，若執行不善，對於整個司法制度影響最大。「然外省監獄多湫隘，故例有輕罪人犯及干連證佐，准取保候審之文。無如州縣懼其延誤，每有班館差帶諸名目，胥役藉端虐詐，弊竇叢滋。雖屢經內外臣工參奏，不能革也。」〔註239〕如辛邁遷京控案中的「悶牢」，因涉及控告山東濟南府私設拘禁人犯之所，當此案被發回山東審結後，只能以「心悶如牢」為藉口，認定原告誣告，山東一省並未私設班館。

審理重情時，除了拘禁原被告外，鄉鄰地保和證人等往往也會被收押，各地出現了形形色色的「班房」。也被稱為「班館」「候質所」「羈候所」「卡房」「自新所」〔註240〕「待質所」「下處」等名目。《大清律例·刑律·斷獄·故禁故勘平人》中規定嚴禁「擅設倉、鋪、所、店等名」，「其押保店名目嚴行禁革」，「無干牽連者即行釋放」。但各地往往不予落實，「州縣官濫行收押，胥役勒索凌虐，或致人證負屈輕生，無干拖斃。」〔註241〕道光十一年，有人

〔註238〕張榮錚、劉勇強、金懋初點校：《大清律例》，天津古籍出版社 1993 年版，第 128 頁。

〔註239〕趙爾巽等撰：《清史稿》卷 144，中華書局 1977 年版，第 15 冊第 4217 頁。

〔註240〕日本學者太田出曾專門對清代中期江南地區的「自新所」進行了考證。參見〔日〕太田出：《「自新所」の誕生——清中期江南デルタの拘禁施設と地域秩序》，載《史學雜誌》2002 年 111 編 4 號；〔日〕鈴木秀光：《書評：太田出著〈「自新所」の誕生——清中期江南デルタの拘禁施設と地域秩序〉》，載《法制史研究》2004 年 53 號。

〔註241〕《清仁宗實錄》卷 187，嘉慶十二年十一月癸卯，中華書局 1986 年版，第 3 冊第 471 頁。

陳奏福建侯官差役殃民，有「土地堂」名目，差役將應訊之人先行拘押，「行賄者與以乾淨之所，若勒索不遂則鎖禁於污穢黑暗之處」。同安、晉江等地，有「班館」名目，「無論原被告，每押至八九百人，竟二三年不得見本官之面。一遇盛暑嚴寒，無辜死者不少。」甚至對於有事到官的生貢群體，「無論曲直，並不發學，概行鎖禁」。〔註242〕張集馨說道光朝晚期四川州縣「卡房最為慘酷，大縣卡房恒羈禁數百人，小邑亦不下數十人及十餘人不等；甚至戶婚、田土、錢債細故，被證人等亦拘禁其中，每日給稀糜一甌，終年不見天日，苦楚百倍於囹圄。」張集馨見狀只能嚴檄通省將卡房拆毀，無辜釋放，「前此通省庾斃者，每年不下一二千人。已往不咎，以後如再有私設卡房者，定即嚴參。」〔註243〕

（四）濫用非刑

為了取供，地方往往濫用非刑。張集馨曾言：「每問案無不刑求。川省刑法極重，各委員更以意為高下，真所謂三木之下，何求不得也。」〔註244〕

嘉慶十六年，陸言條陳應永遠敕禁非刑，奏請將非刑速行除毀。他指出「各省問刑衙門，於例設刑具外多有私造非刑，其制愈奇，其刑甚酷。」如湖廣總督汪志伊曾參革武昌府知府丁雲錦利用鸚哥架非刑斃命，廣西巡撫參革荔浦縣知縣董允懷利用榜箠濫行斃命。又有失魂牌、蕩湖船、天平架、冰燈等各種非刑，民眾深受其苦，「此種非刑必待其斃命而後題參，則小民受害久矣」。〔註245〕

嘉慶十九年八月，監察御史王嘉棟也奏請嚴禁捕役擅用私刑拷打逼供以避免審訊不符實情，且認為捕役私自拷逼，可能有勒索嚇詐得錢釋放情弊，大干例禁，〔註246〕故請旨嚴行飭禁，敬慎用刑。二十五年，御史余本敦又奏稱各省問官多於常刑之外，擅用非刑，「皆以嚴酷勒供，慘怛不可言狀」，山

〔註242〕《清宣宗實錄》卷191，道光十一年六月甲辰，中華書局1986年版，第3冊第1017頁。

〔註243〕〔清〕張集馨：《道咸宦海見聞錄》，杜春和、張委清整理，中華書局1981年版，第95～96頁。

〔註244〕〔清〕張集馨：《道咸宦海見聞錄》，杜春和、張委清整理，中華書局1981年版，第97頁。

〔註245〕工部掌印給事中陸言：《奏為奉旨清理庶獄事》，嘉慶十六年四月二十六日，錄副奏摺，檔號：03-2412-045。

〔註246〕掌四川道監察御史王嘉棟：《奏為嚴禁捕役擅用私刑事》，嘉慶十九年八月初七日，錄副奏摺，檔號：03-2500-026。

東有試用知府方文顯任性濫刑,致母子同時自縊之案;廣西又有代理田州知州郁獻琛濫刑多傷,登時斃命之案,並提出「今以刑逼勒供,赴京呈訴者,十常八九,雖民間刁風不無架詞聳聽,然豈得盡謂無因」。〔註247〕

三、法律教育層面

法律教育層面的問題在於法律信息的不對稱,《大清律例》雖有「講讀律令」律,並規定地方朔望宣讀上諭和律例,而其效果值得懷疑。清朝出版業的發展,還遠遠未達到民眾對於法律讀本觸手可及的狀態(城鎮居民的情況稍好一些,鄉野小民無論是識字率還是獲取法律知識的途徑都不容樂觀)。因而事實上,普通民眾大多缺乏法律知識,也缺乏獲取法律知識的有效途徑。很多民眾既不能用法律維護自己的權益,也無法抵制訟師的播弄,更無法抗拒蠹役、書吏的侵蝕,處於相對弱勢的地位。一方面,朝廷的法律教育流於形式,鄉愚多不懂法,不能發揮有效的作用;另一方面,官方對訟師秘本大力查禁、打壓訟師,嚴禁有文化的生監群體涉訟,努力維護一種民淳法簡的狀態。小民一旦遭遇變故,則可能受到無盡的敲詐和拖累。

四、法律專業人士在訴訟中的推動

對比明清兩朝,生員數量不斷增加,而官僚額數卻沒有太大變化。大量未仕的知識分子成為為民眾服務的法律專業人士,成為訟師、官代書和刑名幕友,恰如汪輝祖所言「吾輩以功名未就,轉而治生,惟習幕一途與讀書為近,故從事者多。」〔註248〕

(一)幕友

幕友制的興盛與傳統政治集權有莫大的關係,家境貧寒或科舉不順的文人,無論是普通的文人士子,抑或少數名士,這些仰賴文字謀生之人,在通往仕途之路受阻時,成為社會上「自由流動資源」,幕府制恰好整合這類資源,以減少社會的離心力。〔註249〕傳統中國形成了「幕學」,萬維瀚《幕學

〔註247〕掌京畿道監察御史余本敦:《奏請飭禁酷吏濫刑貪吏重斂以恤民命事》,嘉慶二十五年十一月二十四日,朱批奏摺,檔號:04-01-12-0347-003。

〔註248〕〔清〕汪輝祖:《佐治藥言》,載《官箴書集成》第5冊,黃山書社1997年版,第322頁。

〔註249〕尚小明:《學人遊幕與清代學術(增訂本)》,東方出版社2018年版,第74~75頁。

舉要》是一部經典幕學作品，另外還有《刑幕要略》《辦案要略》等作品，有一條完整的教育鏈專門用於培養幕友，這類人群多來自江南以及山東等經濟發達、交通便捷、人口稠密、文化昌盛之地，其中以浙江籍幕友最為出名。他們通過審擬控詞、在幕後參與庭訊、草擬司法文書等行動介入司法實務，在一定程度上操縱司法活動。除刑名幕友參與司法事務外，民事類訴訟也需要錢穀幕友的參與，因而「清人學幕，往往刑錢並習」。〔註250〕其中的錢穀和刑名師爺最為重要，尤其是「到了清中期，上自督撫司道衙門，下至府廳州縣衙門，無處不有此類人物，而尤以府廳州縣衙門為盤踞之所。」〔註251〕《浮生六記》的作者沈三白，其父子兩代均為幕友，他師從父親的朋友學幕，學習一切法律。

按照規定，幕友供幕滿六年可保送考試以取得官職。幕友在司法活動中從事代批呈詞、簽差傳喚拘提、定期集審、參與審訊乃至代擬判決等活動。〔註252〕龔自珍《治獄》將幕友制度的種種弊端揭露無遺，如上下交結，舞文弄弊，盤根錯節。〔註253〕

（二）官代書

值得注意的是，與訟師相比，官代書則為清代官方承認，且需要進行考試，發給戳記，「內外刑名衙門，務擇里民中之誠實識字者，考取代書，凡有呈狀，皆令照本人情詞據實謄寫，呈後登記代書姓名，該衙門驗明，方許收受。如無代書姓名，即嚴行查究。其有教唆增減者，照律治罪」。〔註254〕「止要據事明白直書，不許架空裝點」〔註255〕，即要求他們忠實於當事人的陳述，秉筆直書。但是，在一些情況下，代書和訟師互相合作，串通作弊，規避法律，訟師將寫好的呈狀交給代書蓋上戳記以混淆視聽。乾隆十二年經御史嚴源燾奏定議准，通行直省督撫轉飭各屬遵照定例：「嚴禁代書不許將

〔註250〕參見高浣月：《清代刑名幕友研究》，中國政法大學出版社2000年版，第39～41頁。

〔註251〕尚小明：《學人遊幕與清代學術（增訂本）》，東方出版社2018年版，第59頁。

〔註252〕參見那思陸：《清代州縣衙門審判制度》，中國政法大學出版社2006年版，第24～25頁。

〔註253〕〔清〕龔自珍：《龔自珍全集》，上海人民出版社1975年版，第3頁。

〔註254〕〔清〕昆岡等修：《欽定大清會典事例》卷815，載《續修四庫全書》第810冊，上海古籍出版社1996年版，第65頁。

〔註255〕〔清〕黃六鴻：《福惠全書》，周保明點校，廣陵書社2018年版，第63頁。

他人寫就呈狀，擅登姓名。如有訟師教唆增減，而代書受賄登名者，該衙門即行究審。除將訟師及告狀本人各照本律治罪外，代書照在官人役計贓以枉法從重論。若審無入己贓私及贓數輕者，仍照教唆增減本律，同訟師一體治罪。」〔註256〕朝廷適時地增修了定例。

（三）訟師助訟

訟師在訴訟中的推動作用不容小覷，為了獲取利潤，他們有時候慫恿民眾去打官司以賺取使費，又通過各種方式拖延獄訟來獲得更多的利益。當時，訟師秘本《驚天雷》《透膽寒》一直在坊間流行，失落的科場士子學幕乃至研習訟學已逐漸成為一種風尚，民間流傳各種稟狀模板。清代在順治元年，即規定「倘奸棍訟師，沿襲惡俗，陷害良民，定加等反坐，以挽澆風。」〔註257〕這體現了對訟師的打壓與防範。成為訟師一般要經過專門的職業訓練，有的甚至是子承父業，張集馨記載了道光朝山西平定州的訟師郭嗣宗繼承了其父的衣鉢，在他課業期間，他的父親「並令讀律例，又令作控詞，兄弟互控，其父批判」。之後，郭嗣宗有多次為人代作詞狀的經歷。〔註258〕乾嘉時期迎來了嚴懲訟師的制定法時代。〔註259〕訟師通曉法律，這與很多不太熟悉法律的州縣官形成了鮮明的對比，而且訟師唆訟站在了官府提倡的無訟追求的對立面。進一步來說，訟師既挑戰了官員的司法能力和水平，又對法律秩序構成了衝擊。乾隆三十九年，經御史王寬奏陳，還一度施行「失察訟師例」，欽差審案若究出訟師，則要將地方官從重議處。〔註260〕嘉道時期仍舊沿用，如道光九年，四川總督琦善奏明省城多有訟師潛匿唆控，查拏分別究辦。上諭指出若地方官失察訟師，應照例嚴參；「如能遇案詳審，自行拿獲，著即將該州縣失察處分，奏明加恩寬免。」〔註261〕《大清律例》規定「教唆詞

〔註256〕〔清〕昆岡等修：《欽定大清會典事例》卷815，載《續修四庫全書》第810冊，上海古籍出版社1996年版，第67頁。

〔註257〕《清世祖實錄》卷6，順治元年七月壬寅，中華書局1985年版，第68頁。

〔註258〕〔清〕張集馨：《道咸宦海見聞錄》，杜春和、張委清整理，中華書局1981年版，第40～41頁。

〔註259〕林乾：《訟師對法秩序的衝擊與清朝嚴治訟師立法》，載《清史研究》2005年第3期。

〔註260〕《清高宗實錄》卷967，乾隆三十九年九月戊寅，中華書局1986年版，第12冊第1174頁。

〔註261〕《清宣宗實錄》卷161，道光九年十月丁丑，中華書局1986年版，第3冊第495頁。

訟誣告人之案，以主唆之人為首。」到後來誣告反坐，訟師一併受罪等，即認識到了這一群體在訴訟中發揮的推動作用，甚至將並不是訟師而主使誣告之人，都按照這一定例處理。《刑案匯覽》載了許多這樣的案例，如道光十三年說帖中記載「閻畛應改依教唆詞訟，以主使之人為首，誤執傷痕誣告蒸檢為首例發近邊充軍。」〔註262〕

清代的訟師已經成為固定的職業群體，有行業規則和地緣特性，沿用一套成熟的訟師秘本，與歇家勾結甚至自行開店包訟。道光二十年清廷查拿了彭大包訟案。彭大本來在京開陞官客店，後因生意冷淡起意包訟，「稔知湖南省人赴京具控均由湖北漢口一帶雇坐二把手車進京，因與李義興商議，囑令交結車夫，招攬京控之人投寓伊店，以便從中包訟得錢分用。」從道光十七年開始，他與李義興合作，「節次招攬京控之人投寓其店，代為倩人作詞，增減情節，帶引呈遞，夥同分利，至數十案之多，以致各省京控之人俱投伊店包辦，實與積慣訟棍無異。」巡撫依例將其定擬充軍，並查封客店，將其家人遣散回籍。〔註263〕官府採取了一系列措施對訟師進行打壓和防範。〔註264〕訟師多被迫活動於地下，很難考證其具體數量。

旗人中也有包訟的群體，道光十五年四月，兵部尚書王宗誠和署順天府府尹李振祜奏報鑲藍旗滿洲人安瞱有包訟串騙情事，「文煥、安瞱及僧也顛因李暄春控爭鋪房，輒指都察院門主持唆訟，代作呈狀，事雖未行，實屬勾串包攬。」〔註265〕

嘉道時期，無論是督撫抑或皇帝都多次將積案的產生歸因於訟師唆訟。邱澎生指出清廷雖然知道放開京控會擴大訟師的介入空間，但也無法關閉這一通道。〔註266〕嘉慶十二年六月，當福建巡撫張師誠奏報該省有積案2,977

〔註262〕〔清〕祝慶祺等編：《刑案匯覽三編》第3冊，北京古籍出版社2004年版，第1844頁。

〔註263〕湖南巡撫裕泰：《奏為審明在京包攬詞訟彭大等人犯按例定擬事》，道光二十年五月初二日，朱批奏摺，檔號：04-01-01-0795-017。

〔註264〕殷嘯虎：《公堂內外：明清訟師與州縣衙門》，上海交通大學出版社2019年版，第193～213頁。

〔註265〕兵部尚書王宗誠、署順天府府尹李振祜：《奏為查清安瞱等包攬詞訟串騙詭詐請將正紅旗滿洲官學生文煥等交刑部審議事》，道光十五年四月初十日，錄副奏摺，檔號：03-3774-004。

〔註266〕參見邱澎生：《十八世紀清政府修訂〈教唆詞訟〉律例下的查拿訟師事件》，載《中央研究院歷史語言研究所集刊》2008年第4期。

件時，皇帝對張師誠奏請在接收呈詞時嚴拏訟師的辦法，批示「所辦甚是。」〔註267〕這充分反映了朝廷對於訟師助訟行為深惡痛絕。到了十月，皇帝又指示張師誠「若憑虛誣捏，只係訟師播弄是非，構釁唆使，尤當立時懲辦。乃一味因循延擱，任令原告匿不候質，無怪案牘紛如，訟獄繁滋，刁風日長也。嗣後該督撫等於詞訟案件，惟應飭令原告毋許擅離，並嚴拏訟師究治，以清積案而息訟端。」〔註268〕之後，當吏部議處福建積案時，〔註269〕皇帝再三諭令「至外省控案滋多，總由訟師挑唆播弄，而地方官以所控多虛，並不速為清理。因循延擱，訟師愈得肆其伎倆，藉此漁利肥已，以唆訟為營生之計，無所底止。嗣後督撫等，務飭地方官，於控案速為審理，如審係虛誣捏控，即究出訟師嚴拏按律懲治，以清積案而杜訟源。」〔註270〕嘉慶十三年正月，當莫晉奏請嚴懲誣告時，嘉慶通諭「嚴拏訟師，毋使播惑鄉愚。斷無捨近求遠，來京妄訴之理。由是詞訟日省，革薄還淳，以端人心，以勵風俗。朕實厚望焉。」〔註271〕

　　嘉慶二十年，御史孫陞長奏請嚴拏訟師以儆刁風，他在奏摺中表明訟師唆使包訟危害甚大，京控呈詞「字跡語句，如出一手」「都察院衙門附近，即有山東訟棍窩留其間，包攬詞訟。城外各會館廟宇中亦有藏匿者」。是故，皇帝諭令步軍統領衙門、順天府和五城「一體密訪嚴拏，獲犯即交刑部嚴審重懲。外省地方官亦著嚴行查禁。以清訟源而正民俗。」〔註272〕

　　嘉慶二十三年，山東京控繁多，御史謝崧也奏請嚴究訟師。〔註273〕嘉慶二十四年十二月，御史朱鴻指出告訐之風日甚與訟棍把持圖利教唆有莫大的

〔註267〕《清仁宗實錄》卷182，嘉慶十二年六月壬辰，中華書局1986年版，第3冊第397～398頁。

〔註268〕《清仁宗實錄》卷186，嘉慶十二年十月戊寅，中華書局1986年版，第3冊第452頁。

〔註269〕大學士管理吏部事務慶桂等：《奏為議處閩省積案未結各原任巡撫事》，嘉慶十二年十月二十日，錄副奏摺，檔號：03-1629-068。

〔註270〕《清仁宗實錄》卷186，嘉慶十二年十月戊子，中華書局1986年版，第3冊第459頁。

〔註271〕《清仁宗實錄》卷191，嘉慶十三年正月乙丑，中華書局1986年版，第3冊第531頁。

〔註272〕《清仁宗實錄》卷307，嘉慶二十年六月己巳，中華書局1986年版，第5冊第81頁。

〔註273〕《清仁宗實錄》卷341，嘉慶二十三年四月甲戌，中華書局1986年版，第5冊第499～500頁。

關聯，「訟棍唆訟例禁綦嚴，其實無訟不有唆使之人把持其間，具呈有費，簽差有費，通監有費，鋪堂有費，提解有費，以至改卷案、買批語，彼此各通門路，過付分肥，兩造被其把持。至於傾家蕩產，雖欲悔息，亦不得自主。則訟棍之害民實甚，且地方官既以諱飾為事，惟願化大為小，化有為無。則若輩偏欲以無為有、以小為大挾制官長，播弄愚民，教之翻供，教之誣控，由縣府而司道而督撫，來京鼇控，不一而足。每有呈詞中情弊顯然者，不難立究主使根由，而或猶以諱飾存心，不為根究，則益長其刁風而無所忌。」他請旨敕下各督撫隨地嚴拏訟棍，務絕根株，如或容隱，將該地方官一併參辦。〔註274〕琦善任山東按察使期間，嚴厲查禁訟師，先後拿獲何長清等8人，其後巡撫奏報又拿獲沈麟祥、周更生、王自存等共10名，「或積慣唆訟，或貪利作詞，顛倒羅織」。〔註275〕琦善調任四川，亦沿用雷厲手段。

　　道光五年九月，御史賀熙齡奏請釐積弊以清庶獄，提及「生監滋訟，藉端誣告，訟師播弄，以及胥役作奸，積案不結」等事。皇帝稱之「切中時弊」，要求各地從端正士習、矯正民風；嚴拿訟師；查核州縣詞訟循環簿等事著手。〔註276〕

　　道光十年正月，皇帝再次指出各省積案之多，「總由地方官延不審結，或聽斷不公，因而上控，及上控後，並不急為清釐，又致京控。並有將就了結，兩造未能輸服，旋結旋翻者。且或藉口人證不齊，或以監候待質，咨部展限，耽延時日。致原被告均受拖累，而訟師乘間播弄，情偽百出，鄉愚墮其術中，為害尤甚。」他諭令各督撫督飭所屬及時審結自理詞訟及奏咨各案。〔註277〕十一年正月，皇帝指責湖南詞訟案牘繁多積滯，除民情刁詐外，與訟師痞棍播弄也有重大關聯，之後，蘇成額覆奏「飭拏訟師衿棍，以清訟源；查明未結積案，勒限掃數完結，以截訟流」等事。〔註278〕

〔註274〕河南道監察御史朱鴻：《奏為請嚴禁諱訟唆訟以清訟源事》，嘉慶二十四年十二月初三日，錄副奏摺，檔號：03-1589-001。

〔註275〕山東巡撫錢臻：《奏為續獲鄆城等縣訟棍革生沈麟祥等供認明確分別擬辦事》，道光元年六月初五日，朱批奏片，檔號：04-01-01-0613-007。

〔註276〕《清宣宗實錄》卷89，道光五年九月甲辰，中華書局1986年版，第2冊第425～426頁。

〔註277〕《清宣宗實錄》卷164，道光十年正月丙辰，中華書局1986年版，第3冊第547頁。

〔註278〕《清宣宗實錄》卷183，道光十年正月己巳，中華書局1986年版，第3冊第896頁。

　　道光時期的莊午可案在後期發展為聚眾事件。〔註279〕曹咬大養婿尹致法因曹不給他完婚而自縊身死。道光六年，莊午可教唆屍兄尹致令捏控。知縣下鄉驗屍時，「莊午可即挑唆事主，將該縣拘閉祠堂，逼寫屍格傷單，並勒蓋印信。」〔註280〕此案審虛後尹致令被處以徒刑，莊午可因另一起竊案提解至省，捏病外保後逃走，在多人掩護下東躲西藏。之後尹致令刑滿釋回，糾集尹南山等人將曹周氏捉拿毆辱，官府簽差捉拿，十一年十二月莊午可又聚集尹南山等人抗擊官差，尹南山等人被抓獲問以軍徒。官員經過嚴密的設計才於十二年二月將莊午可抓獲，遂將其審明正法。從五年至十二年，莊午可案經歷了一個漫長的過程，朝廷為此事下達多道諭旨。如道光十二年三月，就江蘇學政廖鴻荃所奏「如武進劣生莊午可，若早革究示懲，何致釀成巨案？可見寬縱之過，所損實多。」朱批：「水懦民玩，正謂此也。」〔註281〕然而事情並未因莊午可之死而徹底完結，十二年七月十二日夜間，尹家又糾集28人到曹咬大住處將曹家夫婦燒死，發展為大案。八月二十七日，陶澍和林則徐奏稱「查係前經正法之莊午可餘黨金壇縣尹姓族眾，挾仇報復，糾毆焚燒。」〔註282〕林則徐等人奏明「再三究詰，該犯等堅供實因曹咬大將尹致法毆打自縊，尹致令控告坐誣，尹南山等幫同莊午可拒捕問罪，均由曹咬大肇釁」，最終按「殺一家非死罪二人者擬斬立決梟示」等律例將各犯科刑有差。〔註283〕

　　需要指出的是，所謂訟師或訟棍的來歷比較複雜，除了失意的文人外，還有一些是捐納的職員，因在衙門有相識的人或熟悉公務操作，從而形成一條完整的助訟產業鏈。

〔註279〕 參見林乾：《清代聚眾行為的法律控制——以訟師莊午可聚眾抗法案為核心》，載《法制史研究》2007 年第 12 期；亦收入氏著《治官與治民：清代律例法研究》，中國政法大學出版社 2019 年版，第 198～212 頁。

〔註280〕《清宣宗實錄》卷 138，道光八年七月壬子，中華書局 1986 年版，第 3 冊第 132 頁。

〔註281〕《清宣宗實錄》卷 208，道光十二年三月癸酉，中華書局 1986 年版，第 4 冊第 66 頁。

〔註282〕 林則徐全集編輯委員會編：《林則徐全集》第 1 冊，海峽文藝出版社 2002 年版，第 148 頁。

〔註283〕 林則徐全集編輯委員會編：《林則徐全集》第 1 冊，海峽文藝出版社 2002 年版，第 227 頁。

小結

　　本章將積案的成因從社會、政治和法律三大層面進行了梳理，客觀層面的人口增長、人均資源佔有量減少和社會矛盾加劇是訴訟增多的根本原因，社會風氣雖比較抽象，但一些方志中也明確記載了習俗的轉變，天災人禍、外來因素等都增加了案件的審理難度。政治制度設計方面，司法資源較為有限，官吏通過索取案費增加地方財政收入，縱向集權和監察的缺失，嘉慶帝開放言路帶來了案件增多等都造成了案件的稽延拖累。而法律層面，在立法上的法律衝突與競合給法律適用帶來了困難，給官員設置嚴格的司法責任和對審限的收緊等，都會對案件的解決帶來影響。加之幕友、胥吏、差役等人員的影響和干預，訟師等群體在訴訟中的推動以及法律教育的缺失等種種原因影響了案件審理的效率和質量。最後，需要特別強調的是，司法主體的性情取向對司法實際效應的影響明顯，〔註284〕在傳統中國君主專制體制下，帝王作為國家的最高決策者，他們的個性與地方官的態度和民眾的訴訟策略之間具有一定的關聯。就清代而言，順康雍三帝比較排斥地方官受理民間詞訟；但乾隆帝自信能夠應對多種訟獄，「皇帝與大臣開始頻繁催促地方官及時審結自理詞訟」〔註285〕，這樣也帶來了官員和民眾對訴訟的一系列應對；而嘉慶帝性格寬仁，且司法水準較好，經常親自裁斷刑獄，〔註286〕因其慨歎政治壅蔽而帶來的開放言路使得京控源源不斷。總之，受制於傳統的官僚架構和比較有限的司法資源，嘉道時期沒有為民眾提供便捷的司法服務，不能有效應對民眾的訴訟需求。

〔註284〕　參見張仁善：《論傳統中國的「性情司法」及其實際效應》，載《法學家》2008年第 6 期。

〔註285〕　參見鄧建鵬：《清代州縣詞訟積案與上級的監督》，載《法學研究》2019 年第5 期。

〔註286〕　關於對嘉慶帝的性情與司法之間的關係，可參看阿風：《清代的京控——以嘉慶朝為中心》，載〔日〕夫馬進編：《中國訴訟社會史研究》，范愉、趙晶等譯，浙江大學出版社 2019 年版，第 349～350 頁。